U0092726

護法現身！
律師教你生活法律85招

王泓鑫、張明宏　著

思法苑
THINK LAW

三民書局

序

　　本書原以「法律不求人：生活法律 79 招」於 2015 年 1 月出版至今，期間法令修改甚多，導致部分文章有增修之必要而進行全面修改及排版，現以「吉吉，護法現身！律師教你生活法律 85 招」之書名重新出版，並增加六篇新文章，包含「惡房東坑房客，判刑？」、「海海人生，假本票！」、「判『死刑』，法官不能承受之重！」、「孫安安擁槍彈千發，『精神不濟』恐遭遣返！」、「外交官不堪輿論壓力竟輕生，網路霸凌犯啥罪？」、「外勞酒後騎『電動』自行車，算酒駕？」等。

　　生活中的時事新聞涉及法律議題者所在多有，但因時事新聞所著重的面向及媒體報導的觀察角度不同，有時新聞報導的標題聳動、報導內容也會讓一般視聽大眾對於這些時事案例的法律觀念僅有模糊的認知，對於這些時事新聞的法律議題可能「知其然，但不知其所以然」，甚至產生錯誤的認知。而這些時事新聞事件所涉之法律問題，事實上也極具討論價值，可作為一般大眾增長法律常識的起點。

　　例如，飯局妹「娜塔莎」以「假交往，真詐財」方式，詐騙港臺二富商超過 5,000 萬元，在 2018 年 1 月遭臺北地方法院判刑 10 個月。類似這種感情上受到「詐欺」、「詐騙」之狀況，甚至因「感情」因素而付出鉅額款項，是否會構成刑法上之「詐欺罪」？（參見本書「飯局妹娜塔莎，假交往、真詐財，得款超過 5,000 萬」乙文）。

　　林姓才女作家因在其著作中影射曾遭陳姓補教名師誘姦，才女作家後來自殺身亡，臺南地檢署因而分案調查陳姓補習班教師是否涉有相關刑責，主要針對是否構成與未滿 14 歲或 16 歲女子為性交罪、利用權勢或機會為性交罪、強制性交致被害人羞忿自殺罪等 3 項罪名進行偵辦，之後臺南地檢署以罪證不足於 2017 年 8 月不起訴在案。師生

戀常常引發外界議論紛紛，有修成正果而傳為美談者，也有遭法院判刑而惡名昭彰者。師生戀除了道德爭議之外，有違法嗎？（參見本書「談師生戀，坐愛的牢？」乙文）。

新北市某惡房東，長期以低價承租新北市中永和、板橋、新莊等處之房屋，重修隔間、裝潢後當起二房東，對外宣稱全新裝潢、水泥隔間，事實上卻是用劣質材料隔成套房，以數千元不等之租金，分租給學生、社會新鮮人、單親媽媽等急於租屋的弱勢族群，並且以其他非法方式坑殺弱勢房客，至少有 160 名房客受害，案經臺灣新北地方法院於 2018 年 7 月以詐欺、誣告、偽造文書等罪判處 8 年 2 月。惡房東用來詐騙房客之招數有哪些？有違法嗎？（參見本書「惡房東坑房客，判刑？」乙文）。

網路霸凌事件時有所聞，2018 年 9 月燕子颱風侵襲日本造成關西機場關閉數日，我國旅客也有數百人滯留機場。媒體錯誤報導中國領事館派出巴士至關西機場直接接走中國籍旅客，以及「自認」是中國人的臺灣旅客，協助脫困，而我國駐外單位卻無任何處理，雖事後證實誤傳，但我國駐大阪辦事處處長卻因網路輿論指責其救援不力而自殺身亡。類似這種網路霸凌事件，目前會觸犯何種法律？（參見本書「外交官不堪輿論壓力竟輕生，網路霸凌犯啥罪？」乙文）

本書以真實的生活時事案例及常見之生活法律議題為素材，探討這些生活時事案件背後的法律問題。每則案件之內容，除引用相關法律條文外，更大量援用司法院、各級法院及相關單位之實務見解，以讓讀者能清楚了解目前法院對於相關法律的解讀為何，而非僅法律學理之探討。本書除可供一般讀者增長法律常識，亦可作為普技高公民教育課程及一般大專院校生活法律課程之教材。

王泓鑫、張明宏
2019 年 12 月 5 日

序 1

1. 男女情愛篇

談師生戀，坐愛的牢？ 2

火車「性愛趴」，犯什麼罪？ 7

小三墮胎就不告，元配反悔卻告贏！ 13

性交易專區，娼嫖都不罰？ 17

越南女子將男友「斷根」，法院輕判「免囚」？ 20

市議員遭設局偷拍性愛光碟，恐嚇？強盜？ 25

仙人跳？醫生遭逼簽本票 29

2. 離婚篇

誆出家、騙離婚，無效？ 34

長期深夜傳簡訊辱罵，虐待判離婚？ 38

夫債妻還？妻債夫還？ 42

換工作、沒養家，惡意遺棄判離婚？ 45

不能「嘿咻」，判離婚？ 48

3. 勞工權益篇

壓榨外勞洗屍體，觸犯人口販運罪？ 52

一年一聘有效嗎？ 56

勞工休假有哪些？ 60

特休（年假）怎麼算？ 64

上班被砍算職災？ 68

勞動檢查，公司可以拒絕嗎？ 71

大陸人士、外國人、外籍勞工遭禁止入境怎麼辦？ 74

收到「支付命令」怎麼辦？ 78

2

4. 不動產篇

買到海砂屋怎麼辦？ 84

工業住宅合法嗎？ 87

劉媽媽、攤商爭菜市場，攤商有優先承購權獲勝？ 90

越界建築，免拆！ 94

工地鄰損的求償權利 99

共有地出租、出借，毋庸全體共有人同意？ 102

房屋坪數短少怎麼辦？ 105

徵收土地不用，百姓可買回？ 109

5. 公寓大廈及房東篇

什麼，管委會也會被告？ 114

房屋漏水，管委會來賠？ 118

房東遇到租霸怎麼辦（上）？ 121

房東遇到租霸怎麼辦（下）？ 125

惡房東坑房客，判刑？ 129

6. 小股東篇

股東會，通過？ 134

少數股東自己召開股東會？ 139

什麼，我的股份沒有表決權？ 143

利害關係人聲請臨時管理人管理公司？ 147

公司帳務不清，小股東聲請法院檢查？ 150

7. 經濟秩序管制篇

鮮奶、衛生紙聯合漲價，公平會重罰！ 156

建案隱匿重要交易資訊，依公法重罰？ 160

網拍保險套、臉書賣隱形眼鏡，要處罰？ 165

網路購物要發票，沒有鑑賞期？ 169

商標沒有識別性，不能註冊？ 175

8. 企業營運篇

牙醫拔牙未歸還，病患告「業務侵占」？ 180

醫療糾紛，到底誰對誰錯？ 184

公司將錢借給別人，違法嗎？ 188

董事會決議無效，土地無法過戶？ 191

「掏空公司」，犯什麼罪？ 195

合夥作生意，沒問題？ 200

9. 公務員犯罪篇

污點證人，免刑？ 206

議員亮票，誰來管？ 210

侵占彩金 7 億元，二審確定；貪污 1 元，卻可上訴第三審？ 215

不得易科罰金，但得易服社會勞動？ 218

偽證罪判刑，遭解除市議員職務！ 221

罵公務員「沒讀書」，判刑 50 天！ 226

10. 假扣押篇

臺鐵太魯閣號車禍，砂石車公司脫產？ 230

員工詐領款項，聲請假扣押？ 234

提存容易，取回難：取回擔保金之程序 238

11. 家庭法律篇

父母禁女兒約會，妨害自由？ 242

飯局妹娜塔莎，假交往、真詐財，得款超過 5,000 萬 246

現代奴隸，劉老「使人為奴」犯啥罪？ 250

母贈子屋，子得手後棄養，法院判還！ 253

窩藏人犯？犯啥罪！ 257

監護宣告人財產，誰來處分、誰來管？ 260

12. 商務貿易篇

「懲罰性」違約金怎麼約定？ 264

違約金太高，可以要求減少嗎？ 268

備忘錄 (MOU) 有法律效力嗎？ 272

臺灣商業契約，以大陸法、外國法當準據法？ 275

契約爭議，仲裁解決？ 280

臺灣商業糾紛，大陸、外國法院管轄？ 284

討債公司合法嗎？ 288

海海人生，假本票！ 292

13. 刑事重案篇

重毆司機，重傷害未遂？遺棄？ 298

一度死刑定讞，再審卻無罪？ 303

案件 8 年未結案，擄人勒贖犯釋放？ 308

死刑判決確定，非常上訴來翻案？ 312

判「死刑」，法官不能承受之重！ 316

吸毒犯人？吸毒病人？ 322

孫安安擁槍彈千發，「精神不濟」恐遭遣返！ 325

不在場證明？被告如何聲請調查有利證據？ 330

14. 其他刑案篇

外勞酒後騎「電動」腳踏車，算酒駕？ 336

外交官不堪輿論壓力竟輕生，網路霸凌犯啥罪？ 340

15. 政府採購、稅法及保險篇

政府採購怎麼救濟？ 346

奢侈稅上路，投資客難逃？ 350

意外險理賠？是意外還是疾病？ 353

男女情愛篇

談師生戀，坐愛的牢？

**1.
男女情愛篇**

林姓才女作家因在其著作《房小琪失戀樂園》中影射曾遭陳姓補教名師誘姦，才女作家後來自殺身亡，臺南地檢署因而分案調查陳姓補習班教師是否涉有相關刑責，主要針對是否構成與未滿 14 歲或 16 歲女子為性交罪、利用權勢或機會為性交罪、強制性交致被害人羞忿自殺罪等 3 項罪名進行偵辦，之後以罪證不足不起訴在案。師生戀常常引發外界議論紛紛，有修成正果而傳為美談者，也有遭法院判刑而惡名昭彰者。師生戀除了道德爭議之外，有違法嗎？

老師與未滿 16 歲或已滿 16 歲但未滿 18 歲之學生談師生戀，犯什麼法？

師生戀泛指老師與學生間的戀愛行為。如果是小學、國中或高中一年級之學生應該都未滿 16 歲，而中小學老師如與未滿 16 歲之學生談戀愛，進而發生兩情相悅之性交或猥褻行為，依據刑法第 227 條之規定，最重可處 10 年有期徒刑。題示案例中，臺南地檢署就是因為認定林姓才女作家是在高二下學期才到陳姓補教名師的補習班上課，當時已滿 17 歲，故不構成本條罪刑。

如學生已年滿 16 歲而未滿 18 歲，雖不會構成上開犯罪，然若有對價之性交或猥褻行為，依據兒童及少年性剝削防制條例第 31 條第 2 項規定，將處 3 年以下

有期徒刑、拘役或新臺幣 10 萬元以下罰金。

滿 18 歲之學生與老師發生師生戀，有犯罪嗎？

雖然大學老師與年滿 18 歲的大學生發生性行為，原則上並非法律處罰的行為，但仍有可能構成刑法第 228 條利用權勢性猥褻罪。

刑法第 228 條第 1 項及第 2 項規定：「對於因親屬、監護、教養、教育、訓練、救濟、醫療、公務、業務或其他相類關係受自己監督、扶助、照護之人，利用權勢或機會為性交者，處 6 個月以上 5 年以下有期徒刑。因前項情形而為猥褻之行為者，處 3 年以下有期徒刑。」換言之，本條之構成必須「行為人與被害人間有特定關係」、「被害人受行為人監督、扶助或照護」，並且行為人是「利用權勢或機會」而為性交行為。

而「所謂監督，係有權命其行為、不行為，或對其行止加以規律警告。所謂權勢，係可使人

之地位、職務、事業、資格有所威脅影響或與此相當之情形。」（最高法院 42 年台上字第 290 號判決參照）。且「刑法第 228 條之罪，除監督服從之關係以外，尚須以利用監督關係之權勢而為姦淫或猥褻之行為為構成要件。」（最高法院 44 年台上字第 484 號判決參照）。即必須有此種特定之監督、扶助或照護關係，且利用此等權勢而為性交者，兩者皆具備，才會構成。

因此，如果男女雙方雖有此等特定之監督或照護關係，但一方並無利用此等權勢或機會，則不會構成本罪。而是否「利用權勢或機會」之判斷標準在於，「行為人與被姦人有該條所定監督與服從之關係，行為人對其服從其監督之人，利用其監督之權勢實施姦淫，而被姦之人處於權勢之下，有不得不服從之勢者」，方可構成（最高法院 55 年台上字第 1070 號判決參照），並非有權從關係之男女，一有姦淫行為，即當然成立該條之罪（最高法院 55 年台上字第 2384 號判決參照）。

在師生戀之情形，老師與學生間，因具有前述由「教育」關係而生之監督、照護關係，故如果老師利用此等權勢、機會，使學生「不得不」服從而與之為性交行為，則可能構成本罪；然而，如果學生是出於自願，就不會構成本罪。此觀最高法院 71 年台上字第 7864 號判決謂：「對於因教養關係服從自己監督之人利用權勢而姦淫罪之構成要件之一，須犯罪主體利用監督之權勢而姦淫，倘如相姦者係出於甘願，而與權勢毫無關聯，即係單純和姦行為，縱令行為人與被姦人有監督及服從關係，仍不能繩以該罪。」即明。

畢業後才談師生戀，有機會構成刑法第 228 條利用權勢性交罪嗎？

師生戀因觸及敏感的社會道德神經，故有時學生在畢業之後，才與所愛慕之老師談師生戀。此時因已無所謂之監督服從關係，故自無利用權勢或機會之問題，而不構成本罪。此觀最高法院 25

年上字第 7119 號判例即明：「若被姦淫者從前曾因教養關係服從實施姦淫者之監督，而於姦淫時已脫離此種關係者，即無所謂利用監督權勢而姦淫，自不能成立該罪。」

題示案例中，臺南地檢署核對雙方通聯紀錄後，推斷林姓才女作家與陳姓補教名師在開始交往的當月即發生性行為，但因此時林姓才女作家已結束補習班課程，雙方沒有師生關係，故臺南地檢署認定陳姓補教名師並無此條罪責。

補習班老師與學生談師生戀，有機會構成利用權勢性交罪嗎？

實例上亦曾發生舞蹈補習班老師與學生談師生戀、發生性行為，此是否可能觸犯利用權勢性交罪？

最高法院 43 年台上字第 487 號判例認為：「刑法第 228 條犯罪之成立，須以因業務關係服從自己監督之人，利用權勢而姦淫之為要件。被告甲男，雖有教

舞之事實，但其對於來學之人，既屬一任自由，並無法律上或規則上支配與考核勤惰之權，自不同於學校學生，廠店藝徒，有支配服從之關係。」換言之，雖有師生關係，但學習與否乃學生自由，非如一般學校有考核學生勤惰之權，不生權勢關係，因而不構成本罪。

民間企業之老闆與女秘書發生性行為，有無可能構成利用權勢性交罪？

一般民間企業的雇主與員工（如女秘書）間看似有本條「因業務而生監督」之關係。究竟老闆與女秘書發生性行為是否構成本罪？

實務見解認為：「刑法第 232 條之犯罪對象雖包括同法第 228 條所謂業務關係，但以犯罪行為人因業務上之關係對被害人處於監督地位，而被害人亦因業務上之關係有服從之義務者而言，如係普通僱傭關係尚難謂有監督及服從之必要」（最高法院 57 年台上字第 1846 號判例參照）、「利用

權勢姦淫罪，必須對於自己有服從監督關係之人確有利用權勢，使之不得不屈從而被姦淫，始足構成。如係出於自願或普通僱傭契約得以自由去留之關係，與權勢根本無關，則屬和姦行為，自無成立該罪之餘地。」（最高法院 57 年台上字第 2614 號判決參照）。即一般民間企業與員工間之關係屬於普通僱傭關係而非屬監督服從關係，員工有去留之自由，因而不構成本罪。

老師誘使學生離開家庭並與之同居，會構成刑法第 240 條和誘罪嗎？

依據刑法第 240 條第 1 項規定：「和誘未滿 20 歲之男女，脫離家庭或其他有監督權之人者，處 3 年以下有期徒刑。」

所謂「和誘」係指「行為人實施引誘，並得被害人之同意，將其誘出，置於自己實力支配之下而言」（最高法院 57 年台上字第 2751 號判決參照）。而「脫離家庭或其他有監督權之人」，須將被誘人移置自力支配範圍之內，

而與親權人等完全脫離關係，易言之，即使親權人等，對於被誘人已陷於不能行使親權等之狀況（最高法院 53 年台上字第 486 號判決參照）。

因此，如果老師誘使學生脫離家庭並與之同居，也可能構成前揭犯罪。

小　結

綜上所述，中小學老師如與未滿 16 歲之學生談戀愛，進而發生性行為或猥褻行為，或與已滿 16 歲但未滿 18 歲之學生發生有對價之性交行為或猥褻行為，將有刑事責任；至於大學老師與年滿 18 歲的大學生發生性行為，原則上法律並不處罰，但如果老師利用師生間之監督服從關係，使學生「不得不」為姦淫或猥褻行為，則仍可能構成刑法第 228 條之利用權勢性交猥褻罪。反之，如果是出於學生自願，即與權勢毫無關聯，而不構成本罪。例如，學生畢業後與老師談戀愛或補習班學生與老師談戀愛而發生性行為，即非利用監督服從關係為之，

自不構成本罪。又如女秘書與老闆發生性行為，因屬普通「僱傭關係」而無權從性質，也不構成本罪。最後，在沒有性行為與猥褻行為之情況下，老師誘使學生脫離家庭並與之同居，可能構成刑法第 240 條第 1 項之 「和誘罪」。

參考法條

刑法第 227 條、第 228 條、第 240 條、兒童及少年性剝削防制條例第 31 條

火車「性愛趴」，犯什麼罪？

　　臺灣新北地方法院檢察署對於喧騰一時的臺鐵車廂性愛派對一案偵查終結，將主辦人、男性糾察隊員、女性助理等人以「營利媒介性交罪」提起公訴，對主辦人求刑 6 個月，對參與派對之 18 名男子則以女主角小雨自稱已成年且係上班族 OL 打扮而無從得知其真實年齡（未滿 18 歲）為由予以不起訴處分。又因火車車廂門窗緊閉，故亦不構成公然猥褻罪。公然猥褻罪中的「公然」要件意義為何?公然猥褻罪之「猥褻」所指為何？與未成年人性行為、性交易之刑事犯罪，行為人是否要知道對象未成年，還是客觀上對象未成年就會成立？性交易與單純從事性行為之差別在那裡？

多數人在場，就是公然嗎？

　　妨害風化罪章中之公然猥褻罪，係規定在刑法第 234 條第 1 項。該條項規定：「意圖供人觀覽，公然為猥褻之行為者，處 1 年以下有期徒刑、拘役或 3,000 元以下罰金。」

　　因此，公然猥褻罪的構成要件，除了意圖供人觀覽之外，主要為以下兩者：「公然」和「猥褻」。

　　實務見解認為，所謂的「公然」分兩種。第一種是在「不特定」多數人可共見共聞之場所，例如：在大馬路、人行道、騎樓、車站大廳、圖書館等人來人往的地方。

　　第二種公然，指的是在「特定」多數人得共見共聞的場所。也就是說，場所雖然禁止或管制

外人進入，但若當場有很多人，就也算公然。例如：電影院、俱樂部包廂、公車等多數人在場之封閉性場所。然而，到底多少人才算特定多數人？實務上並無明確之定義（司法院釋字第 145 號解釋文參照）。不過，有上百個觀眾在場之電影院應屬此類公然場所無疑。

例如，在理髮店內未完全遮蔽之房間內作色情按摩，是否構成公然猥褻？實務上認為構成公然猥褻，蓋理髮廳為公眾得出入之場所，其未完全遮掩之房間，亦屬理髮廳之一部分，在其內之行為，不特定人有共見共聞之可能（法務部 (71) 法檢㈡字第 1099 號函參照）。

但如果由飯店、旅社、按摩院、理容院等營業場所之服務生（女性或男性），在該等場所的「密室」內提供客人（異性或同性）色情服務（如馬殺雞、泰國浴、裸體陪酒等），是否構成公然猥褻罪？實務見解認為不構成公然猥褻。因為所謂「公然」，應係指不特定多數人隨時得共見、共

聞之公開狀態，從事猥褻行為之處所如飯店、旅社、按摩院、理容院等雖為營業場所，而為公眾得出入，但既於密室為之，即非他人所得共見、共聞，縱同時有 2 人以上同時為之，因屬特定之人，從而與前揭法條「公然」之要件不符，自不構成該罪（法務部 (82) 檢㈡字第 1048 號函參照）。

何謂「猥褻」？

至於本條所稱「猥褻」，應採廣義見解，即除了「強制猥褻罪」、「趁機猥褻罪」、「猥褻未成年人罪」等所稱之「猥褻行為」外，亦應包含姦淫行為（性交、性行為）。換言之，包含一切違反性行為之隱密原則及一切足以挑逗他人性慾或滿足自己性慾或使一般人產生羞恥感或厭惡感之有害風化行為。例如，夫妻或情侶間之性行為、親暱之愛撫行為、同性間之色慾行為、或個人暴露性器官或赤裸身體之行為，如公然為之者，均構成本罪（林山田，刑法特論（下），第 689 頁參照）。

　　而實務見解也採廣義見解，認為「刑法第 234 條所稱猥褻之行為，在主觀上，係泛指一切足以刺激或滿足性慾之行為而有違背善良風俗者，同時在客觀上，又足以引起他人有羞恥或厭惡之感覺者而言。」（司法行政部刑事司 64 年 6 月 10 日台六四㈡函字第 765 號函參照）。另參見臺灣臺北地方法院 100 年簡上字第 360 號刑事判決謂 :「……男女性行為、性虐待或性暴力，均係刺激感官引發性慾為主要內容，客觀上足以引起他人性慾，並引起一般人感覺不堪呈現於眾或不能忍受而排拒，且非屬藝術性、醫學性或教育性價值，應屬猥褻物品無疑……」可知對於男女之性行為，實務上認為因為客觀上足以引起他人性慾，並引起一般人感覺不堪呈現於眾或不能忍受而排拒，故亦屬於猥褻之範疇。

　　在戲院舞臺跳脫衣舞三點全部裸露，是否屬於公然猥褻？若僅露兩點，但有貼胸貼，是否仍屬公然猥褻？

　　臺灣高等法院法律座談會結論認為「甲女在某戲院舞臺上表演舞蹈時，全身赤裸，或暴露陰部公然供人觀賞」 構成刑法第 234 條公然猥褻罪 （臺灣高等法院暨所屬法院 68 年度法律座談會刑事類第 18 號參照）。

　　另外，歌舞團年輕貌美之少女團員數名，在戲院舞臺上公開表演跳舞時，將上衣及乳罩全部脫光，裸露上身及乳房，僅乳頭部分貼有乳頭大小之遮蔽物，觀眾僅能欣賞乳頭以外之乳房，而無法同時欣賞乳頭。此項表演，應否成立刑法第 234 條之公然猥褻罪？

　　司法院見解認為應依據當時實際情況，視社會對於善良風俗之評價尺度如何，以定其是否構成刑法第 234 條之公然猥褻罪，如在客觀上已足以挑逗引起觀眾之性慾，則構成刑法第 234 條公然猥褻罪（司法院 (71) 廳刑一字

第 561 號參照）。

法之問題而已。」（司法院 (72) 廳刑一字第 132 號函參照）。

年輕女性身穿「透明裝」上衣行走街上，未戴乳罩，乳房若隱若現，是否構成公然猥褻？

臺灣高等法院認為不構成公然猥褻罪，其理由在於：「邇來人類文化日益進步，女人之乳房已不若陰部之神秘，美國、法國、日本等各國均准許女郎合法公然裸露乳房表演上空舞，以娛觀眾，而世界各國藝術家亦均崇拜女人之乳房，莫不以女人之乳房為雕刻、照像、作畫之對象，我國各大報紙，或雜誌亦常刊登裸露乳房之女人照片，若認定該身穿『透明裝』上衣之小姐應成立公然猥褻罪，則刊登裸露乳房之女人照片之各大報社或雜誌社發行人或總編輯亦均應成立該罪，甚至在公共場所或公眾得出入之場所公然裸露乳房供嬰兒吸乳之母親，亦應成立該罪，似此情形，人類文化顯在開倒車，似為文明國家所不取，故應認為不成立公然猥褻罪，充其量僅是否違反違警罰

與未成年人為性交易、性行為之犯罪，行為人主觀上是否要對於被害人為未成年有認知？

與未成年人為性交易、性行為之犯罪，行為人對於被害人之真實年齡，必須有認識，或至少有預見的可能性，才會構成。題示案例中的 18 名男子雖與未成年少女小雨進行性交易，但因男子們皆不知道小雨仍未成年，故地檢署才未予起訴。

無論刑法第 227 條與未成年人性交猥褻罪（未滿 14 歲或 16 歲）或者兒童及少年性剝削防制條例第 31 條第 2 項與 16 歲以上未滿 18 歲人為有對價之性交或猥褻行為罪，被害者的年齡皆為其犯罪構成要件之一。然而上述條文並無規定處罰過失，則依刑法第 12 條第 2 項規定僅處罰故意。所以，行為人就被害者的年齡應存有故意的認知，始構成上述犯罪。如果誤認被害人已成年，

則行為人不構成上述犯罪。

此另可參照最高法院 56 年台上字第 2828 號判例要旨：「關於被害人之年齡，乃為構成犯罪事實之重要部分，如有認定，必須於判決理由內說明其所憑之證據及認定之理由，方為適法。」

不過，刑法第 13 條的故意，包括該條第 1 項的直接故意與第 2 項的間接故意（不確定故意）。也就是說，行為人明知被害人真實年齡，固然構成犯罪，但縱使行為人未明知被害人係未成年人，然而如果已經預見被害人可能是未成年人（預見被害人之真實年齡），仍與之為性交易或性行為，則仍有可能構成前述與未成年人性交猥褻罪（未滿 14 歲或 16 歲）或者與 16 歲以上未滿 18 歲人為性交易罪。當然，是否可能預見被害人之真實年齡，仍須綜合一切情形判斷之（例如：一般人可否從被害人之外觀、對話、打扮等看出係未成年人及其真實年齡）。

有無「對價」怎麼認定？

有對價之性行為與單純之性行為的區分，在於有無對價。而對價應指「金錢、財物及足以滿足慾望，具有財產上價值之利益在內」（參照最高法院 96 年台上字第 1166 號刑事判決對於賄賂之解釋）。所以，給予金錢固然是對價，如可換得具有財產價值之物品亦屬對價，而構成性交易之犯罪。

小　結

公然猥褻罪所稱「公然」係指「不特定」多數人可見共聞之場所，例如，理髮店內未完全遮蔽之房間；或「特定」多數人得共見共聞的場所，如果是旅社、按摩院、理容院之密室，即非公然。另「猥褻」，除「強制猥褻罪」、「趁機猥褻罪」、「猥褻未成年人罪」等所稱之「猥褻行為」外，應包含姦淫行為（性交、性行為）。例如，戲院舞臺上演三點全露之脫衣舞孃秀，法院認為構成刑法第 234 條公然猥褻罪；另如舞孃僅露兩點，但有貼胸貼，

是否公然猥褻？法院認為應依據當時實際情況，視社會對於善良風俗之評價尺度如何而定。再如，女性在公共場所身穿「透明裝」上衣，未戴乳罩，致其乳房若隱若現，法院認為不構成公然猥褻罪。至於，與未成年人性交易、性行為之犯罪，行為人對於被害人之真實年齡，必須有認識，或者，至少有預見的可能性，才會構成。再者，有對價之性行為與單純性行為的區分，在於有無「對價」，對價係指「金錢、財物及足以滿足慾望，具有財產上價值之利益在內」。

參考法條
刑法第 12 條、第 13 條、第 227 條、第 234 條、兒童及少年性剝削防制條例第 31 條

小三墮胎就不告，元配反悔卻告贏！

南部某大學副教授發現丈夫外遇，而小三甚至還懷孕。其忿而提出通姦刑事告訴，並求償新臺幣 200 萬元之賠償金。然小三於訴訟中主張，該教授曾允諾如小三墮胎就不告，而小三也確實將小孩拿掉。但後來法院認為以墮胎為和解而不告的條件，顯然違背公序良俗，和解的條件是無效的，因此仍判小三應賠償元配 30 萬元。實例上，常見各種糾紛的和解條件，多會有「和解後就不提出任何民、刑事訴訟」的條款，這類條款，在法律上有效嗎？和解後，被害人就真的不能再提出民事訴訟或刑事告訴嗎？

刑事告訴的權利，可以拋棄嗎？

刑事訴訟法第 232 條規定：「犯罪之被害人，得為告訴。」而實例上常見犯罪之被害人在還沒有向犯罪偵察機關提出刑事告訴前，就與加害人私下和解，並且簽下和解書表明「不提出刑事告訴」或「拋棄刑事告訴之權利」等，如被害人事後反悔，還是向犯罪偵察機關提出刑事告訴，可以嗎？

最高法院歷來之見解均認為：「告訴乃論之罪，除法律上有特別規定外，告訴人曾否拋棄告訴權，與其告訴之合法與否，不生影響。」（最高法院 26 年上字第 1906 號判例參照），理由在於：「刑事訴訟上之告訴權，性質上屬於人民在公法上之權利，刑事

訴訟法既未規定得予捨棄，告訴權人自不得予以捨棄，其縱有捨棄之意思表示，亦屬無效。」（最高法院 90 年台非字第 16 號判決參照）。換言之，即便被害人簽具和解書聲明拋棄刑事告訴權，但因拋棄無效，所以，被害人還是可以反悔而再提出刑事告訴。

民事訴訟的權利，可以拋棄嗎？

另被害人就民事訴訟之權利可否拋棄？被害人因犯罪受害而可能產生損害，除前述刑事告訴的權利不能拋棄之外，民事上的權利原則上是可以交換條件而約定拋棄的。常見情形乃雙方成立和解契約，依據民法第 737 條規定：「和解有使當事人所拋棄之權利消滅及使當事人取得和解契約所訂明權利之效力。」除非契約內容違法，則有和解契約無效之問題。

契約內容違背公序良俗，有效嗎？

依據民法第 72 條規定：「法律行為，有背於公共秩序或善良風俗者，無效。」何謂有背於「公共秩序」或「善良風俗」，法律上並無統一之標準，仍須視個別案件而定。

常見之情形，例如，向地下錢莊借錢而約定債務人以朋友一名留置，等還錢後才可將人贖回，是否有效？法院見解認為：「以人身為抵押標的之契約根本不生效力，即不得據以責令相對人負交人之義務。」（最高法院 18 年上字第 1745 號判例參照）。

再如，兄弟姊妹在父母親還健在時，即預立遺產分配協議書約明父母百年後如何分配遺產，是否有效？最高法院認為：「上訴人與被上訴人均為某甲之養子，於養父母健在時預立分管合約為財產之瓜分，載明該約俟父百年後始生效力，固堪認係以某甲死亡之日為契約發生效力之始期之法律行為，然兩造對於其父之財產不待其父自行贈與，或於壽終後再行協議分析，乃急不暇擇，於父生前預行訂約剝奪母之應繼分，此項矇父欺母而訂立之契約，衡諸我國崇尚孝悌之善良風俗，既屬有違，依民法第 72 條，該契

約即在無效之列。」（最高法院 46 年台上字第 1068 號判例參照）。

　　另如，夫妻吵架後預立日後有侮辱或虐待情事即協議離婚，此項約定有效嗎？最高法院認為：「夫妻間為恐一方於日後或有虐待或侮辱他方情事而預立離婚契約者，其契約即屬跡近兒戲與善良風俗有背，依民法第 72 條應在無效之列，兩造前此固曾預立協議離婚書，而為『兩造自簽約之日起會同另覓新居返家團聚，倘上訴人日後有毆辱被上訴人情事應即離婚，上訴人願以生女及所有財產 2 分之 1 歸被上訴人監護及所有』之約定，惟此約定，依上法條既非有效，……。」（最高法院 50 年台上字第 2596 號判例參照）。

　　又如，男子與小三訂立性愛契約，約明由男子過戶不動產給小三，如小三日後不履行性愛契約，則男子可將房屋過戶回來，此種約定有效嗎？最高法院認為：「上訴人為有婦之夫，涎被上訴人之色，誘使同居，而將系爭土地之所有權移轉登記與被上訴人，復約定一旦終止同居關係，仍須將地返還，以資箝制，而達其久佔私慾，是其約定自係有背善良風俗，依民法第 72 條規定應屬無效，上訴人依據此項約定，訴請被上訴人移轉系爭土地之所有權殊非正當。」（最高法院 65 年台上字第 2436 號判例參照）。

小　結

　　由上可知，刑事告訴權為法律強制規定之權利，並無得以拋棄之規定，因此，縱使雙方約定不得提出告訴或約定拋棄告訴權，均屬無效，被害人仍得反悔提出告訴。而民事部分的權利，雖可透過和解契約進行條件交換，但和解內容仍不得違法或違背公序良俗，否則約定內容仍屬無效。題示案例，元配縱使與小三約定，如果小三墮胎就不追究。然而，墮胎行為除非符合刑法規定，否則乃犯罪行為，當然違背公序良俗而屬無效。

參考法條
刑事訴訟法第 232 條、民法第 72 條、第 737 條

性交易專區，娼嫖都不罰？

社會秩序維護法第 80 條有關「罰娼不罰嫖」之規定遭大法官釋字第 666 號解釋宣告違憲，並諭知至遲 2 年後失效，而立法院趕在 2 年時限內三讀通過社會秩序維護法第 80 條修正案，規定在「性交易專區」內之性交易，娼嫖都不罰；但在性交易專區以外地區從事性交易者，娼嫖都要罰。但問題是，各地方政府目前礙於道德壓力，各縣市都無意願成立性交易專區，如臺北市長表示絕不會設立專區，新北市長則表示會嚴肅思考此問題。如果地方不設專區，則所謂「性交易專區內之性交易不處罰」之規定形同具文，在可見的未來，娼嫖恐怕雙罰。

修法後，娼嫖罰不罰，取決「專區內」或「專區外」；「半套」交易，娼嫖都處罰？

依據 2011 年 11 月 4 日新修正通過之社會秩序維護法第 80 條規定：「有下列各款行為之一者，處新臺幣 3 萬元以下罰鍰：1.從事性交易。但符合第 91 條之 1 第 1 項至第 3 項之自治條例規定者，不適用之。……」換言之，從事性交易之雙方，都會處罰，除非符合第 91 條之 1 有關「性交易專區」之相關規定者。

另新修條文所謂性交易係指「有對價之性交或猥褻行為」。而原先社會秩序維護法第 80 條所處罰之行為僅限於「姦」(性交)、「宿」(過夜)之行為，而修法之後，原本娼嫖都不處罰之「猥褻行為」(俗稱「半套」)也納入處

罰之範圍。

問題解決了嗎？

舊的社會秩序維護法第 80 條「罰娼不罰嫖」的爭議，在司法院大法官第 666 號解釋認定違憲，主要乃因「罰娼不罰嫖」，僅處罰性交易中之一方，違反平等原則；且依據現況，性交易中，圖利之一方多為女性，被裁罰者幾乎都是女性，尤以部分迫於社會經濟弱勢而從事性交易之女性，往往因系爭規定受處罰，致其業已窘困之處境更為不利（大法官釋字第 666 號解釋理由書參照）。大法官乃因該條文僅罰娼而不罰嫖，僅處罰其一，認定不平等、不公平而違憲。然而，違憲之處，只是這樣而已嗎？

罰娼不罰嫖，不平等，所以娼嫖都罰？

依據陳新民大法官之協同意見書即認為「解釋文多數意見認為『罰娼不罰嫖』形同對女性的處罰，形成牴觸憲法第 7 條所保障男女性別平等。這種見解頗為

失真，且有可能促使立法者更為『雙罰』的危險性……」。而在立法院新修正通過之條文果然造成「雙罰」之倒退結果，甚至連原先沒有處罰的「半套」性行為，也一併雙罰。

然而，許多大法官也認為有關罰娼不罰嫖的規定，不只是平等原則的問題，更涉及法律道德化（公序良俗）及人權限制的合比例性與否等問題。

性交易行為違反公序良俗嗎？

許玉秀大法官在協同意見書提到，德國柏林邦行政法院，曾經為了一件性販售案件，詢問柏林市 50 個民間團體，包括各種公益團體、婦女團體、甚至教會，「性販售是否違背公序良俗」，所得到的答案完全一致：性販售行為不違反公序良俗。

當然，國情不同，德國人認為沒有違反公序良俗，不表示在我國也不違背公序良俗。然而，在我國的法律下，所謂公序良俗所指為何？陳新民大法官在協同

意見書就認為，公序良俗的內容，雖然以社會上大多數共通人的價值判斷為準（釋字第617號解釋理由書參照），但也應當隨著時代風氣進步開放，憲法所承認基本人權的內涵與擴充的人權認知（例如：承認價值多元與寬容），以及進步的立法實務，而產生「質變」。例如：墮胎行為以往視為大逆不道的罪惡，但隨著優生保健法的制定與概念的宣導，而迥異於以往；另還有對於同性戀的容忍、色情或情色明星的工作成就之肯定等。

性工作者的工作權及性消費者的自由權如何保障？

性工作者所從事之性交易工作應屬憲法第15條所保障之工作權。

許宗力大法官的協同意見書即認為，在憲法職業自由的審查模式下，原先的社會秩序維護法第80條規定，全面處罰、禁止意圖營利與人姦宿之行為，就該干預手段的性質觀之，乃全面排除人民選擇從事性工作的可能性，

設定非個人努力所能達成的條件，應屬對人民選擇職業應具備客觀條件之限制，依釋字第649號解釋意旨，須為保護特別重要之公共利益，且所採之手段是否合乎比例原則，須採嚴格標準審查。

而性消費者之性自由權亦屬我國憲法第22條保障之權利，依據大法官釋字第554號解釋指出，「性行為自由與個人之人格有不可分離之關係，固得自主決定是否及與何人發生性行為，惟依憲法第22條規定，於不妨害社會秩序公共利益之前提下，始受保障」，明白承認性行為自由係屬憲法所保障之權利，並援引憲法第22條為其立論基礎。

雖新修正社會秩序維護法第91條之1就性交易專區有框架性之立法規定，但各縣市政府在道德壓力下，如無設置性交易專區，則將導致實際上娼嫖全面受罰之結果，此與完全限制性交易工作權及性消費自由權無異。如何解套，應予嚴正思考。

性交易專區，娼嫖都不罰？

小　結

　　社會秩序維護法第 80 條有關「罰娼不罰嫖」之規定，形同對女性的處罰，牴觸憲法第 7 條所保障男女性別平等，遭大法官釋字第 666 號解釋宣告違憲後，依據新修正通過之條文規定，在性交易專區內之性交易行為不罰，但性交易專區外之性交易行為，卻形成「雙罰」，而原先不處罰之「半套」性交易（即猥褻行為）也成了處罰標的。但真正應思考的是性交易是否違反公序良俗？性工作者的工作權及性消費者的自由權如何保障？修法雖設有性交易專區，但仍須地方政府執行，礙於道德壓力，如地方政府不設置性交易專區，無異全面限制性交易工作權及性消費自由權。

參考法條

社會秩序維護法第 80 條、第 91 條之 1

越南女子將男友「斷根」，法院輕判「免囚」？

某潘姓越南女子因翁姓男友將她辛苦賺的錢拿去買毒品、玩女人，並經常毆打她，憤而持剪刀將當時因吸毒昏睡的翁男生殖器剪下並丟入八掌溪內，法院依據「重傷害」未遂罪將越南女子判決 1 年 2 個月有期徒刑並緩刑 3 年。判決出爐後引發爭議，有人認為越南女子將男友生殖器剪斷並丟到河裡，犯行嚴重，卻只判 1 年 2 個月太輕。而剪斷生殖器算是「重傷害」罪嗎？何謂「重傷害」？生殖器都剪斷了，為何還算「未遂」？標準何在呢？

「重傷害」罪之要件

所謂「重傷害」，係指「 1.毀敗或嚴重減損一目或二目之視能。 2.毀敗或嚴重減損一耳或二耳之聽能。 3.毀敗或嚴重減損語能、味能或嗅能。 4.毀敗或嚴重減損一肢以上之機能。 5.毀敗或嚴重減損生殖之機能。 6.其他於身體或健康，有重大不治或難治之傷害。」（刑法第 10 條第 4 項參照）。

而依據刑法第 278 條規定：「使人受重傷者，處 5 年以上 12 年以下有期徒刑。犯前項之罪因而致人於死者，處無期徒刑或 7 年以上有期徒刑。第 1 項之未遂犯罰之。」由上可知，重傷害罪乃刑法處罰之重罪，刑度至少為 5 年以上之有期徒刑。

何謂「毀敗」？何謂「嚴重減損」？

所謂「毀敗」，係指其機能全部喪失效用者而言，若可回復原狀或僅有減損功能，而未達完全喪失效用之程度者，尚非此處所稱之「毀敗」。此觀最高法院認為：「刑法第 10 條第 4 項第 4 款所稱毀敗一肢以上之機能，係指肢體因傷害之結果完全喪失其效用者而言，初不以驗斷時之狀況如何為標準，如經過相當之診治而能回復原狀，或雖不能回復原狀而僅祇減衰其效用者，仍不得謂為該款之重傷。」（最高法院 28 年上字第 1098 號判例參照）。至於「嚴重減損」，則指對上開各項機能有重大影響，且不能治療或難於治療之情形（最高法院 101 年台上字第 3833 號判決參照）。

例如，手指因傷害不能伸屈自如，實務上認為並非重傷害（最高法院 24 年上字第 3806 號判例謂：「第二指為手之一部，因傷害結果，不能伸屈自如，雖與手之機能有關，然僅係該指喪失活動

力，尚非毀敗全肢之機能。」）。

再如，受傷骨折之情形是否算重傷害？實例上認為：「刑法第 10 條第 4 項第 4 款所謂毀敗一肢以上之機能，係指一肢以上之機能完全喪失其效用而言，若臂骨雖經折斷，但醫治結果仍能舉動而僅不能照常者，祇可認為減衰機能，要與毀敗全肢之機能有別，又毀敗一肢以上之機能，既設有專款規定，則傷害四肢之重傷，自以有被毀敗之情形為限，其同條第 4 項第 6 款所規定其他於身體或健康有重大不治或難治之傷害，即不包括傷害四肢在內。」（最高法院 30 年上字第 445 號判例參照）。

另如，斷指數根，是否屬重傷害罪？最高法院認為：「手之作用全在於指，上訴人將被害人左手大指、食指、中指砍傷斷落，其殘餘之無名指、小指即失其效用，自不能謂非達於毀敗一肢機能之程度。」（最高法院 29 年上字第 135 號判例參照）。

又如膝蓋關節受傷，無法上下樓梯，實例上認為構成重傷害，

此觀最高法院 62 年台上字第 3454 號判例謂：「被害人左膝蓋關節組織主要之伸出迴轉機能，既經完全喪失，不能回復而殘廢，無法上下樓梯，且該關節屈時受阻，伸時呈無力並發抖，自難自由行走並保持身體重心之平衡，殊不能謂非達於毀敗一肢機能之程度。上訴人既因其傷害行為，發生重傷之結果，自應構成傷害致人重傷罪。」

何謂毀敗「生殖機能」？

題示越南女子將男友生殖器剪斷，可能會構成該男子生殖機能受到損害。但是，此種損害是否可以康復或無法康復而達「毀敗」程度，在法律判斷上將有不同之結果。

而所謂「毀敗生殖之機能」者，並非以「性功能」完好與否或能否「勃起」為判斷。最高法院即有判決認為：「按性功能與生殖之機能並非完全一致，二者之含義顯有不同，原判決以林○順之陰莖尚可勃起，遽認其生殖之機能未喪失，自有違誤。」（最高法院 78 年台上字第 3271 號判決參照）。

換言之，被害人之勃起功能或性功能即便完整，並非表示生殖機能未遭毀敗。

而所謂「生殖機能」所指為何？題示案例中，臺灣嘉義地方法院認為翁男之命根雖遭剪斷，但生殖機能並未毀敗，因此論以該越南女子「重傷害未遂」。判決書指出：「是被告以剪刀剪斷被害人之陰莖，使被害人受有陰莖外傷性截斷之傷害，經醫療後，仍影響被害人陰莖勃起長度，恐不利於自然受孕。然其睪丸之製造精子和分泌男性賀爾蒙之功能並未受損，且被害人既可透過醫療重建技術，藉以回復原有自然性交後受孕之生殖功能，參酌上揭說明，即難認已達法定重傷害之結果，其重傷害未遂之犯行，應堪予認定。」（臺灣嘉義地方法院 100 年訴字第 772 號判決參照）。

削鼻、割耳、毀容，算重傷害嗎？

有關削鼻是否構成重傷害？

法務部 (75) 法檢㈡字第 1452 號研究意見認為：「按變更容貌至重大不治之傷害程度者，應認為刑法第 10 條第 4 項第 6 款之重傷，司法院 25 年 3 月 20 日院字第 1459 號已著有解釋在案。本題甲持刀將乙鼻準割落，並予踩碎，既不能回復原有之容貌，參照上開解釋意旨，應認屬刑法第 10 條第 4 項第 6 款之重傷⋯⋯」。而最高法院 25 年度決議亦認為：「被害人之鼻準被人以刀削去一截，後雖治癒，然已成缺形，不能回復原狀，應認為刑法第 10 條第 4 項第 6 款重大不治之傷害。」

割耳朵算是重傷害嗎？實例上認為：「人之五官外形，與容貌有關，被害人之右耳一隻，既完全蝕去，則其容貌上即顯有缺陷，而又不能回復原狀，自屬重大不治之傷害，與刑法上之重傷情形相當。」（最高法院 50 年台上字第 2093 號判決參照）。

另常見之案例乃潑硫酸或其他腐蝕性化學藥劑導致被害人毀容者，是否算是重傷害？實例上多認為構成重傷害罪，此觀最高

法院 54 年台上字第 3040 號判決謂：「上訴人用烈性藥水潑人臉部，有毀容之故意，並發生變更容貌之結果，應成立重傷罪，至其澆潑藥水同時傷及被害人之頸、膊、大腿等部，以及用玻璃碎片刺傷被害人之右眼角，均屬重傷行為之一部⋯⋯」；另最高法院 55 年台上字第 983 號判決謂：「被害人被潑鹽酸後，兩眼上眼瞼形成瘢痕，並輕度外翻，是被害人之容貌已經變更，且達於不能恢復原狀之程度，自應成立使人受重傷既遂罪。」而最高法院 56 年台上字第 2001 號判決亦認為：「五官外形均與容貌有關，若使容貌明顯有缺陷而不能恢復原狀，其變更容貌，核與刑法第 10 條第 6 款所稱重大不治之傷害相當。」

小　結

所謂「重傷害」，係指毀敗或嚴重減損某項身體機能。所謂「毀敗」，係指其機能全部喪失效用者而言；至於「嚴重減損」，則指對上開各項機能有重大影響，且不

能治療或難於治療之情形。而「毀
敗生殖之機能」者，並非以「性
功能」完好與否或能否「勃起」
為判斷。題示案例中，法院認為
翁男之命根雖遭剪斷，但生殖機
能並未毀敗，因此論以該越南女
子「重傷害未遂」。再者，如將人
削鼻、割耳或以硫酸毀容，法院
見解認為此種造成容貌上有顯著
缺陷，而又不能回復原狀，自屬
重大不治之傷害，而構成重傷害
罪。

參考法條
刑法第 10 條、第 278 條

市議員遭設局偷拍性愛光碟，恐嚇？強盜？

新北市某市議員遭應召站集團設局，由年輕貌美的應召女子趁性交易之時，偷偷拍下性愛過程，事後以性愛光碟恐嚇勒索議員。但議員說，錢是借給嫌犯的。另外，該應召站集團同時也以同一手法向另一名楊姓富商以手中握有性愛光碟勒索，甚至亮槍，楊姓富商拿出 5 萬元後獲釋。但嫌犯稱，槍是假的，他們都是因為性愛光碟而交錢，因而並無強盜犯行。以「性愛光碟」勒索，歹徒構成恐嚇取財或強盜罪？

恐嚇取財罪與強盜罪之區別

有關恐嚇取財罪之定義，依據刑法第 346 條規定：「意圖為自己或第三人不法之所有，以恐嚇使人將本人或第三人之物交付者，處 6 月以上 5 年以下有期徒刑，得併科 1,000 元以下罰金。以前項方法得財產上不法之利益，或使第三人得之者，亦同。前二項之未遂犯罰之。」即行為人必須有恐嚇之行為，並使受害人害怕而交付財物。實例上認為：「刑法第 346 條第 1 項恐嚇取財罪之構成，以犯人所為不法之惡害通知達到於被害人，並足使其心生畏懼而交付財物為要件。」（最高法院 45 年台上字第 1450號判例參照）。而所謂「恐嚇」方式，「凡一切之言語、舉動足以使他人生畏懼心者，均包含在內。」

（最高法院 22 年上字第 1310 號判例參照）。

強盜罪之構成，依據刑法第 328 條規定：「意圖為自己或第三人不法之所有，以強暴、脅迫、藥劑、催眠術或他法，至使不能抗拒，而取他人之物或使其交付者，為強盜罪，處 5 年以上有期徒刑」，另如持刀械或槍砲犯之者，則構成刑法第 330 條加重強盜罪，可處 7 年以上有期徒刑。而強盜罪之強暴、脅迫，「祇須抑壓被害人之抗拒或使被害人身體上、精神上，處於不能抗拒之狀態為已足，其暴力縱未與被害人身體接觸，仍不能不謂有強暴、脅迫行為。」（最高法院 22 年上字第 317 號判例參照）。

而恐嚇取財與強盜罪之區別，實例上認為「恐嚇罪與強盜罪之區別，雖在程度之不同，尤應以被害人已否喪失意思自由為標準。」「以威嚇方法使人交付財物之強盜罪，與恐嚇罪之區別，係以對於被害人施用威嚇程度為標準。如其程度足以抑壓被害人之意思自由，致使不能抵抗而為

財物之交付者，即屬強盜罪。否則，被害人之交付財物與否，儘有自由斟酌之餘地者，即應成立恐嚇罪。」（最高法院 30 年上字第 668 號判例參照）。

換言之，強盜罪係以「強暴、脅迫或他法，使人不能抗拒而取其財物或使其交付」為構成要件。恐嚇罪係以「威嚇手段，使人畏懼而交付所有物，其交付與否，被害人尚有意思之自由者」為構成要件。故以脅迫行為使人交付所有物，有時雖近似恐嚇，若被害人已喪失意思自由時，即已達於強盜之程度，至加暴行於被害人使之不能抗拒而強取財物者，其應成立強盜罪，更不待言（最高法院 21 年上字第 1115 號判例參照）。

因此，以性愛光碟恐嚇不給錢的話，就將光碟曝光，致使被害人害怕而拿錢解決，通常並非使被害人陷於不能抗拒之程度，因此，僅構成恐嚇取財罪。

持「假槍」恐嚇，算是強盜罪嗎？

如果歹徒持槍要求被害人交出財物，實例上認為此種狀況已使被害人不能抗拒而交付財物，構成強盜罪。例如，最高法院 20 年非字第 201 號判例認為：「被告於行劫時，攜帶槍械向事主威嚇，是已對於被害人實施強脅行為……」。

但如歹徒持「假槍」冒充真槍恐嚇被害人交出金錢，算是強盜嗎？最高法院認為：「攜帶假手槍，冒充真槍以威脅事主，奪取財物，已達於使人不能抗拒之程度，應成立強盜罪。」（最高法院 26 年滬上字第 9 號判例參照）。

甚至，有歹徒將手指放在口袋，假裝有手槍，實例上亦認為此舉已致使被害人不能抗拒而構成強盜罪。例如：上訴人奪取財物時，用手放入衣袋，裝作手槍，顯已達於以強暴、脅迫至使被害人不能抗拒之程度，自係刑法第 328 條第 1 項之強盜罪，而非第 325 條第 1 項之搶奪罪（最高法院 27 年滬上字第 15 號判例參照）。

債主稱不還錢就要告，構成恐嚇嗎？

常見有債主登門討債，在別無強盜或恐嚇取財的情況下，向債務人聲稱，如果再不還錢，就要去法院告。債務人聽到要去法院告，當然害怕，於是趕快還錢。債主此舉是否構成恐嚇取財罪？

實務上認為，刑法第 346 條之恐嚇，係指以將來之害惡通知被害人，使其生畏怖心之謂，若僅以債務關係，謂如不履行債務，行將以訴求之，則與恐嚇之意義不符，不能律以該條之罪（最高法院 29 年上字第 2142 號判例參照）。

小　結

由上可知，以威嚇方法使人交付財物之強盜罪，與恐嚇罪之區別，係以對於被害人施用威嚇程度為標準。如其程度足以抑壓被害人之意思自由，致使不能抵抗而為財物之交付者，即屬強盜罪；否則，被害人之交付財物與否，儘有自由斟酌之餘地者，即應成立恐嚇罪。因此，如題示案

市議員遭設局偷拍性愛光碟，恐嚇？強盜？

例，歹徒以性愛光碟恐嚇不給錢
的話，就將光碟曝光，致使被害
人害怕而拿錢解決，通常並非使
被害人陷於不能抗拒之程度，僅
構成恐嚇取財罪。另實例上曾發
生歹徒持「假槍」冒充真槍恐嚇
被害人交出金錢，法院認為此舉
已達於使人不能抗拒之程度，應
成立強盜罪。再者，常見有債主
登門討債，在別無其他強盜或恐
嚇取財的情況下，向債務人聲稱，
如果再不還錢，就要去法院告，
這並不會構成恐嚇罪。

參考法條
刑法第 328 條、第 330 條、第
346 條

仙人跳？醫生遭逼簽本票

　　新竹一名醫生與女病患發生婚外情，後來遭病患丈夫發現，病患丈夫與親友闖入醫生租屋處，打斷醫生手掌，並當場逼迫該名醫生寫自白書及簽下 2,000 萬元本票，事後病患丈夫聲請強制執行該名醫生財產，醫生不服提起確認本票債權不存在之訴，臺灣士林地方法院認為醫生是在被打斷手掌後才簽本票，因而判決 2,000 萬本票債權不存在。而確認本票債權不存在之訴是什麼？如何提起？什麼樣的事由會導致本票債權不存在？遭詐欺、恐嚇脅迫而簽本票可以主張本票債權不存在嗎?本票是遭人偽造、變造的也可以提起訴訟或抗辯嗎？那根本沒欠錢或已經清償，是否也可以主張？

本票是什麼？

　　所謂的本票，除了記載「本票」（或「商業本票」）字樣外，其主要的特點在於本票的付款人就是簽發本票之發票人 （出票人），不像支票的付款人是銀行等金融業者。

　　因此，本票發票人當在本票簽名、蓋章後，發票人對於本票上金額，在本票到期日就要無條件付款予執票人，如果不付款，債權人（執票人）就可拿著本票去聲請本票裁定，並強制執行本票發票人之財產 （票據法第 120 條、第 121 條、第 123 條參照）。也就是說，持有本票的人可不經過法院訴訟，即可迅速取得本票裁定執行財產。因此，民間要求債務人簽發本票的情形相當普遍。

確認本票債權不存在之訴？

然而，許多人在簽發本票時，其實很可能根本沒有欠對方錢而只是出於擔保，或者因為對方的逼迫行為不得已而開立本票，甚至本票是遭人偽造、變造。而既然沒有積欠執票人錢或者根本沒有關係，本票發票人就可以提起確認本票債權不存在之訴。

確認本票債權不存在之訴之程序，主要可分為二種。

如果主張本票是偽造、變造，可以依非訟事件法第 195 條第 1 項規定，在本票裁定送達 20 天內，向本票裁定之法院，提起確認本票債權不存在之訴。另外，如果有其他主張本票債權不存在之情形（例如：遭脅迫簽具、已經清償完畢等），亦可以依民事訴訟法第 427 條第 2 項第 6 款等規定，提起確認本票債權不存在之訴（性質屬於確認之訴）（最高法院 81 年台抗字第 412 號判例要旨參照）。

遭人恐嚇脅迫、毆打、控制行動、傷害、詐欺而簽下本票怎麼辦？

本票發票人如果是因為被詐欺或被脅迫（如恐嚇、傷害、毆打、控制行動、妨害自由等）而簽發本票，依據民法第 92 條規定，發票人可以撤銷本票（撤銷簽發本票之意思表示），撤銷後，該本票債權即不存在。

此觀臺灣高等法院 94 年上易字第 172 號民事判決認為：「被上訴人既係遭脅迫而簽發系爭本票……被上訴人既已向上訴人夫妻為撤銷簽發系爭本票之意思表示……兩造間就系爭本票之債權債務關係自屬不存在。」即明。

因仙人跳而簽下本票，違背善良風俗？

實務亦有認為嫖客因遭受他人所為類似以仙人跳手法，而簽發之本票，他人所取得之本票會因違背公序良俗而無效，因而確認本票債權不存在之案例。此觀臺灣高雄地方法院 89 年訴字第 338 號民事判決謂：「被告利用知

悉○○○與原告從事性交易之機會，……以捉姦之名義……取得原告與○○○姦淫之證據後，再以揭發醜聞之手段相脅，致原告不得已而簽發系爭本票……予被告，核被告以此方式取得系爭本票及和解書，實已有違公序良俗……依上開規定……系爭本票之簽發，均應為無效。」

遭人偽造、變造本票，可以提確認不存在之訴？

所謂偽造本票，例如：本票上的發票人簽名或蓋章，是遭人偽刻印章、盜用、盜蓋印章所為，或者是他人偽造簽名（偽簽）等而簽發。換言之，實際上發票人根本沒有在本票上簽名或蓋章。

所謂變造本票，例如：變造本票上金額，將金額 1 萬元變造成 1,000 萬元，或者，變造本票上之發票日、到期日等。

當遇到上述本票是遭人偽造、變造情形時，如前所述，可以提起確認本票債權不存在之訴。

沒有借錢或者已經清償、完工或者沒有違約，可否提起或主張本票債權不存在？

雖然本票的發票人要依本票上金額負付款之責任，然而，有些時候，本票發票人之所以會簽發本票，可能是因為作借款之擔保；或者，因與他人買賣房屋、承攬工作、租賃房屋等原因而簽發。

因此，有可能借款已經返還甚至沒有借、價金已經交付、工作已經完成、沒有違約，對方還拿擔保的本票來請求或聲請本票裁定。此時，債務人就可以主張借款已經返還、沒有違約等原因關係來抗辯，而請求確認本票債權不存在。

小 結

綜上所述，不論是本票遭人盜蓋印章，或者是因被脅迫、詐欺而簽發本票，還是實際上當事人間並無債權債務關係、沒有違約等，本票發票人（債務人）都可以提起確認本票債權不存在之訴，並可提供擔保停止強制執行，

以避免將來遭執票人（債權人）繼續以本票裁定強制執行財產，另外，不僅限於本票，假使支票有相同情形，也可以主張、抗辯支票債權不存在。

參考法條

票據法第 13 條、第 120 條、第 121 條、第 123 條、非訟事件法第 195 條、民事訴訟法第 427 條、民法第 92 條

2

離婚篇

誆出家、騙離婚，無效？

劉姓男子與結褵 30 多年的妻子辦理協議離婚登記，當時劉男乃向妻子表示因為要出家，而早在幾年前劉男就嚷著要出家皈依，因此劉妻一時心軟，便成全丈夫辦理離婚。但劉妻事後竟發現劉男於離婚登記後沒幾天就與新歡吳女辦理結婚登記。劉妻一氣之下，向法院訴請離婚無效之訴。在協議離婚正式辦理登記後，是否有可能變成離婚「無效」？例如，常見「假離婚」或「被騙」辦理離婚登記，是否可以事後又主張離婚無效？

協議離婚（兩願離婚）之要件

依據民法第 1050 條規定：「兩願離婚，應以書面為之，有 2 人以上證人之簽名並應向戶政機關為離婚之登記。」除此法定程序要件之外，離婚之雙方當事人還必須有離婚之「真意」，這些要件缺一不可。

證人沒有親眼看到離婚雙方當事人親簽文件，合法嗎？

就法定程序要件而言，實務上較常發生爭議者，乃證人並無「親眼」看到離婚雙方當事人於離婚協議書上簽字，就在離婚協議書之證人欄上簽名，此種情形是否合法？

最高法院認為：「民法對於兩願離婚者，僅規定應以書面為之，並須有 2 人以上證人之簽名。而

關於證人之簽名，並未以寫立離婚書面時，同時在場為要件。」

「……祇須以書面為之，並有 2 人以上證人之簽名即可，且證人之簽章，亦無須與書據作成同時為之。」（最高法院 42 年台上字第 550 號判決及 55 年台上字第 2165 號判決參照）。換言之，離婚證人不以當事人簽具離婚協議書同時在場為必要。

雖然，離婚證人簽字不以離婚當事人簽具離婚協議書同時在場為必要，但對於離婚當事人確實有「離婚之真意」，證人則必須親自見聞，否則仍屬無效之證人。此觀最高法院 68 年台上字第 3792 號判例認為：「民法第 1050 條所謂 2 人以上證人之簽名，固不限於作成離婚證書時為之，亦不限於協議離婚時在場之人，始得為證人，然究難謂非親見或親聞雙方當事人確有離婚真意之人，亦得為證人。本件證人某甲、某乙係依憑上訴人片面之詞，而簽名於離婚證明書，未曾親聞被上訴人確有離婚之真意，既為原審所確定之事實，自難認兩造間

之協議離婚，已具備法定要件。」即明。

離婚協議書簽好後，一方拒不辦理登記，可否訴請履行？

另常見離婚雙方簽好協議書，並有合法證人簽字後，一方卻拒不辦理離婚登記。此時，他方可否向法院訴請協同辦理登記？

實務見解認為，由於「辦理離婚登記」乃兩願離婚之成立要件之一，因此，雙方未前往戶政事務所辦理登記前，兩願離婚既然尚未成立生效，自不得向法院訴請協同辦理登記，此觀最高法院 75 年台上字第 1342 號判決謂：「兩願離婚，應以書面為之，有 2 人以上證人之簽名，並應向戶政機關為離婚之登記，為修正民法第 1050 條所明定。是向戶政機關為離婚之登記，應為兩願離婚成立要件之一（要式之一）。當事人兩願離婚，祇訂立離婚書面及有 2 人以上證人之簽名，其兩願離婚因尚未成立而不生效力，當事人之一方自無請求他方協同

辦理離婚戶籍登記之法律依據。」
即明。

假離婚，有效嗎？

假離婚，乃離婚當事人並無離婚之「真意」，但卻因某些原因而通謀虛偽意思表示，辦理離婚登記，雖符合民法第 1050 條之法定要件，但此種離婚終究為「假」離婚，在法律的評價上自屬無效。

最高法院 58 年台上字第 129 號判決即認為：「協議離婚亦為契約之一種，必須雙方當事人意思合致，契約始能成立。所謂意思合致，除具備同一內容之意思外，且在主觀上須有與他方意思表示相結合而使發生法律上效果之意念存在。」否則，「……表意人與相對人通謀而為虛偽意思表示者，其意思表示無效，為民法第 87 條第 1 項前段所明文規定。查兩造在主觀上既無離婚之意思，客觀上亦無離婚之事實，彼等另有目的，虛偽表示協議離婚，自屬虛偽意思表示，依上開規定，該協議離婚自屬無效……」（臺灣高等法院 90 年家上字第 88 號判決參照）。

至於判別是否為假離婚者，實務上有幾項標準，例如：離婚後是否共同生活，如有即屬假離婚，實務上曾認為：「……再依經驗法則，其為假離婚者，通常雖為離婚之登記，但仍為共同生活，乃眾所週知。……」（臺灣高等法院 91 年家上字第 278 號判決參照）。但有相反見解認為：「……惟夫妻離婚後，基於子女、經濟等因素而繼續共同生活，亦所在多有，尚難僅憑兩造於離婚後仍共同生活於一處即認兩造並無離婚之意思，……」（臺灣高等法院臺中分院 99 年家上字第 2 號判決參照）。

另如，離婚後是否與子女同住、一方負擔全部生活費用、所得稅合併申報等亦為判斷標準，案例上如：「……兩造協議離婚後，仍與子女同居一起，並由上訴人負擔生活費，此經證人陳興證述無訛（同上卷第 65 頁），且被上訴人每年綜合所得稅，仍以兩造為夫妻之名義合併申報，此與真正離婚情形相悖，兩造殊無離婚之客觀事實，至為明顯。」（臺灣高等法院 90 年家上字第

88 號判決參照）。

被騙才簽離婚協議書，可撤銷嗎？

題示案例雖劉妻以劉男詭稱出家，被騙才同意簽離婚協議書，但該案法院之判決理由乃以該離婚協議書之證人並未親聞雙方要離婚就簽字，而屬無效證人，而判決離婚無效（臺灣高等法院 100 年家上字第 307 號判決參照）。

但如一方確實遭受他方欺騙而簽下離婚協議書辦理登記，可否主張撤銷？實務見解認為此時可以依據民法第 92 條規定撤銷離婚之意思表示，但須就遭受詐欺之事實舉證。而實例上認為：「……按被詐欺而為意思表示者，依民法第 92 條第 1 項之規定，表意人固得撤銷其意思表示，惟主張被詐欺而為表示之當事人，應就此項事實負舉證之責任（最高法院 44 年台上字第 75 號判例參照）。上訴人並未就其主張受欺罔之事實，舉證證明……」（臺灣高等法院 91 年家上字第 278 號判決參照），而判決敗訴。

小　結

協議離婚除須以書面為之並向戶政機關登記之外，尚須有 2 人以上之證人簽名，並須雙方有離婚之「真意」。離婚證人不以離婚當事人簽具離婚協議書同時在場為必要，但對於離婚當事人確實有「離婚之真意」，證人則必須親自見聞，否則仍屬無效之證人。如果離婚當事人於簽具離婚協議書後，一方不願意前往戶政事務所辦理登記，他方也無法向法院訴請協同辦理。至於「假離婚」在法律上乃屬無效，如何判斷是否屬於假離婚，實務上有幾項標準，例如：離婚後是否共同生活（如有即屬假離婚）、離婚後是否與子女同住、一方是否負擔全部生活費用、所得稅是否合併申報等。再者，被騙離婚可否主張撤銷離婚協議？法院認為雖可撤銷其意思表示，惟主張被詐欺而為表示之當事人，應就此項事實負舉證之責任。

參考法條

民法第 87 條、第 1050 條

長期深夜傳簡訊辱罵，虐待判離婚？

嘉義一名男子因故離家後，多次深夜傳簡訊給妻子，簡訊內容有三字經、恐嚇以及指妻子通姦等字眼，妻子因而提告離婚，一審雖敗訴，然而二審法院認為，男子傳簡訊不是為了夫妻間溝通，內容亦屬誣指妻子通姦及恐嚇，已構成不堪同居之虐待，而改判兩造離婚。然而，什麼是不堪同居之虐待？虐待只限於身體上之虐待嗎？還是包括精神上虐待？家庭暴力、虐待要到什麼程度才算不堪同居之虐待?打 1 次、打 3 次？

「不堪同居之虐待」是什麼？

民法第 1052 條第 1 項第 3 款規定：「夫妻之一方，有下列情形之一者，他方得向法院請求離婚：……3.夫妻之一方對他方為不堪同居之虐待。」

過去民眾普遍認為要構成不堪同居之虐待事由很困難，必須數次遭毆打成傷，且要有 3 張驗傷單（醫院診斷證明書）才能離婚，不過，真的是這樣嗎？

數次毆打成傷才算虐待，打 3 次才算？

從以前到現在，實務上均認為夫妻一方經常毆打他方成傷者，他方可以「受不堪同居之虐待」為由訴請離婚。此有最高法院 19 年上字第 1128 號、20 年上字第 371 號判例要旨均認：「夫婦

因尋常細故迭次毆打，即有不堪同居之痛苦」、「慣行毆打，即為不堪同居之虐待，足以構成離婚之原因」可稽。

另外最高法院 27 年上字第 2111 號判例要旨亦認 ：「夫於 3 個月間 3 次毆打其妻成傷，其虐待自已達於不堪同居之程度。」

只打 1 次不算虐待？

實務曾有認為因為夫妻一時失和或一時遭到刺激而毆打，造成他方輕傷而非重傷時，不算不堪同居之虐待。

最高法院 20 年上字第 2341 號、23 年上字第 4554 號判例要旨即認：「夫妻間偶爾失和毆打他方，致令受有微傷，如按其情形尚難認為不堪同居之虐待者，不得認他方之請求離婚為有正當理由」、「夫妻之一方受他方不堪同居之虐待，固得請求離婚，惟因一方之行為不檢而他方一時忿激，致有過當之行為，不得即謂為不堪同居之虐待」足參。

只打 1 次就算虐待？

然而，實務亦有認為縱使只打 1 次，然傷勢嚴重，仍有可能構成不堪同居之虐待。最高法院 29 年上字第 995 號判例要旨即認：「夫因口角細故毆打其妻，致其妻左肩甲、右腰、右內膀及左外膀、左肘、左外臂，受腳踏傷 3 處、扭傷 6 處，自應認為不堪同居之虐待。」因此，實務見解即有認為是否構成虐待，「不能拘泥於毆打次數之多寡」（最高法院 70 年台上字第 1922 號判決要旨參照）。

不講話是虐待？

事實上，縱使身體沒有受傷，但精神上飽受虐待，依據實務之見解，仍會構成不堪同居之虐待。例如：終日冷漠相對、誣指配偶與人通姦、酒後動輒辱罵並毆打、動輒以三字經辱罵並恐嚇、誣告傷害及通姦、強令配偶下跪侮辱等，也都算是虐待行為。

換言之，所謂「虐待」，除指身體之不法侵害之外，精神上的不法侵害行為也包含在內。此

與家庭暴力防治法所定義之「家庭暴力行為」大致相同。依據家庭暴力防治法第 2 條第 1 款規定：「家庭暴力：指家庭成員間實施身體、精神或經濟上之騷擾、控制、脅迫或其他不法侵害之行為。」因此，除了毆打行為之外，精神上的虐待也算是暴力行為，例如：言詞辱罵、跟蹤、監聽、監視等令人精神上痛苦之行為。

最高法院 40 年台上字第 1276 號、69 年台上字第 669 號判例要旨即認：「上訴人誣稱其夫與人通姦，使之感受精神上之痛苦，致不堪繼續同居，不得謂非民法第 1052 條第 3 款所稱之不堪同居之虐待」、「夫妻結合，應立於兩相平等之地位，維持其人性之尊嚴。本件兩造為夫妻，被上訴人強命上訴人下跪，頭頂盆鍋，難謂無損於人性之尊嚴，倘上訴人因此感受精神上重大痛苦，尚不能謂其未受被上訴人不堪同居之虐待」、最高法院 70 年台上字第 1922 號判決要旨亦認：「夫妻共同生活，乃以誠摯的相愛為基

礎。此基礎若未動搖，偶而勃谿動手毆打，固難謂為虐待，若已動搖，終日冷漠相對，縱從不動手毆打，亦難謂非虐待」等實務見解足資參照。

虐待程度？

因此，司法院大法官釋字第 372 號解釋解釋文即明確認為：「……『不堪同居之虐待』，應就具體事件，衡量夫妻之一方受他方虐待所受侵害之嚴重性，斟酌當事人之教育程度、社會地位及其他情事，是否已危及婚姻關係之維繫以為斷。」上述大法官解釋亦認為當過當之行為逾越維繫婚姻關係之存續所能忍受之範圍，還是有可能構成不堪同居之虐待而得請求離婚。

小　結

綜上所述，不堪同居之虐待，依照實務之見解，無論是身體或精神之虐待，只要超過婚姻關係存續所能忍受之範圍，配偶還是可以主張離婚。因此，縱使並非經常毆打，只以言語侮辱甚至冷

漠以對，仍有可能構成不堪同居
虐待之離婚事由。

參考法條
民法第 1052 條、家庭暴力防治
法第 2 條

長期深夜傳簡訊辱罵，虐待判離婚？

夫債妻還？妻債夫還？

一名男子因為離婚時與妻子並沒有約定雙方互相放棄剩餘財產分配請求權，導致該名男子離婚後，遭到資產管理公司依據夫妻剩餘財產請求權，以其前妻積欠新臺幣 14 萬元卡債為由，要求男子償還前妻卡債，男子最後只好給付資產管理公司 8 萬元和解。過去也常見銀行在債務人夫妻沒有離婚下，先以配偶積欠債務為由，要求宣告分別財產制後，再代債務人行使夫妻剩餘財產請求權，最後再查扣配偶之財產。而什麼情形可以要求分配婚後財產？債權人（如銀行、資產管理公司等）可以代債務人行使夫妻剩餘財產請求權嗎？需要對配偶或前妻／前夫的債務負責嗎？

夫或妻可要求分得配偶婚後財產的一半？

一般而言，夫妻之一方於婚姻關係存續期間所增加的財產（例如：存款、房屋、股票等），他方通常亦有協助、貢獻（例如：操持家務、照顧子女等），依據民法，他方有請求分配一半財產的權利，此觀民法第 1030 條之 1 規定：「法定財產制關係消滅時，夫或妻現存之婚後財產，扣除婚姻關係存續所負債務後，如有剩餘，其雙方剩餘財產之差額，應平均分配。」即明。

然而，所謂「法定財產制」關係消滅，除了指離婚時，一方可以主張剩餘財產請求權，請求分配一半婚後財產外；配偶死亡時（繼承時），也得以主張要求分配配偶婚後財產之一半。

改變夫妻財產制、離婚、配偶死亡後，可請求分配一半婚後財產

依據民法第 1030 條之 1 規定，當「法定財產制關係消滅時」，配偶之一方即可請求分配婚後財產，以清算夫妻婚後財產。

「所謂法定財產關係消滅，係指夫或妻一方死亡、離婚、婚姻撤銷或結婚無效或更改其他夫妻財產制而言」，最高法院 96 年台上字第 582 號民事判決足資參照。

而當有離婚、配偶死亡、改用財產制等法定財產關係消滅情形產生時，原本夫妻的法定財產關係自無法繼續維持，另一半即可因此依據民法第 1030 條之 1 之規定，行使剩餘財產分配請求權，請求平均分配婚後財產。

銀行討債方式，聲請改為分別財產制？

所以，實務過去亦有債權人（例如：銀行、資產管理公司等）會先以債務人（夫或妻）之財產不足清償債務為由，依民法第 1011 條規定（此條已於民國 101 年 12 月 26 日刪除），聲請法院改定債務人夫妻財產制，將原先的法定財產制改為分別財產制，但修法後目前銀行或債權人已不得用此方式聲請。

沒離婚，也會遭配偶之債權人強制執行？

當法院宣告將夫妻之財產制改定為分別財產制時，如前所述，原有的法定財產制關係即已消滅，依據過去實務之見解，銀行即可代位債務人行使民法第 1030 條之 1 剩餘財產請求權，以清算夫妻婚後財產。銀行勝訴取得執行名義後，即可強制執行債務人配偶之財產，但修法後已不得再為此主張。

剩餘財產分配請求權可以拋棄嗎？

剩餘財產分配請求權，屬於財產權之一種，夫妻之一方，原則上，得於離婚協議中拋棄對於他方剩餘財產分配之權利，配偶嗣後即不得再主張剩餘財產分配

請求權，請求分配婚後財產。

此觀最高法院 100 年台上字第 1131 號民事裁定理由認：「被上訴人甲○○與乙○○約定互不行使夫妻剩餘財產分配請求權以為達成協議離婚之條件之一，難認有何詐害上訴人之系爭債權可言。從而，上訴人依民法第 244 條規定，請求撤銷被上訴人……所為拋棄夫妻剩餘財產分配請求權之意思表示……無理由，不應准許」即明。

小　結

綜上所述，無論離婚甚至配偶死亡或改用財產制，都有夫妻婚後財產分配之問題。雖然現行的夫妻財產制，一般而言如無特別約定，都是法定財產制，夫妻各自擁有婚後財產所有權，各自管理、使用、處分婚後財產。然而這並不代表另一半對於配偶之婚後財產沒有權利。因此，如果於離婚時，雙方有拋棄對於他方剩餘財產分配請求之協議時，宜約定於離婚協議書文件上，避免將來遇到另一半之債權人，以未

拋棄剩餘財產請求權為由主張權利。另外，縱使沒有離婚，對於配偶之財產狀況　（資產或負債等），最好有所了解。

至於民法第 1030 條之 1 剩餘財產分配請求權，債權人適不適合代位債務人對於債務人之配偶行使，亦值得我們思考。有鑑於此，立法院因而修正增訂民法第 1030 條之 1 第 3 項：「第一項請求權，不得讓與或繼承。但已依契約承諾，或已起訴者，不在此限。」並刪除第 1009、1011 條條文（民國 101 年 12 月 26 日總統令公布），使得民法第 1030 條之 1 剩餘財產分配請求權再度成為夫妻之專屬權，債權人（銀行）不得代位行使，避免債權人強行介入債務人夫妻內部財產法律關係，導致其他社會問題。

參考法條

民法第 1005 條、第 1009 條、第 1010 條、第 1011 條、第 1030 條之 1

換工作、沒養家，惡意遺棄判離婚？

報載新北市一名婦人向法院訴請離婚，主張丈夫 6 年內換了 29 個工作，其中工作任職不滿 1 個月就離職者，高達 18 家，丈夫沒錢支付小孩教育、家庭開銷費用。丈夫則表示其係因為家貧、生活艱苦才無力養家，不能說其惡意遺棄家人。法院最後以夫妻間有「難以維持婚姻之事由」判決離婚。而沒有支付家庭生活費用會構成惡意遺棄嗎？是不是要離家出走才算惡意遺棄？

夫妻惡意遺棄他方，可以請求離婚？

依據民法第 1052 條第 1 項第 5 款規定，當「夫妻之一方以惡意遺棄他方在繼續狀態中」，他方可以向法院訴請離婚。

然而什麼是「惡意遺棄」呢？

依據最高法院判例之見解，主要可區分為兩種類型，一種是不盡同居義務；一種是不支付家庭生活費用。此參見最高法院 39 年台上字第 415 號判例要旨謂：「民法第 1052 條第 5 款所謂夫妻之一方，以惡意遺棄他方，在繼續狀態中者，係指夫或妻無正當理由，不盡同居或支付家庭生活費用之義務而言。」

長期分居屬於惡意遺棄？

實務上有認為，不盡同居義

務，例如：離家出走、分隔兩地、拒絕回家等，要構成惡意遺棄，除客觀上要有分居之事實之外，主觀上他方也要有拒絕同居之意思。最後，還要探討夫妻不盡同居義務有無正當理由，如果夫妻之一方有正當理由而拒絕同居，他方還是不能主張惡意遺棄而請求離婚。

關於拒絕同居屬於民法第1052條第1項第5款規定之惡意遺棄，有最高法院29年上字第254號判例要旨認為：「夫妻互負同居之義務，如無不能同居之正當理由，拒絕與他方同居，即係民法第1052條第5款，所謂以惡意遺棄他方」足資參照。

另外，有關惡意遺棄，需具備主、客觀要件始能成立，可參照最高法院49年台上字第1251號判例要旨認為：「夫妻之一方以惡意遺棄他方者，不僅須有違背同居義務之客觀事實，並須有拒絕同居之主觀情事，始為相當」即明。

有不能同居之正當理由或者主觀沒有拒絕同居，就不構成惡意遺棄？

然而，實務上有認為，雖然夫妻之一方拒絕同居，但是如有正當理由，例如因遭受虐待、家暴、住院等情形而拒絕同居，亦不會構成惡意遺棄。

另外，實務有認為主觀上欠缺拒絕同居意思之情形，例如：因工作關係分隔兩地，而事實上無法履行同居義務；或者，雖然因夫妻失和返回娘家居住，但丈夫迄未過問；他造更換門鎖致無法入住同居；或小孩就學不便等情形，即有可能並不會構成不履行同居義務（最高法院40年台上字第91號判例要旨、88年台上字第227號、81年台上字第2573號等判決參照）。

沒有養家、沒給生活費用，構成惡意遺棄？

依據實務之見解，夫妻之一方無正當理由不支付家庭生活費用時，他方可以主張構成惡意遺棄而請求離婚。

此觀最高法院 22 年上字第 9220 號判例要旨認：「夫妻之一方有支付家庭生活費用之義務時，如無正當事由不為支付，以致他方不能維持生活，自屬民法第 1052 條第 5 款所謂以惡意遺棄他方。」最高法院 87 年台上字第 1637 號民事判決亦認：「被上訴人從事教職，每月固有薪資收入，仍不能為上訴人拒不支付家庭生活費之正當理由」即明。

生活艱苦，無力支出生活費，不算遺棄？

另外，如果自身已經生活艱苦，致無力支付家庭生活費，實務見解有認並不構成惡意遺棄。此有最高法院 39 年台上字第 415 號判例要旨認為：「……縱如上訴人所稱，被上訴人為依其後母牧牛度活，茅寮容膝，確有衣食難周之情形，亦不過因家貧生活艱苦，究與無正當理由不支付家庭生活費用者有別，自難指為惡意遺棄。」足資參照。

而家庭生活費，實務認為包括房屋貸款、保險費、生活費、子女養育、教育費等費用（最高法院 96 年台上字第 2384 號、90 年台上字第 1969 號民事判決參照）。

小　結

綜上所述，有關構成惡意遺棄而得主張離婚之事由，除了常見離家出走不履行同居之義務外，尚包括不支付家庭生活費用。不過，縱有不履行同居義務或者不支付家庭生活費用之情形，如果有正當理由不履行同居或無法支付家庭生活費用時，還是有可能不得主張惡意遺棄而訴請離婚，另外，雖不構成惡意遺棄，但仍有可能構成不能維持婚姻之重大事由而得請求離婚，併予敘明。

參考法條
民法第 1052 條

不能「嘿咻」，判離婚？

小美與小宇結婚後，結婚初夜發現小宇性無能，小宇在蜜月期間亦未與小美為性行為，小美因而向法院起訴，請求撤銷婚姻與損害賠償。小宇則主張小美因逢月事及身體不適才未為性行為。經法院審理後，依醫院鑑定報告，認為小宇有勃起障礙，為性行為恐有困難，小宇前妻亦證稱指出與小宇婚後亦無性行為等情事，最後判決撤銷兩造婚姻，小宇並應賠償 40 萬元確定。而夫妻之一方婚前如因身體等因素，無法「嘿咻」（即性行為，在法律上稱為「不能人道」），或婚後發生不能人道之情形，他方可以向法院聲請撤銷婚姻、主張婚姻無效、或請求離婚嗎？

不能人道，婚姻無效？

法律上得以主張「撤銷婚姻」之事由甚多，而其中「不能人道」（結婚時不能人道而不能治），依據民法第 995 條規定，亦屬於夫妻之一方得請求撤銷婚姻之事由。法院如果以不能人道之事由撤銷婚姻之後，婚姻之效力即已消滅。

不過要以「不能人道」之事由來撤銷婚姻，須在知悉配偶有不能人道且已不能治起算 3 年內，提起撤銷婚姻之訴，否則過了 3 年（通常是婚後 3 年）就不能主張撤銷婚姻（民法第 995 條規定：「當事人之一方，於結婚時不能人道而不能治者，他方得向法院請求撤銷之。但自知悉其不能治之時起已逾 3 年者，不得請求撤銷。」）。

「不能人道」是什麼？

法院見解認為，所謂不能人道，係指不能為正常性行為，須經醫院鑑定客觀上是否不能為正常性行為。但縱使不能人道，還要看是否可治療改善。必須無法治療者，才可主張撤銷婚姻。如可治療者，不可主張撤銷婚姻。

此觀臺灣高雄地方法院 84 年家訴字第 66 號民事判決認：「所謂『不能人道』，係指不能為正常性行為而言」、臺灣高等法院 95 年家上字第 48 號民事判決亦謂：「……『○○○有嚴重的靜脈漏失性勃起功能障礙，目前應無法從事正常的性行為……』……是上訴人主張被上訴人不能人道，固屬非虛。惟被上訴人所患上開疾病，得以做陰莖假器植入術之方式治療之……足見被上訴人所患不能人道之疾病，尚未達於不可治之程度。」等見解即明。

性生活有障礙、無精症、無法生兒育女，不算「不能人道」？

法院見解有認為，如果只是性生活有障礙並不算「不能人道」，在夫妻協調溝通下仍得解決，原則上不能以性生活有障礙為由訴請離婚。且單純之不孕症（例如：無精症等），只要仍有性能力，亦不算不能人道。

臺灣彰化地方法院 89 年婚字第 33 號民事判決理由即認：「依據臺中榮民總醫院診斷證明書亦記載：『病患視覺性刺激反應顯示勃起功能完全正常，行性行為應無任何障礙』等語明確，被告尚非不能人道而不能治，是以被告縱與原告性生活產生障礙，並此非無回復之希望，自不得以此即認為屬於難以維持婚姻之重大事由。」

另有臺灣高雄地方法院 84 年家訴字第 66 號民事判決亦認：「單純之不育或不孕症，並非該條所指之『不能人道』。……審諸被告所提診斷書記載，被告僅『精液內無精蟲，兩側儲精囊發育不全』，並非不能為性行為。揆諸首揭說明，原告指被告無生育能力即為不能人道，尚有誤會」可稽。

不能人道，不能撤銷婚姻，可否改請求離婚？

實務雖然有認為夫妻之一方如果知道他方不能人道已逾3年，就不能請求撤銷婚姻，亦不能以他方有不治之惡疾等理由請求離婚（最高法院29年上字第1913號判例要旨、最高法院37年上字第7832號判例要旨參照）。

不過，依據最高法院近年之見解，業已認為夫妻之一方如果婚後不能人道（例如：婚後車禍受傷不能人道），他方仍得主張民法第1052條第2項難以維持婚姻之重大事由而得請求離婚。此有最高法院84年台上字第39號民事判決理由認為：「上訴人提出診斷證明書證明其婚後迄今，仍處女膜完整，被上訴人不能人道，有重大離婚事由云云⋯⋯婚後不能人道，已形成難以維持婚姻之重大事由者，當事人非不得依民法第1052條第2項規定請求離婚，為本院最近之見解」可稽（另可參最高法院79年台上字第1040號判決理由）。

最高法院83年度第4次民事庭會議亦認為：「結婚後因車禍受傷致不能人道者，尚難認係民法第1052條第1項第7款所定不治之惡疾。惟如不能人道已形成難以維持婚姻之重大事由者，得依同條第2項之規定訴請離婚」。

小　結

綜上所述，「不能人道」除了是撤銷婚姻的事由之一，實務上並考量夫妻間能否為性行為、性生活，屬於夫妻能否繼續維持婚姻之重要基礎，因此，縱使已經不能主張撤銷婚姻，實務上仍有認為可以以不能人道已導致難以維持婚姻為由，訴請離婚。

參考法條

民法第995條、第1052條

3

勞工權益篇

壓榨外勞洗屍體，觸犯人口販運罪？

　　南投縣某護理之家雇用越南勞工擔任看護工，然而卻任意扣薪水，甚至要外勞每天工作 18 小時，到晚上 9 時以後才吃晚餐，南投地檢署依違反人口販運防制法將雇主起訴；另也曾發生雇主要求越南勞工從事為往生者清洗大體、著衣等工作，雇主卻只給每小時 50 元加班費。諸如此類雇主壓榨外勞的新聞時有所聞，當雇主對於雇用之外勞僅給予極低或完全不給報酬，工作條件與內容又極為嚴苛時，雇主可能觸犯人口販運防制法的那些條文？構成要件為何？

壓榨外勞工作，有刑事責任嗎？

　　以往以非法之方法壓榨勞工構成犯罪之法律規範，散見勞動基準法、刑法等法律中，例如：勞動基準法第 75 條「以非法方法強制勞工從事勞動罪」、第 76 條「介入他人之勞動契約抽取不法利益罪」等相關刑責規定，以及刑法第 296 條「使人為奴隸罪」、第 296 條之 1 「買賣質押人口罪」、第 302 條「私行拘禁罪」等妨害自由罪章，並無專法之規定。

　　因此，立法院於民國 98 年制定「人口販運防制法」，作為防制以強制手段、詐術、故意隱瞞重要資訊、不當債務約束、扣留重要文件、利用他人不能、不知或難以求助之處境等方法，使人從事勞動與報酬顯不相當之工作、

性交易或買賣質押、容留等人口販運之行為（人口販運防制法第1條、第2條參照）。

而從上述人口販運的手段來看，例如：扣留文件、債務約束、勞動報酬不相當、利用他人難以救助，使人從事勞動與報酬顯不相當之工作等，其主要保障之被害人顯係為外籍勞工。

以暴力壓榨外勞工作，並且只給很少的錢，觸犯什麼罪？

以違反外勞意願之方法，壓榨外勞工作，卻只給少少的錢，行為人係觸犯人口販運防制法第32條第1項，意圖營利，以違反本人意願之方法，使人從事勞動與報酬顯不相當工作罪。前述法條所稱違反勞工意願之方法，包括強暴、脅迫、恐嚇、拘禁、監控、藥劑、詐術、催眠術等眾多方法(同法第32條第1項參照)，觸犯此條可處7年以下有期徒刑，得併科新臺幣500萬元以下罰金。

利用外勞弱勢困境，壓榨外勞工作，又觸犯什麼罪？

雖然不是以強暴、脅迫等違反本人意願之方法，逼迫外勞工作，然而卻是利用外勞特有身處國外，舉目無親，語言不通等難以求助之處境，逼迫其從事勞動與報酬顯不相當之工作，此時係構成同法第32條第2項利用他人難以求助之處境，使人從事勞動與報酬顯不相當工作罪（人口販運防制法第32條第2項規定：「意圖營利，利用不當債務約束或他人不能、不知或難以求助之處境，使人從事勞動與報酬顯不相當之工作者，處3年以下有期徒刑，得併科新臺幣100萬元以下罰金。」）。

此係新的刑事處罰規定，而所謂「報酬顯不相當」，其標準「需依被害人之主觀認知及客觀一般人之通念均認顯不合理」而判斷之，不可一概而論，此觀本條立法理由記載：「目前實務上常見人口販運集團以偷渡費用、假結婚費用、利息等各種名目不斷增加被害人所負之債務，並以此

種不當債務造成被害人心理之約束，迫使其因無法清償而違反意願提供勞務，或利用被害人非法入境、非法居留、語言不通而不能、不知或難以求助之處境，迫使被害人提供勞務，而被害人實際所能取得之報酬，衡諸被害人之主觀認知及客觀一般人之通念均認顯不合理之案例，惟於現行法律中，對行為人利用此種造成被害人心理強制之手段，使被害人從事勞動與報酬顯不相當工作之行為，並無可資適用之刑事處罰條文，爰於第 2 項明定之」即明（草案條文說明，《立法院公報》第 98 卷第 5 期院會紀錄第 72 頁參照）。

逼外勞為往生者清洗屍體、穿衣，構成人口販運防制法第 32 條使人從事勞動與報酬顯不相當工作罪？

構成人口販運防制法第 32 條第 1 項、第 2 項，違反本人意願之方法、利用他人難以求助之處境等，使人從事勞動與報酬顯不相當工作罪之著名例子，乃係養護中心的雇主，以言語恐嚇越南籍勞工不照做就遣返、或者利用越南籍勞工，身處臺灣言語不通、擔心提前解約遣返，難以求助之困境，迫使越南勞工從事為往生者清洗大體、著衣等工作，雇主卻只給每小時 50 元加班費，雇主之行為即構成該條之犯罪，而遭法院判刑確定（臺灣高等法院高雄分院 100 年上訴字第 145 號刑事判決參照）。

小 結

綜上所述，人口販運防制法不但對於過去以強暴、脅迫等非法方法壓榨勞工部分，同樣有處以刑責之規定；另外，對於雇主利用外籍勞工常面臨的不當債務約束、不能、不知或難以求助之困境等眾多情形，迫使工作並給予外勞顯不相當之報酬之行為，另新增刑責之規定，對於外籍勞工之保障實更進一步。就此，無論是外勞仲介業者、雇用外勞之個人或企業，對於人口販運防制法，實須有一定之認識，避免誤觸法網。

因此，如要求外勞每天工作
18 小時，到晚上 9 時以後才能吃
晚餐，並且苛扣薪水，實可能業
已觸犯人口販運防制法第 32 條
之使人從事勞動與報酬顯不相當
工作罪。

參考法條
勞動基準法第 75 條、第 76 條、
刑法第 296 條、第 296 條之 1、
第 302 條、 人口販運防制法第
1 條、第 2 條、第 32 條

壓榨外勞洗屍體，觸犯人口販運罪？

一年一聘有效嗎？

數名某航空公司已離職之定期契約勞工，在工會人員陪同下，曾到公司臺北票櫃前以公司有加班費、休假等不符合勞基法規定之情形陳情。當時公司總經理表示，其公司員工原本大部分都是定期契約工，休假依契約辦理，惟經工會反映似有違勞基法，而已將定期契約工轉為正式員工，並將積欠休假以現金結算。然而，現在社會上所謂一年一聘、二年一聘、三年一聘，甚至 1 個月、3 個月、半年一聘的勞動契約（聘僱、僱傭契約）越來越多，這樣的定期勞動契約合法嗎？什麼樣的工作才可以約定定期契約？

勞動契約定期還是不定期 ？工作內容有持續性就不能一年一聘？

現在的聘僱契約，很多是定期契約，例如：一年一聘、二年一聘或者三年一聘等。但實際上，並不是每一份工作都可約定成為定期契約。

依據勞動基準法第 9 條第 1 項規定，「勞動契約，分為定期契約及不定期契約。」而同條項後段明確規定：「有繼續性工作應為不定期契約。」

換句話說，只要工作性質有「繼續性」，而不是「臨時性、短期性、季節性及特定性」工作，那麼雇主就不能與員工簽一年或二年一聘等定期僱傭契約（勞基法第 9 條第 1 項規定參照）。一個具有繼續性工作性質的工作，縱

使簽約約定為定期契約（約定期限），此約定應為無效，這個勞動契約還是不定期勞動契約。

不過，定期契約與勞工最低服務期限勞動契約（至少要為公司工作多少年）是不同概念，併此敘明（最高法院 96 年台上字第 1396 號民事判決參照）。

什麼是「繼續性」工作？

既然工作內容是「繼續性」，老闆就不能一年一聘勞工，那麼什麼是繼續性之工作？

依據實務之見解，所謂「有繼續性工作，係指勞工擔任之工作，就該事業單位之業務性質與經營運作，具有持續性之需要。」（最高法院 101 年台上字第 264 號民事判決參照）。

換句話說，如果是因為特定業務、計畫（例如：特定工程、專案、計畫等）、特殊需求、短期經營運作而聘用勞工，此時即可能因為該工作並無持續性的業務與經營運作需求，而不能認為是有繼續性的工作，公司與員工間即可訂定定期契約（前揭判決參照）。

臨時性、短期性、季節性及特定性工作？

如前所述，工作如果屬於臨時性、短期性、季節性及特定性工作，是可以約定為定期契約。依據勞基法施行細則第 6 條規定，所謂「臨時性工作」，係指「無法預期之非繼續性工作，其工作期間在 6 個月以內者」；「短期性工作」，係指「可預期於 6 個月內完成之非繼續性工作」；「季節性工作」，係指「受季節性原料、材料來源或市場銷售影響之非繼續性工作，其工作期間在 9 個月以內者」；「特定性工作」，係指「可在特定期間完成之非繼續性工作。其工作期間超過 1 年者，應報請主管機關核備」。

其中季節性、短期性、臨時性工作，例如：季節採果人員、短期臨時展場人員、臨時工、臨時工程招聘之油漆粉刷工人等。

而一般常見一年一聘、二年一聘之勞動契約，則因為「工作期間非在 6 個月或 9 個月以內，不屬臨時性或短期性工作」（最高法院 96 年台上字第 1396 號民事

判決參照)。

實務認為「『特定性工作』是謂某工作標的係屬於進度中之一部分，當完成後其所需之額外勞工或特殊技能之勞工，因已無工作標的而不需要者（勞委會 (89) 台勞資 2 字第 0011362 號函意旨參照）」而言（臺灣高等法院臺南分院 98 年勞上易字第 9 號民事判決參照）。而特定性工作人員，實務上有認為因育幼院收容院童特定業務所招聘之保育員、特定停車場管理員、因校園開放政策特定目的而聘僱警衛、保全人員等，均屬於特定性工作人員（停車場有經營期限，管理員專為該停車場所招聘；臺灣高等法院 93 年勞上易字第 58 號民事判決、臺灣高等法院 95 年勞上易字第 92 號民事判決參照）。

繼續性工作如何分辨？

從上述例子可知，事實上要區別工作有無繼續性有一定的困難。相同的職稱與工作內容，例如：停車場管理員、工程人員等，也有可能被認為是繼續性工作。

因此，實務上，是先從該工作是不是「臨時性、短期性、季節性及特定性工作」判斷，如果不是，原則上即屬繼續性工作（最高法院 96 年台上字第 1396 號民事判決參照）。而勞工與雇主的主觀認知、系爭工作所成就之公司經濟活動，雇主是否有意持續維持亦為實務判斷標準之一 （臺灣高等法院花蓮分院 91 年勞上易字第 7 號民事判決、臺灣高等法院 95 年勞上易字第 92 號民事判決參照）。

一年一聘到期 （定期契約） 沒有資遣費、沒有預告工資？

勞工的聘僱契約屬定期契約還是不定期契約，最大的區別在於定期契約如果期滿，勞工不能向公司請求資遣費、預告期間的工資等。此觀勞基法第 18 條第 2 款規定：「有左列情形之一者，勞工不得向雇主請求加發預告期間工資及資遣費…… 2.定期勞動契約期滿離職者」即明。

另外，雇主期滿終止勞動契約的合法性亦為定期契約與不定期契約重要區別。蓋因如為定期

契約，雇主如不再續聘，勞工原則上難以救濟；如果為不定期契約，縱使簽立一年一聘之短期聘約，1年屆期，雇主仍不得任意解雇勞工。

小　結

綜上所述，勞動契約有無「繼續性」的性質，有時候攸關勞動契約終止或解雇之合法性，更與勞工有無請求預告工資、資遣費的權利有關。參照實務之見解，判斷是不是繼續性工作，先視工作是不是短期、臨時甚至季節性工作（是不是 6 個月或 9 個月內之工作）；再看是不是為了特別工作、業務、專案業務、計畫、特定工程，特別招募；完成後有無其他工作標的；公司經營、業務內容為何；勞雇雙方認知為何；相同工作人員聘僱方式為何等情形綜合判斷。工作性質如果屬於繼續性工作，縱使約定為一年一聘等定期契約，這樣的約定也會無效，該勞動契約仍屬於不定期契約，縱使聘約到期，雇主還是不能任意解雇員工。

參考法條
勞動基準法第 9 條、第 18 條、勞動基準法施行細則第 6 條

勞工休假有哪些？

某貨運公司陸姓司機因接連22天連續工作而疲勞駕駛，在國道1號麻豆路段不慎撞上正在執行取締勤務之2名國道員警及該名遭取締之違規駕駛，造成2名員警及遭取締違規之駕駛死亡。後來，勞工局介入調查，發現這名司機在出事前，已經連續上班22天，都未休假；且這22天，工作超過12小時的日數，超過7天，加班總計66小時。勞基法在短期內連續2次修法，號稱勞工都能週休2日？而勞工休假有那些？勞工有週休2日嗎？雇主可否要求勞工於放假日上班?如可，薪資要如何計算呢？國定假日如剛好在例假或休息日時，要不要補休？勞基法修訂後，現行法令規定為何？

勞工有週休2日嗎？

目前週休2日蔚為常態，雖然依據新修勞基法第36條第1項有關勞工一週最低休假日數之規定為「勞工每7日中應有2日之休息，其中1日為例假，1日為休息日」，原則上有週休2日，但仍有例外規定。因同條第2項規定有3種變形工時之例外情形，可不適用週休2日規定。包含：

1. 將2週內2日之正常工作時數，分配於其他工作日，每日不得超過2小時，每週工作總時數不得超過48小時(勞基法第30條第2項參照)。此時勞工仍應每7日有1日作為例假，另每2週內之例假及休假日仍需有4日。

2. 將8週內之正常工作時數加以

分配,但每日正常工作時間不得超過 8 小時,每週工作總時數不得超過 48 小時(勞基法第 30 條第 3 項參照)。此時勞工每 7 日中至少應有 1 日之例假,每 8 週內之例假及休息日至少應有 16 日。

3. 將 4 週內正常工作時數分配於其他工作日之時數,每日不得超過 2 小時,如當日正常工作時間達 10 小時者,其延長之工作時間不得超過 2 小時(勞基法第 30 條之 1 參照)。此時勞工每 2 週內至少應有 2 日之例假,每 4 週內之例假及休息日至少應有 8 日。

以上第 1、2 種變形工時,勞工至少可享有週休 1 日;但第 3 種情形,以每兩週為週期,可能出現連續排工作 12 天,然後例假 2 日,均無違法。但上述 3 種變形工時,仍需政府機關指定之行業,並有工會或勞資會議同意。

「例假、休息日」、「國定假日」、「特別休假」,可要求勞工上班嗎?

勞工法定休假,除了前述「例假、休息日」外(勞基法第 36 條參照),還包括「國定假日」(勞基法第 37 條參照) 與 「特別休假」(勞基法第 38 條參照),另觀勞基法第 39 條規定:「第 36 條所定之例假、休息日、第 37 條所定之休假及第 38 條所定之特別休假,工資應由雇主照給。」可知。而有關特別休假,請參照勞基法第 38 條以及本書「特休(年假)怎麼算?」乙文。

而這三種勞工休假期間(即「例假、休息日」、「國定假日」、「特別休假」),依前述勞基法第 39 條規定應照給工資,如果雇主要求勞工於這三種休假期間上班,是否可以?應視何種類別而定,如果是例假的話,是不可以要求勞工上班的,因為這是保障勞工原則上每週均可至少休息 1 日之強制性休假。

如果雇主要求勞工於勞基法第 37 條所定國定假日及勞基法

第 38 條所定特別休假日上班者，工資應加倍發給（勞基法第 39 條後段參照）。

　　至於雇主要求勞工於「休息日」上班者，依據新修勞基法第 24 條第 2 項規定，等同「加班」（即延長工時，但費率較一般加班高），前 2 小時加給工資 1 又 3 分之 1，之後每小時加給工資 1 又 3 分之 2，並計入每月加班總時數 46 小時之上限內。但如勞資雙方同意，也可以補休同等時數代替之（勞基法第 32 條之 1 參照）。

勞工之國定假日有那些？

　　依據勞動基準法第 37 條第 1 項規定：「內政部所定應放假之紀念日、節日、勞動節及其他中央主管機關指定應放假日，均應休假。」

　　上開規定除了「勞動節」即 5 月 1 日之外，所稱應放假之紀念日、節日或中央主管機關指定應放假日，所指為何？包含：中華民國開國紀念日（1 月 1 日）、和平紀念日（2 月 28 日）、國慶日（10 月 10 日）、春節（農曆正月初一、初二及初三）、兒童節（4 月 4 日）兒童節與民族掃墓節同一日時，於前一日放假；但逢星期四時，於後一日放假、民族掃墓節（定於清明日，農曆清明節為準）、端午節（農曆 5 月 5 日）、中秋節（農曆 8 月 15 日）、農曆除夕（農曆 12 月之末日）等。

實施「一例一休」後，如勞工例假或休息日遇國定假日，要不要補假？

　　依據勞動基準法施行細則第 23 條之 1 規定：「本法第 37 條所定休假遇本法第 36 條所定例假及休息日者，應予補假。但不包括本法第 37 條指定應放假之日。前項補假期日，由勞雇雙方協商排定之。」，換言之，如勞基法第 37 條所定國定假日適逢勞工之例假或休息日，雇主須再補給休假，補假日則由勞資雙方協議。

小　結

　　綜上所述，勞基法修改後勞工確實享有較多日數之休假，而

勞工的有薪休假種類，法定為三種，即「例假、休息日」、「國定假日」、「特別休假」三種；勞工原則上可週休 2 日（每週 1 日為例假日、1 日為休息日），雖有可能會有變形工時，但至少都可週休 1 日；惟仍可能出現連續工作 12 天，然後休息 2 天之狀況。雇主如要讓勞工於休息日工作，將付出高額加班費，且受加班上限之限制，各種變形工時仍須為主管機關指定之特殊行業，並須勞資會議同意才能施行。而題示案例，該司機連續工作 22 天，以最彈性的 14 休 2 標準，也已違法，另加班超過 12 小時，也違反勞基法第 32 條第 2 項規定。再者，加班時數高達 66 小時，也超過每月加班上限 46 小時之規定。勞基法修法後對於勞工保障更多，雇主不得不慎。

參考法條

勞動基準法第 24 條、第 32 條、第 32 條之 1、第 36 條、第 37 條、第 38 條、第 39 條、勞動基準法施行細則第 23 條之 1

特休（年假）怎麼算？

3.
勞工權益篇

　　勞委會設置企業違反勞基法黑名單專區，臺北市政府在網站公布 10 家違反勞基法的公司，一家知名企業即因未依勞基法規定給予員工特別休假而遭到北市府處罰新臺幣 16 萬元，並予以公布。而勞基法特別休假的規定是什麼？特別休假（俗稱年假）有幾天？怎麼算？特別休假沒有休，可以請求折算工資嗎？新修勞基法又有何新規定？

特休（年假）有幾天？

　　依據新修正之勞動基準法第 38 條規定，公司應該給勞工每年特別休假之日數，是按照勞工之工作年資來計算，工作年資達 6 個月以上 1 年未滿者，3 日；1 年以上 2 年未滿者，7 日；2 年以上 3 年未滿者，10 日；3 年以上 5 年未滿者，每年 14 日；5 年以上 10 年未滿者，每年 15 日；10 年以上者，每 1 年加給 1 日，加至 30 日為止。

年底前已滿半年年資，當年可有特休嗎？

　　實務上常見，員工年初時才到職，到年底前年資已經滿半年而達勞基法所定得請特休 3 天之權利，那麼勞工可在年底前就請特休嗎？或須等明年新年度開始

才能請特休？

修正前勞基法第 38 條規定，「每年」應依前述規定給予特別休假。然而以往實務對於「每年」指的是日曆年度還是員工任職日起算之年度，有不同的看法。有認為應以日曆年度為準，即須滿期後，隔年 1 月起才有特休權利（臺灣高等法院 94 年勞上易字第 30 號判決參照）。另有認為應以勞工任職日起算，滿期後隔日即有特休權利（臺灣高等法院 93 年勞上易字第 27 號民事判決參照）。

新修正勞基法針對特休權利之產生，明定自勞工受雇日起算，勞工於符合本法第 38 條第 1 項所定之特別休假條件時，取得特別休假之權利（勞基法施行細則第 24 條第 1 項參照）。換言之，勞工特休權利乃自任職時起算，期滿隔日即享有特休權。

至於勞工得請特別休假之期間，則依據勞資雙方協商，可自受雇日起算於期滿後隔日起算之 1 年內行使（但滿半年後之特休，則於半年內行使）；或自每年 1 月

1 日至 12 月 31 日之期間；或者，以教育單位之學年度、事業單位之會計年度或勞雇雙方約定年度之期間。換言之，修正後勞基法較為彈性，可由勞資雙方協商（勞基法施行細則第 24 條第 2 項參照）。

另有關特別休假應於勞資雙方約定之年度內休完，但經協商至遲應於次一年度終結前休畢，否則應補發未休日數之工資（勞基法第 38 條第 4 項參照）。

勞工請特休假，雇主可要求調整至其他日期或不給休嗎？

以往的特休假須由勞資雙方協商放假日期，但雇主經常藉故刁難，讓勞工看的到卻吃不到。

新修勞基法明定特別休假期日由勞工排定之，因此，原則上特休日期為勞工決定休假日，不排除勞工可自行製造較長之連休假期。雇主只有在「基於企業經營上的急迫需求」，才能與勞工協商休假日期（勞基法第 38 條第 2 項參照）。

另新修勞基法亦明定勞工符合特休條件時，雇主應告知勞工依規定排定休假，且應於勞工符合特別休假條件之日起 30 日內為之（勞基法第 38 條第 3 項、施行細則第 24 條第 3 項參照）。

跳槽勞工可請求特休未休之工資嗎？

假使勞工當年度有 7 天的特休，但只用了 4 天，勞工於年中就「跳槽」主動請辭換公司，此時，員工可不可以向公司要求其餘 3 天沒有休的特休工資？

勞基法修正前，實務的見解以特休未休可歸責勞資哪一方作為區分標準，如果特休未休完之原因可歸責於資方（例如：工廠趕工無法排休）而致未排休，則勞工可請求特休未休工資。但若特休未休係可歸責於勞工（例如：員工跳槽而急著離職而無法排休），此時雇主無庸發給未休完之特休工資（臺灣高等法院 94 年勞上易字第 55 號判決參照）。

新修勞基法第 38 條第 4 項明文規定，勞工之特別休假因年度終結或契約終止而未休之日數，雇主應發給工資。換言之，無論可否歸責於勞工，雇主於勞動契約終止時，都應發給特休未休工資。

而新修勞基法為了貫徹特別休假制度，甚至規定雇主應將勞工每年特別休假之期日及未休日數所發給之工資數額，記載於第 23 條所定之勞工工資清冊，並每年定期將其內容以書面通知勞工。且勞工主張特休權利時，雇主如認為勞工特休權利不存在，應由雇主負舉證責任（勞基法第 38 條第 5 項及第 6 項參照）。

小 結

綜上所述，勞工特別休假年度之算法，鑑於以往實務見解有著不同意見，新修勞基法特別清楚規定，並讓勞資雙方有協商算法之空間。另對於特休需在多久的時間內休畢、可展延多久或年度內未休畢可否折算工資等實務見解分歧之問題，本次新修勞基法明文規定特休原則上需在 1 個年度內休畢，頂多只能展延 1 年，

否則就直接折算為工資；另無論特休未休之原因歸責勞資何方，新修勞基法明文規定於契約終止或年度終結時，均需發給特休未休工資，以杜爭議。

參考法條
勞動基準法第 38 條、勞動基準法施行細則第 24 條

上班被砍算職災？

3.
勞工權益篇

一名工地管理人員，上班午休期間遭人砍傷右腿、頭部等處，他向公司請求職災補償卻遭拒，向法院起訴後，法院認為上班午休期間因工地糾紛遭人砍傷屬於職業災害，該名工地管理人員因此得請求職災補償而判決勝訴。勞工工作時，遭人砍傷，都屬於職業災害嗎？或者，上下班途中發生車禍、意外，是否為職災？實務的見解為何？

公車司機駕駛公車遭砍不算職災？

在過去實務上也曾發生一則勞工上班期間遭人砍傷，請求職業災害補償的案例。一名公車司機在駕駛公車途中，與機車騎士發生行車糾紛，機車騎士憤而持刀砍傷公車司機。公車司機事後雖向法院起訴請求雇主公車管理處給付職災補償，然而，法院認為駕駛公車通常不致於發生遭人持刀砍傷之風險，且司機遭人砍傷是因為行車糾紛致生不滿所致，與公車駕駛之駕駛業務無關。法院因而以傷害與業務無相當因果關係為由，認為司機遭人砍傷並非職業災害不能請求職災補償，而判決公車司機敗訴（臺灣高等法院 87 年勞上字第 5 號民事判決參照）。

工地管理人員上班午休遭砍算職災？

題示案例，依據臺灣高等法院判決理由，認為構成職業災害的原因，是該名工地管理人員與公司，曾經在勞工局協議交由勞保局來認定是否為職業災害，如是則可請求職災補償。而因為勞保局已認定該名工地管理人員執行職務遭受意外災害，屬於職業災害，該名工地管理人員自得請求職業災害補償（臺灣高等法院99年勞上易字第70號民事判決參照）。

職業災害認定之嚴格見解

實務上認定是否為職業災害，可分為兩種不同之見解，第一種採取較為嚴格態度，認為職業災害須符合二個要件，一個是「業務遂行性」，一個是具有「相當因果關係」。

亦即，「勞動基準法所謂職業災害，應以該災害係勞工本於勞動契約，在雇主支配下之就勞動過程中發生（即具有業務遂行性），且該災害與勞工所擔任之業務間存在相當因果關係（即具有業務起因性），亦即勞工因就業場所或作業活動及職業上原因所造成之傷害，以雇主可得控制之危害始有適用。」最高法院100年台上字第1191號民事判決理由足資參照。

職業災害認定之寬鬆見解

實務認定職業災害，另有採取較為寬鬆之見解，其認為只要與工作有關之傷害，縱使雇主沒有過失，抑或勞工自己也有過失，雇主仍有職災補償之責任，換句話說，縱使危險發生係雇主無法控制因素所生，雇主仍有可能須負擔職災補償責任（最高法院95年台上字第2542號民事判決理由參照）。

上、下班途中發生車禍、意外，是否也屬職災？

實務上常見勞工於上、下班時間往來住所及工作場所期間發生事故，因非工作進行中所生事故，是否算是職災，顯有疑義。

依據「勞工保險被保險人因

執行職務而致傷病審查準則」（以下簡稱審查準則）第 4 條規定，勞工「上、下班，於適當時間，從日常居、住處所往返就業場所，或因從事二份以上工作而往返於就業場所間之應經途中發生事故而致之傷害，視為職業傷害。」另最高法院 81 年台上字第 2985 號判決謂：「……所謂職業災害，不以勞工於執行業務時所生災害為限，亦應包括勞工準備提出勞務之際所受災害。是故上班途中遭遇車禍而傷亡，應可視為職業災害。」可知目前實務見解擴大職災之解釋，將上下班途中所生事故也納入職災範圍以保護勞工。

但需注意者是，如果勞工因非日常生活必需之行為或有重大交通違規而致意外，將排除於職災之範圍，此種情形包含：1.非日常生活所必需之私人行為。2.未領有駕駛車種之駕駛執照駕車。3.受吊扣期間或吊銷駕駛執照處分駕車。4.經有燈光號誌管制之交岔路口違規闖紅燈。5.闖越鐵路平交道。6.酒精濃度超過規定標準、吸食毒品、迷幻藥或管制藥品駕駛車輛。7.駕駛車輛違規行駛高速公路路肩。8.駕駛車輛不按遵行之方向行駛或在道路上競駛、競技、蛇行或以其他危險方式駕駛車輛。9.駕駛車輛不依規定駛入來車道 （「審查準則」第 18 條參照）。

小　結

綜上所述，職災的認定標準，實務上分別有著不同之見解，因此，勞工上班時間遭人砍傷是否構成職災，實務顯有可能因標準的不同而有不同之認定。如果勞工於上下班往返住所及工作場所途中發生事故，除非勞工有重大違反交通規則之情事，否則目前實務放寬解釋認為此類事故屬於職災。

參考法條

勞動基準法第 59 條、勞工保險被保險人因執行職務而致傷病審查準則第 4 條、第 18 條

勞動檢查，公司可以拒絕嗎？

　　臺北市勞工局接獲航空公司員工申訴，申訴內容為資方違法使員工加班超過法定上限。勞動檢查處於是派員前往航空公司實施勞動檢查，經檢查後發現雇主違反勞動基準法（以下簡稱勞基法）。然而什麼是勞動檢查？檢查之內容又有那些？

勞動檢查是什麼？

　　勞動檢查，一般來說是由政府機關所設勞動檢查機構（例如：勞動檢查所、地方政府勞工局勞工檢查處等），對於事業單位（公司、工廠、商號等）進行檢查，其目的在於貫徹勞動法令之執行、維護勞雇權益等（勞動檢查法【以下簡稱勞檢法】第 1 條參照）。主管機關在勞動檢查時，可進入公司、工廠內部進行檢查，並可要求公司提出相關文件（例如：勞工名卡、工資清冊、勞工簽到簿或出勤卡等資料），或命公司提出報告、紀錄等資料，甚至封存或抽取物料、樣品等物品（勞檢法第 14 條、第 15 條參照）。

常見的勞動檢查之一，檢查有無違反勞基法？

而一般常見勞動檢查內容，第一個是檢查事業單位有無違反勞基法，例如：有無違法解僱勞工、有無違法延長工時（加班）、雇主有沒有預扣工資、有沒有未設置勞工出勤資料（卡）等，也就是有關勞基法所規範之事項，例如：勞動契約、工資、工作時間、休假、退休等規定，都可以進行勞動檢查（勞檢法第 4 條第 2 款參照）。

常見的勞動檢查之二，職業災害勞動檢查？

第二個常見之勞動檢查，是主管機關為預防職災發生或當職災發生時（例如：勞工因職災死亡或受傷），檢查公司、工廠、工地有無違反勞動衛生安全法令，包括：公司、雇主有沒有提供必要安全衛生設備；有沒有設置護欄、護蓋、安全網、安全帶等；有無進行安全衛生相關之教育、訓練、工作守則等（勞檢法第 27 條、職業安全衛生法、營造安全衛生設施標準參照）。

公司可否以事涉公司業務機密為由而拒絕提供相關文件資料予勞檢單位？

實務上，常見事業單位以主管機關（例如：勞檢所）要求提出之文件（例如：財務報表、契約等）涉及公司業務機密而拒絕提出。就此，實務見解有認為依據勞檢法第 4 條規定，勞動檢查事項範圍如前所述相當廣泛，而且有沒有遵守或符合勞基法及其他勞動法規，常須公司提出相關文件證明，縱使因此涉及公司業務機密，公司仍不得拒絕提出；況且，勞動檢查之公務人員負有保密義務而不得洩露公司機密文件。

此可參照臺北高等行政法院 99 年簡字第 781 號判決理由認為：「勞工局……函……載明：『請攜帶以下資料：……㈠工作規則及勞動契約……㈡……勞工人數統計（請區分性別）……㈢貴事業單位勞工之基本資料（請含：姓名、職稱、到職日）。㈣……勞工之出勤紀錄。㈤……薪資清冊（含扣款紀錄）、獎金計算方式及支付證明等資料。……

㈧貴事業單位……迄今之徵才職缺、錄取名單及契約書等相關資料。……』顯見上開……函請原告所提供之相關資料，並未逾越勞動檢查法第4條規定之勞動檢查事項範圍。縱上開資料可能涉及原告之營業秘密……勞動檢查員亦負有保密之義務，是原告自不得以被告要求檢查之資料涉及營業秘密為由，而拒絕提供。」

另外，臺北高等行政法院91年簡字第789號判決理由亦揭示：「原告預告勞工終止勞動契約，係屬勞動基準法第11條所規定之事項，依勞動檢查法第4條之規定，當然屬於勞動檢查事項之範圍……公司之財務報表，雖為公司之業務機密，惟法令如有規定必須提出，以備主管機關查驗時，仍不得藉詞推諉，而承辦之公務人員對於機密事件，依公務員服務法第4條之規定，本有保守之義務，不得洩漏；故原告以財務報表為其公司之業務機密，恐有洩漏之虞，而拒絕提供予被告檢查，顯非正當理由」等語足資參照。

㈧貴事業單位……迄今之徵才職缺、錄取名單及契約書等相關資料。……』顯見上開……函請原告所提供之相關資料，並未逾越勞動檢查法第 4 條規定之勞動檢查事項範圍。縱上開資料可能涉及原告之營業秘密……勞動檢查員亦負有保密之義務，是原告自不得以被告要求檢查之資料涉及營業秘密為由，而拒絕提供。」

另外，臺北高等行政法院 91 年簡字第 789 號判決理由亦揭示：「原告預告勞工終止勞動契約，係屬勞動基準法第 11 條所規定之事項，依勞動檢查法第 4 條之規定，當然屬於勞動檢查事項之範圍……公司之財務報表，雖為公司之業務機密，惟法令如有規定必須提出，以備主管機關查驗時，仍不得藉詞推諉，而承辦之公務人員對於機密事件，依公務員服務法第 4 條之規定，本有保守之義務，不得洩漏；故原告以財務報表為其公司之業務機密，恐有洩漏之虞，而拒絕提供予被告檢查，顯非正當理由」等語足資參照。

違反勞動檢查之處罰？

公司如果拒絕勞動檢查，一般而言，主管機關可以依勞檢法第 35 條處罰公司新臺幣 3 萬元以上 15 萬元以下罰鍰。至於事業單位如果使勞工在未經勞動檢查機構審查或檢查合格之特定危險性工作場所作業，事業單位行為人及公司負責人則更可能遭受刑事處罰（勞檢法第 34 條參照），不可不慎。

小　結

綜上所述，對於勞動檢查，公司、工廠、工地、商號等事業單位或場所，平日對於勞基法、安全衛生法規等規範須有相當之了解，並須依法設置相關應備文件、資料，對於安全衛生之防範及管理，更須妥為規劃。

參考法條

勞動檢查法第 1 條、第 4 條、第 14 條、第 15 條、第 27 條、第 34 條

大陸人士、外國人、外籍勞工遭禁止入境怎麼辦？

知名命理師李君持外國護照來臺工作，因遭檢舉原工作許可期滿後仍參加電視錄影，內政部入出國及移民署（以下簡稱移民署）便管制其3年不得入境，但移民署之後考量李君配偶是臺灣人，且育有兩名子女，依據「禁止外國人入國作業規定」（以下簡稱入國作業規定）同意解除李君禁止入國管制，而准予入境。而禁止外國人、外籍勞工或大陸人士進入臺灣的依據是什麼？外國人、大陸人士遭禁止入境，可以提起行政救濟嗎？如果可以，要如何救濟？

禁止外國人、大陸人士入境？

移民署依據入出國及移民法第18條規定，對於外國人有攜帶違禁物、在我國或外國有犯罪紀錄、有逾期居留、非法打工、冒用護照等情形之一時，得禁止外國人、外籍勞工入境。

另外，依據臺灣地區與大陸地區人民關係條例第10條規定，大陸地區人民非經主管機關許可，不得進入臺灣地區。又依據大陸地區人民進入臺灣地區許可辦法（以下簡稱許可辦法），對於例如：假結婚、未通過面談、持偽造文件申請、參加暴力組織、未經許可入境、逾期停留、居留、從事與許可目的不符之活動或工作、有事實足認為有犯罪行為等情形之大陸人士，主管機關都可以管制入境（許可辦法第12條參照）。

而且主管機關依據前述入國作業規定第 2 條至第 7 條、許可辦法第 12 條等規定，對於外國人或大陸人士並可管制一定期間不得入境（管制期間依其情形，短則 1 年，長則 10 年）。例如：外國人從事與申請停留、居留目的不符之活動，而經驅逐出國者，禁止入國期間為 3 年至 5 年（入國作業規定第 2 條第 8 款規定參照）；大陸人士如有假結婚之情形，依前述許可辦法第 14 條第 1 項第 6 款規定，其管制期間（即不予許可期間） 更長達 5 至 10 年。

外國人遭禁止入境可以提起行政救濟嗎？

本國人遭受行政機關所為之違法行政處分，而權益受侵害時，自得依訴願法、行政訴訟法等規定，提起訴願、行政訴訟等救濟，然而外國人遭受行政機關違法行政處分時，是否可以比照本國人一樣表示不服提起訴願、行政訴訟等行政救濟呢？我國法制有無一視同仁？

就此，實務見解似認為，就訴願法及行政訴訟法等規定而言，法條規定賦予「人民」對於行政機關「違法行政處分」得提起訴願、行政訴訟等救濟，並未限於「中華民國國民」（限於中華民國國民才有之權利，例如：憲法第 130 條規定所指，中華民國國民年滿 20 歲者，有依法選舉之權；年滿 23 歲者，有依法被選舉之權）。

因此，外國人對於行政機關之禁止入境之行政處分，認為違法且侵害其權利時，也可以提起訴願、行政訴訟，並未因外國人身分而排除其提起行政救濟之權利。

此有臺北高等行政法院 92 年訴字第 4830 號判決認為：「查外國人出入境具高度政治性，因此行政程序法第 3 條第 2 項第 2 款規定，該事項不適用該法之程序規定，以賦予行政機關較大之自由形成空間，但並非謂行政機關就該事項所為之判斷，均不受司法審查；此揆諸上揭訴願法第 1 條第 1 項及第 18 條規定自明。

本件原告申請居留簽證，遭被告否准並註銷其前申獲居留簽證，原告不服，依上揭規定，自得提起行政爭訟，請求救濟」。

有小孩可解除入境管制？

雖然實務見解認為「是否准許外國人出入境，事涉國家主權之行使，為國家統治權之表徵，故主管機關是否准許外國人出入境，自較一般之行政行為享有更高之裁量自由」（最高行政法院100年判字第1958號判決理由參照）。

然而，縱使有裁量自由，但是如果認定事實錯誤（例如：沒假結婚認定為假結婚、申請文件為真正認定為偽造等）、裁量逾越、濫用等，外國人或大陸人士仍可就違法之行政處分提起行政救濟（行政訴訟法第201條規定參照）。

而且縱使遭到管制入境之處分，前述許可辦法、入國作業規定仍存有例外規定（許可辦法第14條第3項、入國作業規定第8條至第11條規定參照）。例如：遭限制入境之外國人、大陸人士，在臺灣育有未成年子女（已經離婚須有未成年子女監護權【權利義務之行使或負擔】），其入境的管制是可以獲得解除的（前述許可辦法第14條第3項第1款規定參照；前述作業規定第11條第1項第3款、第2項第1款參照，其第2項第2款規定尚包括「因遭受家庭暴力經我國法院判決離婚，且有在臺灣地區設有戶籍之未成年親生子女」）。

小　結

綜上所述，外國人或大陸人士，當遭到移民署管制入境一定期間時，無論外國人或大陸人士，均可依訴願法、行政訴訟法提起訴願、行政訴訟等行政救濟，法律並未限制或區分外國人、大陸人士之爭訟權限。而且縱使遭入境管制，在一定條件下，仍可獲得解除管制，並非無法救濟。司法院大法官釋字第710號解釋亦肯認，合法入境之大陸配偶之憲法上遷移自由之救濟及保障。

參考法條

入出國及移民法第 18 條、臺灣
地區與大陸地區人民關係條例
第 10 條、大陸地區人民進入臺
灣地區許可辦法第 12 條、 第
14 條、禁止外國人入國作業規
定第 2 條至第 11 條、 憲法第
130 條、訴願法第 1 條、第 18
條、行政程序法第 3 條、行政
訴訟法第 201 條

大陸人士、外國人、外籍勞工遭禁止入境怎麼辦？

收到「支付命令」怎麼辦？

勞動部主任秘書表示 16 年前申請失業勞工就業貸款之關廠失業勞工有上千人，「貸款」總額高達新臺幣 4 億餘元，自民國 94 年開始發「支付命令」追討。僅 500 餘貸款戶還清，部分還款困難之勞工，接獲支付命令後提出異議。勞工團體對於勞動部向失業勞工催討貸款（求償本金、利息及罰款等），表達不滿。勞動部主秘則表示為避免國家債權喪失，將繼續與失業勞工貸款戶、勞工團體溝通協商。然而，什麼是支付命令？債權人如何聲請支付命令？聲請支付命令有什麼要特別注意的事項？另外，債務人假如收到支付命令要怎麼辦？可不可以異議？債務人如果收到支付命令不理會、不管它，會產生什麼法律效果？

什麼是支付命令？用支付命令討錢？

一般來說，只要債權人遭人積欠金錢，例如：借款、貸款、房貸、車貸、消費性貸款、租金、薪水、要求返還保證金、訂金等，債權人就可以依民事訴訟法第 508 條規定對債務人聲請支付命令（依據民事訴訟法第 508 條第 1 項規定：「債權人之請求，以給付金錢或其他代替物或有價證券之一定數量為標的者，得聲請法院依督促程序發支付命令。」）。

發支付命令可以催討股票？

雖然如前所述，發支付命令，通常是在催討金錢，不過也可催討其他東西。依據前述民事訴訟法第 508 條規定，債權人如果想要求債務人交付「有價證券」（例

如：給付 1 千股股票）或者「代替物」（例如：水泥、玉米、稻米、黃豆、小麥、黃金等），也可以向法院聲請核發支付命令。

聲請支付命令，既簡單又方便？

聲請支付命令，依實務見解，債權人不用舉證，也就是說，不用先提供相關證物，只要書面聲請，法院不會作實質調查、也不會訊問債務人，只要形式審查通過就立即核發。因此，支付命令的聲請相當簡單、方便以及迅速（民事訴訟法第 512 條第 1 項規定參照）。但債權人對於請求之內容應釋明（民事訴訟法第 511 條第 2 項參照）。

最高法院即認為：「支付命令，係依債權人主張請求原因事實，及債務人對其未異議，為其確定法律關係之基礎。故債權人就其主張之事實，毋庸舉證，法院亦不為調查。」（最高法院 73 年台上字第 3096 號判決、最高法院 85 年台抗字第 407 號裁定理由、最高法院 61 年台抗字第 407

號判例之理由參照）。

支付命令怎麼聲請？內容怎麼寫？

聲請支付命令雖然簡單、方便，不過要聲請支付命令，依據民事訴訟法第 511 條第 1 項規定，還是要以書面表明下列事項：「支付命令之聲請，應表明下列各款事項：1.當事人及法定代理人。2.請求之標的及其數量。3.請求之原因事實。其有對待給付者，已履行之情形。4.應發支付命令之陳述。5.法院。」所謂請求之標的及數量，就是債權人要向債務人請求給付多少錢或要求給付多少股（例如：1 千股、1 萬股等）；請求之原因事實，則例如：借貸、貨款、租金等。

支付命令聲請內容有誤，法院裁定駁回？

如果聲請支付命令之聲請書面，未載明民事訴訟法第 511 條第 1 項規定之上述事項（例如：未載明原因事實），法院可以依民事訴訟法第 513 條裁定駁回債權

人支付命令之聲請。

另外，支付命令之聲請如果違背專屬管轄、請求標的不是金錢或有價證券，法院一樣會裁定駁回聲請。

最後，聲請支付命令，法院雖然不調查證據，但是債權人聲請支付命令的內容、意旨，顯然沒有理由時，法院一樣可以裁定駁回支付命令，例如：實務上認為支付命令聲請狀上，如果主張債務人甲是支票發票人，但是所附的支票影本證據，發票人卻不是債務人甲，法院即可駁回債權人支付命令的聲請。

司法院第一廳研究意見即認為：「依聲請之意旨認債權人之請求為無理由者，法院仍應以裁定駁回之（同法第 513 條第 1 項前段參照），本題債權人甲聲請法院對乙發支付命令，既以債務人乙簽發之支票未獲兌現為其請求之原因事實，而依其提出之支票影本觀之，乙並非發票人，自可認其請求為無理由，依前開規定，以裁定駁回之」（民國 77 年 10 月 7 日 (77) 廳民四字第 1196 號函

參照）。

債務人收到支付命令怎麼辦？一定要向法院異議？不異議就確定？

債務人、民眾收到支付命令時，如果不服（認為沒有欠債權人錢），千萬不要置之不理，將支付命令丟在一旁，必須依據民事訴訟法第 516 條規定，在 20 天內向法院聲明異議後，支付命令才會失其效力（民事訴訟法第 516 條第 1 項規定：「債務人對於支付命令之全部或一部，得於送達後 20 日之不變期間內，不附理由向發命令之法院提出異議。」）。

債務人如果在支付命令送達 20 天內沒有向法院異議，支付命令得作為執行名義，債權人即可執行債務人的財產，不可不慎（民事訴訟法第 521 條第 1 項規定：「債務人對於支付命令未於法定期間合法提出異議者，支付命令得為執行名義。」）。

但此種支付命令終究僅為便宜措施，並未實際經由訟爭之雙方進行言詞辯論並由法院實際進

行調查，為保障債務人之權益，若支付命令因債務人一時疏忽未能及時聲明異議，債務人可另提出確認支付命令所載債權不存在之訴，但如要停止強制執行，應提供相當確實之擔保（民事訴訟法第 521 條第 3 項參照）。

參考法條
民事訴訟法第 508 條、第 511 條、第 512 條、第 513 條、第 516 條、第 521 條

81

小 結

綜上所述，對於債權人而言，向法院聲請對債務人發支付命令催討債務，相較於訴訟程序，是一個相當簡便以及迅速的方式，當然相關的要件及書面記載仍不可或缺。而對於債務人而言，接到支付命令絕對不可大意，如果不服，一定要在 20 天內向法院聲明異議，如果沒異議，支付命令就可作為執行名義，債權人就可拿著確定支付命令執行債務人的財產。此時，也非沒有救濟途徑，債務人可提出確認支付命令所載債權不存在之訴，並提供擔保，即可停止強制執行程序。

收到「支付命令」怎麼辦？

4

不動產篇

買到海砂屋怎麼辦？

4.
不動產篇

小美與阿德即將步入禮堂完成終身大事，趕在結婚大喜日前，購置愛巢。二人買下一間中古屋後進行裝修，不料拆除天花板後，卻看到樑柱水泥塊有大片剝落痕跡，二人心想難道買了一間海砂屋嗎？然而什麼是海砂屋？不小心買到海砂屋要怎麼辦？可以解約，請求返還買賣價金嗎？

何謂「海砂屋」？氯離子過高就算「海砂屋」？

依據實務之見解，俗解的海砂屋，原則上指的是建築物混凝土內有氯離子含量過高（超過國家標準）現象，而氯離子過高，通常會導致建築物鋼筋鏽蝕、混凝土剝落、建物使用壽命減短等現象（最高法院 95 年台上字第 287 號民事裁定、福建金門地方法院 98 年訴字第 13 號民事判決理由參照）。

而依經濟部標準檢驗局印行之中華民國國家標準 (CNS) 總號 3090 類號 A2042 有關「預拌混凝土」之國家標準，房屋之混凝土經檢測氯離子含量如果超過 0.3 kg/m^3，即有可能為海砂屋。

如何確定是不是海砂屋？

　　一般會發現海砂屋，通常是房屋已有鋼筋鏽蝕、混凝土剝落之情形。然而，是不是海砂屋，必須檢測混凝土中氯離子含量才能確定。因此，通常要從建築物樑柱等處取樣混凝土，再送至檢驗單位檢驗才能確定。

賣方要不要擔保房子不是海砂屋？

　　房屋買賣之賣方，依據民法第354條必須擔保其所出售的房屋，在交屋時，沒有足以減少房屋價值或通常效用的瑕疵存在。然而，海砂屋既足以使鋼筋鏽蝕、混凝土剝落、使用壽命減短，顯然將影響一般人交易意願，足以影響房屋交易價格。是以，海砂屋一般而言，屬於足以減少房屋價值及通常效用之瑕疵。

　　因此，有實務即認為：「海砂屋不但使牆面、樓版、樑柱析晶、銹斑而醜化外觀，其內之鋼筋、混凝土亦分別受氯離子及鹽鹼金屬離子腐蝕而膨脹、龜裂、剝落，勢必影響其服務性、耐久性及結構安全而降低房屋之整體使用效能……目前又無絕對有效之腐蝕檢測及防蝕方法加以復原或補強，向為一般買受人於購屋時所極力避免之嫌惡標的，更難以脫手轉售，其使用、交換價值均明顯低於正常房屋，即屬民法第354條所謂減少其價值及通常效用之瑕疵。」（福建金門地方法院98年訴字第13號民事判決理由參照）。

買到海砂屋怎麼辦？可以解約嗎？還是只能減少買賣價金？

　　買到海砂屋時，因為海砂屋存有前述價值及效用的瑕疵，買方即得依民法第359條規定，主張物之瑕疵擔保權利。依據民法第359條物之瑕疵擔保規定，海砂屋買受人得選擇解除買賣契約或請求減少買賣價金。但解除買賣契約顯失公平時，買受人僅得請求減少買賣價金。是否顯失公平，依據實務之見解，須衡量瑕疵對於買受人所生之損害，與解除對於出賣人所生之損害，不可

一概而論（最高法院 73 年台上字第 4360 號判決參照）。

實務上有認為，如果海砂屋情況嚴重，導致「安全堪慮」、「不適宜居住」，買受人即有權選擇解除買賣契約或減少價金。然而，雖是海砂屋，但未達到不適宜居住程度，即有可能因為瑕疵並非重大、解除契約顯失公平而不得解除買賣契約，而僅能請求減少價金（最高法院 96 年台上字第 1277 號民事判決、95 年台上字第 287 號民事裁定參照）。

發現海砂屋要先通知賣方（原屋主）嗎？

買方發現房子是海砂屋時，依據民法第 356 條，應即通知出賣人（買方可以以存證信函通知賣方）。縱使交屋當時沒有發現，日後才發現是海砂屋，買方還是要在發現時，立即通知原出賣人以利主張權利。

民法第 365 條規定：「買受人因物有瑕疵，而得解除契約或請求減少價金者，其解除權或請求權，於買受人依第 356 條規定為

通知後 6 個月間不行使或自物之交付時起經過 5 年而消滅。前項關於 6 個月期間之規定，於出賣人故意不告知瑕疵者，不適用之。」

小 結

綜上所述，海砂屋使得房屋的交易價值與使用價值，均有可能減低，當民眾經檢測後發現買到海砂屋時，應即通知賣方，並依海砂屋嚴重之程度選擇主張解除契約或減少價金，如果已不適合居住，買方可以選擇解除買賣契約，請求返還原買賣價金；如果願意繼續居住，則可選擇減少買賣價金，並請求返還減少之價金。

參考法條

民法第 354 條、第 359 條、第 365 條

工業住宅合法嗎？

某家建商雖然是銷售使用分區為乙種工業區之建案，但廣告卻使用有客、餐廳、臥室格局及「在家就是渡假」等圖文，易使消費者以為可以作為一般住宅使用，公平會因此對建商開罰。無獨有偶，在臺北市南港區商業用地竟有建商銷售小豪宅，但依規定商業區之商業用地僅能作為辦公室使用，不得作為住宅使用，不知情民眾卻花大錢買「違建」。然而，實務上最多的違法住宅乃所謂「工業住宅」，而乙種工業區容許的使用用途為何？如果將位於乙種工業區之建物當作住宅使用，會被處罰嗎？法令依據在那裡？罰則是什麼？

工業住宅是什麼？

所謂工業住宅，其實只是建商將位於乙種工業區之建築物，出售給一般民眾當作住宅使用，如此之建案即為工業住宅。

乙種工業區是什麼？

不過，乙種工業區內，可以有住宅嗎？還是只有住宅區才能有住宅？

依據都市計畫法第 36 條規定，工業區之建築物，係以供工業使用為主，而住宅顯供居住使用。因此，就都市計畫法而言，工業區建物不得作為住宅使用。除非是「員工單身宿舍」，被歸類為「工廠必要附屬設施」（詳後述）。

不過，「都市計畫法臺灣省施行細則」第 14 條規定（都市計畫

法第 85 條授權內政部訂定），將工業區分為特種、甲種、乙種、零星等四種工業區。就乙種工業區而言，依據前述施行細則第 18 條，大幅擴充其得使用的範圍，只要是「公害輕微之工廠」、「工廠必要附屬設施」、「工業發展有關設施」、「公共服務設施及公用事業設施」等設施，都可以在乙種工業區設立。

工業區內不能有住宅，卻可以有銀行、旅館、幼兒園、養護中心？

上述銀行、旅館、幼兒園及養護中心均屬「公共服務設施及公用事業設施」（前述施行細則第 18 條參照），依法是准許的。

另外，所謂「公共服務設施及公用事業設施」，還包含：警察局、消防局、變電所、加油站、醫療機構、護理機構、郵局等設施。

另一類「工廠必要附屬設施」則是指辦公室（研發、推廣等）、倉庫、生產實驗室、員工單身宿舍及員工餐廳等設施。

拆除工業住宅、罰款？

因此，將位於乙種工業區之建物當作住宅使用，顯已違反都市計畫使用分區之規定，依據都市計畫法第 79 條、第 80 條之規定，主管機關可以命屋主（建物所有權人）停止當作住宅使用、拆除相關作為住宅使用之設施或對屋主處以罰鍰。而且，若屋主不依規定拆除、停止使用的話，甚至可處 6 個月以下有期徒刑或拘役。

小　結

綜上所述，工業住宅這個名詞，就現行法律而言即有矛盾，因為依據現行都市計畫法規定，並未允許乙種工業區建物當作住宅使用，工業區當作住宅使用亦明顯與工業區設置之目的不符。因此，如果將乙種工業區建物當作住宅使用即有可能面臨前述罰鍰、拆除、停止供水、供電之風險。

不過，是不是我國使用分區的規劃與現行民眾使用的需求、現況不符，還是都市住宅區住宅

不足抑或過於昂貴，以致於違規
使用的情形無法避免，或者只是
業者投機取巧，亦值得我們深思
與面對。

參考法條
都市計畫法第 36 條、第 79 條、
第 80 條、第 85 條、都市計畫
法臺灣省施行細則第 14 條、第
18 條

劉媽媽、攤商爭菜市場，攤商有優先承購權獲勝？

　　房產名人劉媽媽，斥資收購臺北市東區 SOGO 百貨附近的復興南路大樓一樓菜市場，32 家攤商，已有 30 人和她簽約。但高姓菜販拒簽，並向臺灣臺北地方法院訴請行使「優先承購權」而獲勝訴，除非高姓菜販不買，劉媽媽才可以買。而什麼是優先承購權？優先承購權、購買權種類有那些？有什麼要件？

何謂「優先承購權」？

　　撇開私人間以契約約定優先承買（購）的權利不談，一般談到「優先承購權」，指的是規範在土地法中有關共有人間「優先承購權」以及地上權人、承租人等之「優先購買權」。

　　共有人間「優先承購權」，規定在土地法第 34 條之 1 第 4 項、第 5 項：「共有人出賣其應有部分時，他共有人得以同一價格共同或單獨優先承購。前 4 項規定，於公同共有準用之。」

　　而地上權人、承租人之「優先購買權」，規定在土地法第 104 條：「基地出賣時，地上權人、典權人或承租人有依同樣條件優先購買之權。房屋出賣時，基地所有權人有依同樣條件優先購買之權。其順序以登記之先後定之。

前項優先購買權人，於接到出賣通知後 10 日內不表示者，其優先權視為放棄。出賣人未通知優先購買權人而與第三人訂立買賣契約者，其契約不得對抗優先購買權人。」

土地或建物共有人得「優先承購」他人之持分？

共有人的優先承購權，一般來說指的是土地或建物所有人，對於其他共有人出賣土地或房屋應有部分（甚至全部）時，得主張優先承購權（「應有部分」俗稱「持分」）。

當共有人行使優先承購權後，如順利取得其他共有人之持分，將使所有權（持分）較為集中。共有人減少，共有人持分增多，會使日後共有物之處分（例如：出賣、設定抵押）或利用（例如：出租）更為容易，而得促進土地、建物利用與價值。行使優先承買權場合除其他共有人出售持分外，尚包含共有人依多數決出售土地全部時，此有最高法院 86 年台上字第 1737 號判決理由揭示：「按土地共有人依土地法第 34 條之 1 第 1 項規定，出售共有土地之全部，其為處分之共有人，僅係對自己之應有部分處分自己之權利，其得一併處分他共有人之應有部分，乃源於法律之授權，並非以此剝奪他共有人依同條第 4 項所定之優先承買權，是共有人依首揭規定出售共有土地之全部時，他共有人對於出賣共有土地全部之共有人之應有部分，依同條第 4 項規定得主張優先承買權利」即明。

例外規定？

雖然共有人對於他共有人出賣持分得行使優先承買權，然而有些情形並不適用優先承買權，例如：

1.公寓大廈區分所有權人雖然共有基地，但是在其他區分所有權人出售建物及其持分基地時，對於持分基地的他共有人不能主張優先承買權，此參照公寓大廈管理條例第 4 條第 2 項規定：「專有部分不得與其所屬建築物共用部分之應有部分及其基地

所有權或地上權之應有部分分離而為移轉或設定負擔。」即明；

2.當共有人出賣持分的對象也是基地共有人時，其他共有人亦不得主張優先承買權，此觀最高法院72年台抗字第94號判例要旨調：「土地法第34條之1第4項規定共有人出賣應有部分時，他共有人得以同一價格共同或單獨優先承購，其立法意旨無非為第三人買受共有人之應有部分時，承認其他共有人享有優先承購權，簡化共有關係。若共有人間互為買賣應有部分時，即無上開規定適用之餘地。相對人既為土地共有人之一，則其於執行法院拍賣程序中買受共有人陳甲、陳乙之應有部分，其他共有人即不得主張優先承購權。」

「優先承購權」與「優先購買權」性質大不同？

必須強調的是土地法第34條之1第4項、第5項規定之共有人優先承購權乃係「債權」的優先承買權，並不像前述地上權人、承租人之優先購買權是「物

權」的購買權。也就是說，如果其他共有人已將持分過戶，雖可能侵害共有人之優先承購權，但共有人最多只能請求損害賠償，而不能要求買家將土地過戶回來。

此有最高法院66年台上字第1530號判例要旨明白揭示：「土地法第34條之1第4項之優先購買權，係屬債權性質，此由該條項用語，與同法第104條第2項及耕地三七五減租條例第15條第3項用語不同，可以知之。被上訴人相互間就系爭土地應有部分之買賣，既經辦畢所有權移轉登記，則上訴人本於土地法第34條之1第4項規定之優先承購權，請求塗銷被上訴人間之所有權移轉登記及將該應有部分出賣並移轉登記於伊，即無可准許。」以及最高法院76年台上字第2350號判決亦揭示：「土地法第34條之1第4項規定之共有人優先承購權，屬債權性質。共有人出賣應有部分而不以書面通知他共有人優先承購，且經辦畢移轉登記者，他共有人僅得請求

損害賠償，而不得仍請求移轉登記由其承購，亦即已不能回復原狀」足資參照。

小　結

因此，攤商如果擁有菜市場建物的持分，基於共有人身分，對於其他人出售共有建物之持分（甚至全部）時，根據土地法第 34 條之 1，攤商得以行使優先承購權，優先承買他共有人（攤商）出售持分（甚至全部建物）。

參考法條

土地法第 34 條之 1、第 104 條、公寓大廈管理條例第 4 條、耕地三七五減租條例第 15 條

越界建築，免拆！

「越界建築」的案例，時有所聞。所謂「越界建築」係指土地所有權人蓋房子的時候，不小心超過地界，而占用到了鄰居土地。這時怎麼辦呢？鄰居可以主張拆除嗎？但房屋蓋都蓋好了，如果拆掉，不符合經濟效益。此時，鄰地所有權人有何權利可以主張？

越界建築的定義

依據民法第 796 條規定：「土地所有人建築房屋非因故意或重大過失逾越地界者，鄰地所有人如知其越界而不即提出異議，不得請求移去或變更其房屋。但土地所有人對於鄰地因此所受之損害，應支付償金。前項情形，鄰地所有人得請求土地所有人，以相當之價額購買越界部分之土地及因此形成之畸零地，其價額由當事人協議定之；不能協議者，得請求法院以判決定之。」

由上開法律規定可知，如果鄰地所有權人於興築時即已發現並提出異議，自得請求越界建築之土地所有權人移除或變更建築。如果知悉越界建築但不提出異議者，則僅能請求該越界建築之所有權人價購土地，並請求賠償。

越界「知悉」與否，如何認定？

而本條最常發生爭議者乃鄰地所有權人是否「知」其越界，而不即時提出異議？如何認定鄰地所有權人「知悉」越界？

最高法院早期見解認為：「土地所有人建築房屋逾越疆界者，鄰地所有人如知其越界而不即提出異議，不得請求移去或變更其建築物，固為民法第 796 條前段之所明定。惟主張鄰地所有人知其越界而不即提出異議者，應就此項事實負舉證之責任。」（最高法院 45 年台上字第 931 號判例參照）。即主張免拆者，要證明鄰地所有權人在何時就已知悉。而相關爭訟最常出現之法院論斷乃以「土地所有人既不能證明鄰地所有人於其建築時明知其越界而不即為異議之表示，土地所有人亦自稱：建築時未經測量疆界，亦無標識，當時不知越界建築，是鄰地所有人，於建築當時，並不知其越界情事，殊無適用民法第 796 條之餘地。」（最高法院 55 年台上字第 2385 號判決參照）。

在此項嚴格的舉證責任分配法則之操作下，導致主張本條成功（免拆）之機率降低，土地所有權人無法舉證而房屋常常遭到拆除之命運，不符社會經濟效益。法院考量此種舉證責任分配，失之過苛，而也有認為：「民法第 796 條所謂知其越界，以鄰地所有人可能認知為已足，苟鄰地所有人非因不在或有可恕之理由而不知，尚不能為不知。」（最高法院 55 年台上字第 3236 號判決參照）。

上開分歧之見解，曾引起法院判決之標準不一之批評。臺灣高等法院曾於 63 年度法律座談會認為本件甲先造屋，乙造屋時甲又同意共牆，共牆 2 分之 1 土地既允許乙使用，則牆內 30 公分寬之越界土地自應推定甲亦已同意乙使用，況甲對乙之越界建築並無「有可恕之不知」以及「特別事故如遠在外國而不知」，甲在乙建屋時並未立即提起異議，於建築完成 3 年後，雖地政機關測量時發現乙有越界建屋之事，亦不得訴請乙拆除越界部分之房

屋。（臺灣高等法院暨所屬法院63年度法律座談會民事類第19號座談會意見參照），似較為傾向從寬認定「知悉」與否。

另考量到單以「知悉」與否及「即時異議」與否為判斷是否拆除之標準，有時無法完全因應實際需求。因此，在民國98年1月23日新修正通過民法第796條之1規定：「土地所有人建築房屋逾越地界，鄰地所有人請求移去或變更時，法院得斟酌公共利益及當事人利益，免為全部或一部之移去或變更。但土地所有人故意逾越地界者，不適用之。前條第1項但書及第2項規定，於前項情形準用之。」上開規定容許法院以「公共利益」與「當事人利益」為衡量是否拆除之判斷依據。另於第796條之2規定：「前2條規定，於具有與房屋價值相當之其他建築物準用之。」將「房屋」之概念擴大為「與房屋價值相當」之其他建築物，以因應實際需求。

何謂「即時」提出異議？

實務見解認為：「土地所有人建築房屋逾越疆界者，鄰地所有人如知其越界而不即提出異議，不得請求移去或變更其建築物。所謂不即提出異議，應以建築房屋已否完成為準。」（最高法院51年台上字第217號判決參照）。

換言之，如鄰地所有權人知悉越界建築，至遲要在建築物興築完成前提出異議，否則，如在建築物興築完成後，才提出異議者，則不算「即時」提出異議。

鄰地所有權人主張價購，有無15年時效之限制？

另有疑義者乃鄰地所有權人縱不得請求越界建築者拆除房屋，但至少可請求越界建築者價購占用土地，而此項請求權是否有15年請求權時效之限制？

實例上認為，「……越界部分原屬上訴人所有，是否請求被上訴人價購，為上訴人本諸其原有土地所有權而產生之權利，於其土地遭越界建築後均得請求，要

無時效期間之適用問題。」（臺灣高等法院 93 年上字第 617 號判決參照）。

換言之，此項價購請求權乃物權之請求權，並非債權之請求權，並無時效消滅制度之適用。

如果建築物「全部」蓋在鄰地上，是否有本條之適用？或建築物將鄰地蓋滿（將鄰地全部占用），是否有本條之適用？

實例上曾經發生土地所有權人將全部建築物蓋在鄰地上，但該建築物卻沒有任何一部分蓋在自己的土地上，而卻仍主張越界建築免拆。

最高法院認為不適用本條規定，理由乃：「民法第 796 條所謂土地所有人建築房屋逾越疆界，係指土地所有人在其自己土地建築房屋，僅其一部分逾越疆界者而言。若其房屋之全部建築於他人之土地，則無同條之適用。」（最高法院 28 年上字第 634 號判例參照）。

再者，如建築物興築時占用鄰地，而且將鄰地全部蓋滿，是否仍有本條適用？

實務見解認為仍有適用，理由為：「所謂越界建築，係指土地所有人建築房屋，逾越疆界者而言。至於因越界而占用之土地，究為鄰地之一部抑或全部，在所不問。」（最高法院 58 年台上字第 120 號判例參照）。

房屋主體之外的豬舍或車庫，甚至圍牆，是否也有本條之適用？事後增建部分，有無適用？

實例上亦曾發生土地所有權人之外圍圍牆、豬舍或車庫占用鄰地，是否有本條之適用？實務見解認為不適用，理由為：「民法第 796 條所謂越界建築，其建築物必為房屋，苟屬非房屋構成部分之牆垣、豬欄、狗舍或屋外之簡陋廚廁，尚不能謂有該條之適用。」（最高法院 59 年台上字第 1799 號判例參照），而「牆垣非房屋構成部分，如有越界建築，不論鄰地所有人是否知情而不即提出異議，要無民法第 796 條之

適用。上訴人之圍牆既確有越界情事，縱令占地無幾，被上訴人亦無容忍之義務，即非不得請求拆除。」（最高法院62年台上字第1112號判例參照）。

再者，實例上曾發生土地所有權人原有建築物於土地上，因發現鄰地長久以來均無人使用，心想先占先贏，於是將房屋增建至鄰地，是否可主張本條免拆？

實務見解認為不適用本條規定，理由乃：「民法第796條所定鄰地所有人之忍受義務，係為土地所有人所建房屋之整體，有一部分逾越疆界，若予拆除，勢將損及全部建築物之經濟價值而設。倘土地所有人所建房屋整體之外，越界加建房屋，則鄰地所有人請求拆除，原無礙於所建房屋之整體，即無該條規定之適用。」（最高法院67年台上字第800號判例參照）。

小　結

越界建築的認定，最常發生爭議者乃如何認定鄰地所有權人「知悉」越界，而不「即時」提出異議？目前法院多數見解認為民法第796條所謂「知」其越界，以鄰地所有人可能認知即可，假如鄰地所有人非因不在或有可原諒之理由而不知，尚不能謂不知。至於「即時」提出異議，係以提出異議之時間點，房屋是否已經建築完成為準，建築完成前提出異議，就屬「即時」提出。如鄰地所有權人未即時提出異議而無法主張越界建築者拆屋還地，尚可請求購買占用之土地，而此項價購請求權，因屬本於所有權之請求，並無15年消滅時效制度之適用；再者，如果建築物興築時占用鄰地，還將鄰地全部蓋滿，則仍有本條之適用。假如建築物「全部」蓋在鄰地上，就不適用本條規定；至於興築房屋主體之外的豬舍或車庫，甚至圍牆，也無本條之適用。

參考法條
民法第796條、第796條之1、第796條之2

98

4.
不動產篇

工地鄰損的求償權利

位於新北市中和區之復興新村改建工程，發生疑似鄰損事件，造成鄰近房屋傾斜。住戶拉起白布條抗議，要求新北市府暫緩發照。而常見捷運工程、大樓工程、公共工程，因施工不慎造成鄰損，例如：造成房屋龜裂、傾斜等損壞。受損者在法律上有何權利可以主張？

損壞誰造成？鄰損？現況鑑定？

當建築工地鄰近的房屋產生龜裂、傾斜等損壞時，第一個產生的問題會是，房屋的龜裂、傾斜等損壞的發生與鄰近的建築工地是否有因果關係？如果答案是肯定的，接下來的問題就是如何認定損害有那些？可以請求賠償的內容為何（要求修到好？要求修繕費用？房子價值減少的損壞）？

在因果關係的確認上，必須確認房屋的龜裂、傾斜等損壞，是原有（舊有）的損壞（瑕疵），還是鄰近建築工地興建後，才產生的損壞。就此，實務上，建築工地在興建之前通常須委請鑑定機關，對鄰近房屋為現況鑑定，有了鄰房現況鑑定，比較不會對

是否為房子原有瑕疵或者是鄰損間爭執不休（當然房屋所有權人在鄰近工程興建前，也可將房屋原有狀況記錄、保存證據下來）。

損害賠償的方式？修到好？跌價損失？

當受損戶認為受有鄰損時，原則上可以請求主管機關協調，而由主管機關會同受損戶與工程起造人、承造人及監造人勘查損害。之後，大致上由損鄰事件雙方協議損害賠償（包含回復原狀）等事宜（協議過程中可能會為受損房屋損害鑑定）（臺北市建築施工損鄰事件爭議處理規則第4條以下參照）。然而，如遲遲無法協議，則可能須以司法途徑解決。

無論協議或訴訟，損害之認定及賠償的方式都是重要的關鍵。依我國民法，損害賠償方式是以回復原狀為原則（即回復到和以前一樣）；無法回復原狀，則以金錢賠償之。舉例來說，鄰損所造成的房屋的龜裂，如可僱工修補而可回復原狀，則受損戶原則上只能請求建商僱工修補。不

過，依民法第213條第3項規定也可直接請求僱工修繕的錢（包含工錢、材料費等）。另外，例如房屋傾斜，有時候可能無法以工程方式回復使房屋不傾斜，這時受損戶即可依民法第215條等規定請求以金錢賠償其損害。而損害包含所受損害與所失利益，房屋傾斜所導致房屋的「跌價損失」，即屬屋主所受損害。

依據民法第213條規定：「負損害賠償責任者，除法律另有規定或契約另有訂定外，應回復他方損害發生前之原狀。因回復原狀而應給付金錢者，自損害發生時起，加給利息。第1項情形，債權人得請求支付回復原狀所必要之費用，以代回復原狀。」民法第215條規定：「不能回復原狀或回復顯有重大困難者，應以金錢賠償其損害。」最高法院92年台上字第2746號民事判決亦明白揭示：「按損害賠償之目的在於填補所生之損害，其應回復者，係應有之狀態，自應將損害事故發生後之變動狀況考慮在內。故於物被毀損時，被害人除得請求

賠償修復費用外，就其物因毀損所減少之價值，於超過修復費用之差額範圍內，仍得請求賠償。本件系爭建物確因系爭工程之施工不當，造成龜裂、積水無法排除、傾斜下陷等損害，為原審合法認定之事實，則上訴人於請求賠償系爭建物實體之修復費用外，如另受有該建物因毀損而減少價值之損害，揆諸首揭說明，即非不得請求被上訴人賠償」足資參照。

小　結

　　當隔壁有工程在施工，又碰上房子產生龜裂、傾斜、下陷等損害時，我們當然會懷疑是隔壁工程所造成的，然而，如前所述，是不是工地鄰損，還是房子原有的損壞，涉及到實質認定即證據、鑑定等問題　（包括前述現況鑑定）。另外，縱使認定為鄰損，怎麼賠、賠償的內容，也都須實質的認定，是只可請求修復費用，還是尚可請求房價減損等損失，不可一概而論。

參考法條
民法第 213 條、第 215 條、臺北市建築施工損鄰事件爭議處理規則第 4 條、第 12 條

工地鄰損的求償權利

共有地出租、出借，毋庸全體共有人同意？

都市土地的標售價格屢創新高，反映了都市土地是一個稀少資源，因此都市土地的處分，甚至管理、使用、收益等方式，成為一個重要議題。個人單獨所有土地的處分（例如：買賣過戶、設定抵押權、地上權等）及管理（例如：出租、出借）固無問題，然涉及共有土地的處分或管理利用時，即可能會因共有人眾多而導致難以處分或管理利用。共有土地的處分，在土地法第 34 條之 1 規定之依據下，只要共有人多數決同意即可處分而毋須全體共有人同意。然而，土地的管理行為（出租、出借）可否同樣適用土地法第 34 條之 1 的規定，或者仍須全體共有人同意呢？

土地出租、出借並無土地法第 34 條之 1 的適用？

共有土地的處分，雖得依據土地法第 34 條之 1 規定，取得共有人多數決同意後為處分（指共有人過半數及其應有部分合計過半數或者應有部分合計逾 3 分之 2），毋須得到全體共有人同意。然而，在共有土地的出租上，在過去，依實務之見解，認為是屬「共有物的管理行為」，而不是「處分行為」（例如：買賣過戶），因此，沒有土地法第 34 條之 1 規定之適用，亦即在 98 年民法物權修法之前，須依修法前民法第 820 條規定得到全體共有人的同意，始得出租、出借或分別使用共有土地。

土地出租、出借，依新修正民法，共有人多數決同意即可？

　　土地管理行為（包括出租、出借等），依修正前民法第 820 條，原則上須全體共有人同意始得為之。然其門檻已比共有物處分（過戶）可依土地法第 34 條之 1，只須多數決而毋須全體同意即可為之來得高。因此，修法前民法第 820 條規定，使得共有物的管理、使用，常因無法獲得全體共有人同意而難以使用，而使土地閒置或荒廢。

　　然而，立法者為了「促使共有物有效利用」，在 98 年將共有物（包含共有土地、房屋等不動產、動產等）之管理修改為以多數決決定即可（《立法院公報》第 98 卷第 5 期院會紀錄第 295 頁參照）。98 年 1 月 23 日總統令修正公布民法第 820 條第 1 項規定（公布後 6 個月施行）：「共有物之管理，除契約另有約定外，應以共有人過半數及其應有部分合計過半數之同意行之。但其應有部分合計逾 3 分之 2 者，其人數

不予計算。」所以，依據修正後民法第 820 條規定，共有人得以多數決將共有土地予以出租或出借。

　　但考量多數決（係指前述共有人過半數及其應有部分合計過半數之同意或者具應有部分合計逾 3 分之 2）就共有物管理的決定，可能對不同意的共有人不公平（例如：將共有物賤價出租或隨意出借），所以賦予不同意的共有人得依第 820 條第 2 項聲請法院裁定變更原先多數決的共有物管理決定（該條第 2 項規定：「依前項規定之管理顯失公平者，不同意之共有人得聲請法院以裁定變更之。」）。

　　另外，當「原定之管理因情事變更難以繼續」時（例如：共有物部分已被徵收，參照類推第 823 條修正理由，《立法院公報》第 98 卷第 5 期院會紀錄第 298 頁），共有人亦可以聲請法院裁定變更原先所定之管理決定（該條第 2 項規定 ：「前 2 項所定之管理，因情事變更難以繼續時，法院得因任何共有人之聲請，以裁

共有地出租、出借，毋庸全體共有人同意？

定變更之。」)。

　　最後，共有人多數決之管理決定，如果造成其他共有人之損害，多數決之共有人須負連帶損害賠償責任（第 820 條第 4 項規定:「共有人依第 1 項規定為管理之決定，有故意或重大過失，致共有人受損害者，對不同意之共有人連帶負賠償責任。」)。

小　結

　　共有土地的管理（例如：出租、出借等），在民法第 820 條修正之後，已進入一個新的時代。不同以往，只要有共有人間的多數決，即可作出共有土地之管理決定（即前述出租、出借等）。所以，擁有土地之共有人，對於前述法律的修正，必須有所認識，以確保自身的權益不致於遭受到侵害。

參考法條
土地法第 34 條之 1、民法第 820 條、第 823 條

房屋坪數短少怎麼辦？

　　小民向知名建設公司購買位於新北市八里的預售屋，交屋後發現建商將電梯間、樓梯間等公設算入使用面積，小民實際得以使用坪數與原先建商廣告宣稱之面積短少 2 至 5 坪，小民憤而向法院起訴，高等法院判決建商應按短少坪數賠償 22 位購屋民眾共計 526 萬元。無論預售屋、成屋、土地買賣，於交屋（點交房屋、土地）之後發現房屋、車位、土地權狀坪數或房屋使用坪數較原先廣告、銷售時之約定短少之糾紛時有所聞。然而，什麼是權狀面積？使用面積如何認定？公設面積有無包含在內？短少的面積是否無論大小，都可向賣家、建設公司主張權利？如何主張？

權狀面積，包含主建物、附屬建物、公設之面積？

　　買賣房子，一般都是以坪數來計算買賣價金，不過，這裡所謂的坪數，到底有沒有包含公設、還是只是室內坪數？室內坪數除了主建物坪數外，有沒有包含陽臺、雨遮等附屬建物面積？

　　一般而言，房屋買賣（含土地）是以房屋（建物）所有權狀之權狀面積來計價，建物所有權狀內容包含房屋所在樓層、面積、總面積（即主建物面積）、附屬建物及其面積、共同使用部分及其面積、持分等資料。

　　因此，房屋不動產面積大致可區分為三個部分，第一是「主建物」面積、第二是「附屬建物」面積、第三則是共有部分（「共同使用部分」、公設）面積（詳下

述）。主建物是指包含牆壁在內之室內面積（牆外緣或牆中心線）。地籍測量實施規則第 273 條第 1 款、第 2 款即規定：「建物平面圖測繪邊界依下列規定辦理： 1.建物以其外牆之外緣為界。 2.兩建物之間有牆壁區隔者，以共用牆壁之中心為界；無牆壁區隔者，以建物使用執照竣工平面圖區分範圍為界。」

一般民眾申請建物登記謄本，即可得知權狀內建物登記面積。

權狀面積有無包含陽臺、屋簷、雨遮等？

陽臺、屋簷、雨遮，依據現行法規定僅有「陽臺」仍可以「附屬建物」登記，此可參照新修訂地籍測量實施規則第 273 條第 3 款規定：「建物平面圖測繪邊界依下列規定辦理：⋯⋯ 3.使用執照竣工平面圖載有陽臺之突出部分者，以其外緣為界，並以附屬建物辦理測量。」即明。然而，修法前建物之權狀面積尚有包含屋簷、雨遮等附屬建物面積者，怎

麼辦?新修條文增列第 2 項規定：「中華民國 107 年 1 月 1 日前已申請建造執照者，或都市更新事業計畫已報核，並依都市更新條例第 61 條之 1 第 1 項及第 2 項規定期限申請建造執照之建物，其屋簷、雨遮及地下層之測繪，依本條修正前規定辦理。」（都市更新條例於民國 108 年 1 月 30 日修正全文，移列至第 83 條）因此，已登記建物之所有權人也無庸擔心新法修訂後自己的建物權狀面積會縮水。

權狀面積包含公設？使用面積有無包含公設？

權狀上所謂共同使用部分，指的即是公設（共有部分）。公設係包括樓電梯間、防空避難室、電梯機房、水箱、屋頂突出物等公共設施。

事實上，公設如上所述，得列入權狀面積之計算，此可參照地籍測量實施規則第 283 條第 1 項規定：「區分所有建物之共有部分，除法規另有規定外，依區分所有權人按其設置目的及使用性

質之約定情形，分別合併，另編建號予以勘測。」

不過，依據內政部公布預售屋買賣契約書範本，共有部分，無論是大公或小公（即公共設施），其面積都是要與主建物面積、附屬建物面積分別列載，並且要計算主建物占房屋登記總面積的比例（內政部預售屋買賣契約書範本第 3 條參照），因此，就計算主建物面積、使用面積時，原則上不能包含公設之面積（臺灣高等法院 97 年上易字第 708 號民事判決參照）。

使用面積之坪數短少怎麼辦，減少價金？

買賣的坪數如果有短少，依據實務之見解，買方可以向賣方主張瑕疵，而請求減少價金。最高法院 83 年台上字第 1837 號民事判決即認：「按一般購屋者所需要者乃房屋可供使用部分之私有面積，公共設施則為應比例分攤之負擔，故私有面積如有短少，勢必減少該房屋之效用及價值，自屬構成物之瑕疵。查各該房屋

私有面積部分均為 23.25 坪，較之平面圖所約定之 27.5 坪，均短少 4.25 坪。上訴人所製作平面圖上既載明私有面積為 27.5 坪，自屬保證買賣標的房屋具有此項品質，被上訴人依民法第 360 條規定，不請求減少價金而請求不履行之損害賠償，自屬有據（最高法院 77 年 4 月 19 日第 7 次民事庭會議決議參照）。」

實際面積比登記面積小、實際面積比原契約約定少，都可請求？

承上，臺灣高等法院 97 年上易字第 708 號民事判決也認為：「如所交付之面積不足登記簿謄本所載者，雖已按登記簿謄本所載面積辦理所有權移轉登記，惟就買賣標的物之價值及效用而言，殊難謂無減少及欠缺，自應構成物之瑕疵。」「上訴人所交付系爭房屋之面積，較諸系爭買賣契約書之約定既有減少，自構成物之瑕疵，上訴人不論是否知悉該面積之減少、或有無可受歸責之事由，仍應負物之瑕疵擔保責任。」

互為找補條款，請求增加、減少價金？

現行預售屋買賣，通常有互為找補之約定，當面積短少，買方可以請求找補（減少價金）。反之，當面積增加，一般而言，買方只須找補至 2%。另外，過去亦有 1% 以內互不找補之約定。而依據內政部公布預售屋買賣契約書範本，其互為找補之約定係規定在該範本第 5 條第 2 款前段：「主建物或本房屋登記總面積如有誤差，其不足部分賣方均應全部找補；其超過部分，買方只找補 2% 為限（至多找補不超過 2%）」即明。

小　結

綜上所述，房屋不動產面積大致可區分為三個部分，第一是主建物面積、第二是附屬建物面積、第三則是共有部分面積。當建商以「使用面積」來廣告或告知買方時，一般而言，建商所宣稱的使用面積，原則上即不能包含公設之面積。因此，消費者在買賣房屋時，除了房屋總面積之外，對於主建物面積、附屬建物面積、公設面積及公設比，仍須有一定之了解，避免僅以總面積推算使用面積而可能產生的誤差。而當買賣不動產之面積有短少時，買方自得依據民法物之瑕疵規定，向賣方請求減少價金或請求損害賠償。

參考法條

地籍測量實施規則第 273 條、第 283 條

徵收土地不用，百姓可買回？

南投縣政府在 20 多年前徵收阿土伯的土地，要蓋新學校，但卻一直沒蓋，阿土伯因而以違反原徵收計畫為由，要求收回（買回）土地卻遭內政部拒絕，阿土伯因此提起行政訴訟，最高行政法院判決阿土伯勝訴確定，內政部應准許他買回土地。而關於都市計畫法得以請求買回徵收土地的法規內容為何？

一年後即可買回徵收土地，還是必須使用期限屆滿才能買回？

當國家依據徵收之相關規定，徵收民眾之土地，而取得所有權後，百姓在什麼情況下，可以要求再買回已經被國家徵收之土地呢？

土地法第 219 條有關買回徵收土地之規定為：「私有土地經徵收後，有左列情形之一者，原土地所有權人得於徵收補償發給完竣屆滿 1 年之次日起 5 年內，向該管直轄市或縣（市）地政機關聲請照徵收價額收回其土地：1. 徵收補償發給完竣屆滿 1 年，未依徵收計畫開始使用者。2. 未依核准徵收原定興辦事業使用者。」

雖依土地法第 219 條規定，徵收補償款發給後 1 年，機關未

依徵收計畫開始使用，原土地所有權人就可以聲請依原徵收價額買回（收回）被徵收土地，然而，國家常常會因為預算不足或者相關計畫執行過程延宕，而未於 1 年內依徵收計畫開始使用徵收土地，此種案例比比皆是。

因此都市計畫法第 83 條，基於「配合實際需要，便利都市建設」之考量，將原本須於 1 年內使用徵收土地之規定（土地法第 219 條參照），延長到只要在計畫期限屆滿前使用即可。

所以，依據都市計畫徵收之土地，其「使用年限，祇要報經核准，即無土地法第 219 條規定之適用，原土地所有權人僅能於報請核准徵收機關不依據核准計劃期限使用者，始得依該法條第 2 項之規定，照徵收價額收回其土地。」（最高行政法院 80 年判字第 934 號裁判要旨參照）。但是，實務上徵收土地之計畫使用期限，有的 3、5 年，亦有長達 10、20 年甚至更久，然而依實務見解，徵收土地之計畫使用期限長短之決定，乃係「行政機關自由裁量範疇」，非法院所得審究（同前裁判要旨參照），因此，人民難就使用年限訂定是否不當為爭執。

陳情、抗爭，會使徵收土地無法買回？

實例上曾發生地主就土地徵收進行抗爭而使政府機關無法如期使用。實務之見解認為縱使計畫土地之使用期限已經屆滿，然而，因原土地所有權人之抗爭、陳情等可歸責於原土地所有權人之原因，導致行政機關無法於計畫期限使用徵收土地，該可歸責之原土地所有權人，就不能依前述土地法、都市計畫法之規定，要求買回被徵收之土地。

此觀最高行政法院 84 年判字第 2504 號判決明確揭示：「『……第 1 項第 1 款之事由，係因可歸責於原土地所有權人或使用人者，不得聲請收回土地。』土地法第 219 條定有明文。……都市計畫法第 83 條僅係對使用期限，明文規定排除土地法第 219 條 1 年之規定，而對土地法

第 219 條其他規定之事項，並未予排除。……該地上物尚未拆遷完竣及未於核准計畫期限內使用之原因，經查：本案土地……公告徵收後……惟因拆遷戶之抗爭，導致建物勘估工作遲遲無法進行；又房屋所有權人以不滿拆遷補償及要求變更都市計畫為由，四處陳情，並拒絕配合……是地上物既未拆遷完竣而致需地機關未於核准計畫期限內使用……係可歸責於土地使用人之原因，則依土地法第 219 條第 3 項規定，無同條第 1 項第 1 款收回土地之適用」即明。

小　結

　　綜上所述，依據都市計畫徵收之土地如要買回，必須根據都市計畫法第 83 條規定，僅能在核准計畫使用期限屆滿仍未使用徵收土地時，才能要求買回。而且還要看使用期限屆滿未能使用，是否可歸責於原土地所有權人，如是，原土地所有權人仍無法要求買回被徵收土地。不過，若當原本計畫使用期限已經屆滿，而且未於期限內依計畫使用土地之原因不可歸責於原土地所有權人時，原土地所有權人自可請求買回遭政府徵收之土地。

參考法條

土地法第 219 條、都市計畫法第 83 條

徵收土地不用，百姓可買回？

5

公寓大廈及房東篇

什麼，管委會也會被告？

5.
公寓大廈及房東篇

一棟大樓掉落混凝土石塊、帆布廣告物，砸中地面車輛，車主向警察報案準備求償，當時還有磁磚、碎玻璃等物掉落，工務局表示屋主與管委會應負管理責任，對於人、車損害意外，都要賠償。而社會上常見與公寓大廈管理委員會（下稱管委會）發生糾紛的態樣，除了管理費、管委會委託廠商施作工程產生債務糾紛外，公寓大樓公共設施，例如：外牆、公設等，造成民眾損害的侵權糾紛亦是常見，民眾到底要找誰負責？向誰請求？是管委會嗎？還是要找大樓的全體住戶，全體住戶那麼多人怎麼辦？另外，管委會並不是自然人，也不是法人（例如：公司），會成立侵權行為嗎？在民事訴訟上也會成為被告嗎？

管委會不是自然人，也不是法人，也會有侵權行為責任嗎？

實務見解認為，要負侵權行為責任之人，通常是「自然人」。如果是「法人」（例如：公司、財團法人）則依民法第 28 條、第 188 條、公司法第 23 條等規定，對於董事、受僱人、公司負責人等人，執行職務造成他人損害，負起連帶賠償責任。

因此，過去實務見解有認為管委會既不是自然人，又不是法人，一般來說，不會有侵權行為責任的問題，例如，臺灣臺中地方法院 93 年小上字第 111 號民事判決認為：「管理委員會僅為公寓或大廈區分所有權人團體之代表機關，僅具『非法人團體』之性質，是自亦無自然人與法人在

實體法上所具備之權利能力，即不能享有權利，負擔義務，當然不具有對侵權行為之損害，負損害賠償之責任之能力（即無侵權能力）。」

換言之，管委會充其量只是全體住戶的手足延伸(代表機關)而已，縱有侵權行為，也應該是全體住戶來負責。然而，真的只能告全體住戶嗎？

管委會職務內容眾多，容易侵害他人，能直接以管委會為被告嗎？

依據公寓大廈管理條例第 3 條、第 36 條等規定，管委會負有保管、維修公寓大廈共有、共用設施（例如：大樓外牆、屋頂、中庭、電梯、樓梯間、機電設備社區公設等）、執行消防安檢、管理、監督大樓管理服務人員（例如社區保全、總幹事等人）及執行區分所有權人會議決議事項等眾多職務。

管委會對於上述職務，如果未盡管理之責，經常會產生侵害他人之結果。例如外牆疏於保養

導致砸傷他人；電梯不保養，致人進入踩空受傷；大樓屋頂、外牆不維修導致漏水損害住戶；公設不維修、管理致侵害他人；保全、總幹事有疏失致侵害他人等情形。而當這些情形發生時，難道管委會都不用負責嗎？

可以選擇不告全體住戶而只告管委會嗎？

過去，法院曾駁回以管委會為被告之侵權行為請求，例如：臺灣高等法院 97 年重上字第 120 號民事判決認為：「○○○管委會既不具自然人與法人在實體法上之權利能力，非屬權利義務之主體，即不能享有權利、負擔義務，從而亦不具有對侵權行為之損害負賠償責任之能力（即無侵權能力），是戊○○請求○○○管委會應連帶負本件損害賠償責任部分，洵屬無據。」另如臺灣高等法院 97 年上字第 408 號民事判決認為：「管理委員會僅為公寓或大廈區分所有權人團體之代表機關，其僅具『非法人團體』之性質……在實體法上，當然不

具有對侵權行為之損害，負損害賠償責任之能力（即無侵權能力）。準此，本件上訴人請求被上訴人管委會連帶賠償損害云云，自屬無據。」

然而，依據社會的運作現況，如果不能直接以管委會為被告，而要以人數眾多之全體住戶為被告，無異使被害人卻步而難以主張權利。因此，之後實務即認為，公寓大廈管理條例既賦予管委會有當事人能力，又執行前述眾多公寓大廈職務以及區分所有權人決議，其執行職務或交易造成他人損害者比比皆是，依據社會現況，仍然應該賦予民眾可以直接以管委會為被告訴請賠償，法院不能以管委會沒有侵權行為能力而予以駁回。

因此，最高法院 98 年台上字第 790 號民事判決明確指出：「管委會……僅屬非法人團體，固無實體法上完全之權利能力。然現今社會生活中，以管委會之名義為交易者比比皆是。……管委會倘基於規約約定或區分所有權人會議決議所為職務之執行致他人

於損害，而應由區分所有權人負賠償責任時，其本身縱非侵權行為責任之權利義務歸屬主體，亦應認被害人得基於程序選擇權，並依上開同條例第 38 條第 1 項規定及訴訟擔當法理，選擇非以區分所有權人而以管委會為被告起訴請求……否則，公寓大廈管理條例規定管委會有當事人能力，即失其意義……原判決見未及此，就上訴人請求管委會賠償部分，僅以管委會無權利能力即無侵權行為能力為由，否准上訴人該部分之請求，即難謂當。」

臺灣高等法院 99 年上易字第 817 號民事判決亦認：「公寓大廈管理委員會倘基於公寓大廈管理條例或規約約定而負有義務，因未盡其義務致他人於損害，而應由區分所有權人負賠償責任時，公寓大廈管理委員會本身縱非最後之損害責任之權利義務歸屬主體，亦應認被害人得以公寓大廈管理委員會為被告起訴請求。從而，○○管委會抗辯：因公寓大廈管理委員會不具實體法上侵權行為能力，甲○○尚不得

依侵權行為之法律關係對其請求
損害賠償云云，自乏所據。」

小 結

　　綜上所述，雖然基於法學概
念，管委會只是全體社區住戶的
手足、代表而已，縱有侵權行為，
也應該是全體住戶來負責。過去
即有實務認為不能直接以管委會
為被告，請求侵權行為損害賠償。
不過，後來基於社會現況所需，
最高法院即明白承認被害人得以
選擇管委會為被告，請求侵權行
為損害賠償。因此，只要在管委
會管理職務範圍內，管委會有所
疏失造成他人損害，依據前述最
高法院見解，民眾都可以直接選
擇以管委會為被告，訴請賠償，
毋須以眾多的公寓大廈全體住戶
為被告，以便讓被害人主張權利。

參考法條

民法第 28 條、第 188 條、公司
法第 23 條、公寓大廈管理條例
第 3 條、第 36 條、第 38 條

房屋漏水，管委會來賠？

　　大華以 200 多萬元賣房子後，遭買家反映漏水而退屋解約，大華後來發現是屋頂不能防水，因而打官司要求管委會賠償，法院最後以管委會對公設有修繕義務，卻未盡修繕之責，判決管委會應賠償大華 16 萬餘元確定。然而，公寓大廈管委會常面臨到的問題是，大樓公設（屋頂、外牆、樑、柱等）修繕金額甚高，可能高達上百萬元，管委會可以自己決定修繕嗎？要不要經過區分所有權人會議決議才能修繕？管委會與區分所有權人會議之權限要怎麼區分？

「重大修繕」一定要經過區分所有權人會議決議？一般修繕不用？

　　由公寓大廈管理條例第 11 條規定：「共用部分及其相關設施之拆除、重大修繕或改良，應依區分所有權人會議之決議為之。前項費用，由公共基金支付或由區分所有權人按其共有之應有部分比例分擔。」可知，對於公寓大廈公設的「重大修繕」，須先經區分所有權人會議之決議同意，才能進行修繕，管委會不能擅自決定。但問題是什麼是重大修繕？是以修繕費用超過 100 萬還是超過 10 萬元來認定？抑或是以修繕內容決定？屋頂防水抓漏、更換電梯纜線（鋼纜）、社區花園維護、外牆磁磚更換算重大修繕嗎？

重大修繕是什麼？金額較高、修繕範圍較廣？

實務見解有認為公設修繕，若修繕金額較高或修繕範圍較廣，即屬於公寓大廈管理條例所稱之重大修繕。此觀臺灣高雄地方法院 98 年小上字第 15 號民事判決即認定：「所謂共有或共用部分之重大修繕、改良或一般修繕、改良，其所稱之『一般』或『重大』係屬不確定之法律概念，應依個案認定之，並無確切之標準，一般而言，修繕改良僅及於部分住戶，而修繕改良範圍較小或所需金額較低者，可認為係屬一般修繕改良，反之，則屬重大修繕改良。」

重大修繕是什麼？超過 10 萬元？

前述判決並參酌：「內政部『公寓大廈規約範本』第 12 條規定：『前條第 3 款第 3 目共用部分及其相關設施之拆除、重大修繕或改良』，指其工程金額符合下列情形之一：1.新臺幣 10 萬元以上。2.逾公共基金之 5%。3.逾共用部分、約定共用部分之 1 個月管理維護費用。」而認為修繕費用為 33 萬餘元之大樓頂樓漏水修繕屬於重大修繕。

當然，區分所有權人得另定規約決定重大修繕金額，不以 10 萬元為限，自不待言。

另外，實務上有認為是重大修繕的例子，例如：對於有一定程度結構上損壞之大樓樑、柱等共用設施之修繕（需鑑定及補強計畫）、警衛室、鐵門之拆除（最高法院 96 年台上字第 1692 號民事判決、93 年台上字第 1043 號民事判決參照）。

影響居民健康、有急迫情形之修繕，管委會可自行決定，不屬於重大修繕？

不過實務見解亦有認為大樓滲、漏水，如果已影響居民日常生活（居住安全、衛生、民生等），而有修繕急迫性，不宜因修繕費用高達 45 萬元而認定為重大修繕，必須經區分所有權人會議之同意始可修繕，就此管委會即負有修繕之義務（臺灣高等法院 100 年上易字第 1112 號民事

判決參照）。

管委會故意不修繕，有賠償責任？

實務上認為管委會對於公設等設施有修繕義務，卻未積極修繕時，即應負損害賠償責任。

臺灣高等法院 100 年上易字第 725 號民事判決即認為：「上訴人（註管委會）既違反其對系爭房屋大樓屋頂共有部分之修繕義務，致被上訴人所有系爭房屋發生漏水，就處理委任事務顯有過失，並已不法侵害被上訴人之權利。被上訴人依侵權行為及委任契約之法律關係，請求上訴人就其所受損害負賠償責任，自無不合。」

另外，臺灣臺中地方法院 99 年訴字第 645 號民事判決亦認為：「本件被告（註管委會）依公寓大廈管理條例第 10 條第 2 項前段規定，對於系爭房屋外牆有修繕義務，已如前述。……是以被告不履行其修繕義務，對於原告因此所受之損害，自應負債務不履行之損害賠償責任。……原告主張以修繕外牆之費用之必要費用，以代回復原狀，自屬有據」可資參照。

小　結

綜上所述，公設的維修、修繕、修復、改良，例如：大樓屋頂漏水修補、抓漏、外牆磁磚更換、樑、柱補強、警衛室拆除等情形，如果金額甚高、影響範圍較廣，原則上，即可能屬於重大修繕或改良而非一般修繕，須經社區區分所有權人會議決議，社區管委會無法自行決定（但亦有例外）。當然，在某些案例之中，可以事先透過規約、區分所有權人會議決議，將某些足以影響區分所有權人安全、衛生而有急迫性之公設修繕，事先授權給管委會決定，以維護居民之健康、安全，並避免爭議。另外，當管委會負有修繕之義務，卻不修繕時，即有可能須負損害賠償責任，不可不慎。

參考法條
公寓大廈管理條例第 10 條、第 11 條

房東遇到租霸怎麼辦（上）？

香港籍曾女及邱女向房東謊稱來臺唸書而租屋，卻惡搞臺北市租屋處，留下滿屋子垃圾宛如廢墟，後來還遭法院判刑入監而後遣返；無獨有偶，新北市永和區，房東將房屋租給 40 多歲的張姓女子與 70 多歲母親同住，但是張女不僅租約到期「賴著不走」外，還大搞破壞，在租屋處同樣留下一堆垃圾，甚至加碼將牆壁上硬打孔裝把手，還積欠 1 萬 8 千元水電瓦斯費。此類「租霸」案例時有所聞。房客也百百種，房客可能遇到壞房東，房東也可能遇到壞房客。當房東遇到房客積欠租金或者租約到期卻占著房屋拒不搬遷等情形怎麼辦?另外，可以提前終止租約嗎？終止租賃要怎麼終止？租賃契約怎麼簽會比較有保障呢？

房客不繳租金，房東如何催繳租金？

當房東遇到房客不繳租金，又不接電話，更拒不見面而催討無門時，房東要採取什麼方法催繳租金呢？此時，房東可以用存證信函，或者向法院聲請支付命令，向房客催繳租金。而當法院所核發之支付命令確定後，房東即可持確定之支付命令，向法院民事執行處聲請強制執行房客的財產。

房客不繳租金，房東可以提前終止租賃契約嗎？

實務上常見房東與房客簽訂了租期長達 1 年或 2 年的租賃契約，不過，房客只在簽約時，繳了 1 個月的租金及相當於 1 個月租金的押租金，之後就拒繳每個

月租金。此時房東可以提前終止租賃契約，要求房客立即返還租賃房屋嗎？還是要等到租期屆滿後才能請求返還？

　　一般房屋租賃，房東雖然可以以房客積欠房租為由而提前終止租賃契約，不過必須要房客積欠的房租，達到一定金額以上，房東才可以提前終止。依據民法第440條規定，須房客積欠達到2個月租金的金額，房東才可以提前終止租賃契約，請求返還房屋（民法第440條第1項、第2項規定：「承租人租金支付有遲延者，出租人得定相當期限，催告承租人支付租金，如承租人於其期限內不為支付，出租人得終止契約。租賃物為房屋者，遲付租金之總額，非達2個月之租額，不得依前項之規定，終止契約。其租金約定於每期開始時支付者，並應於遲延給付逾2個月時，始得終止契約。」）。

　　不過，房客雖然積欠租金，但如果當時房客有繳交押租金，當積欠租金扣除押租金後，其總額未達2個月租金總額，依土地

法第100條第3款規定，房東仍然無法終止租賃請求返還房屋（土地法第100條第3款規定：「出租人非因左列情形之一，不得收回房屋。……3.承租人積欠租金額，除擔保金抵償外，達2個月以上時。」最高法院44年台上字第516號判例要旨揭示：「土地法第100條第3款關於擔保抵償租金之規定，雖僅就未定有期限之租賃而設，然在有期限之租賃實具有同一之法律理由，自應類推適用」）。

如何終止租約？存證信函寫一次就可以了嗎？

　　雖然一般房屋租賃契約，都會約定每月幾號要繳這個月或下個月租金。然而縱使房客已遲延給付租金，法律規定，房東還是要向房客表示限期催繳租金，而房客仍不繳納之後，才能終止租賃契約（民法第440條第1項規定：「承租人租金支付有遲延者，出租人得定相當期限，催告承租人支付租金，如承租人於其期限內不為支付，出租人得終止

契約。」）。

換言之，房東須先以存證信函限期催繳租金（例如：限於 7 日內繳清租金○○元），之後，屆期房客仍不繳交，此時房東才能以存證信函終止與房客之租賃契約。因此，房東未對房客限期催繳租金的情形下，不得以房客逾時繳交租金為由而終止租約。此有最高法院 88 年台上字第 2213 號民事判決理由揭示：「被上訴人催告上訴人丙○○支付租金，未定相當期限，依法應不生催告之效力，其終止系爭租約，即有未合」足資參照。

租賃住宅市場發展及管理條例

住宅租賃之房東或服務業在法定終止租賃之事由，另外還有租賃住宅市場發展及管理條例第 10 條之事由（租賃期間發生下列情形之一者，出租人得提前終止租賃契約，且承租人不得要求任何賠償：1.承租人毀損租賃住宅或附屬設備，不為修繕或相當之賠償。2.承租人遲付租金或費用，達 2 個月之租額，經催告仍拒繳。3.承租人未經出租人書面同意，將租賃住宅轉租於他人。4.出租人為重新建築而必要收回。5.其他依法律規定得提前終止租賃契約。出租人依前項規定提前終止租賃契約者，應依下列規定期限，檢附相關事證，以書面通知承租人：1.依前項第 1 款至第 3 款及第 5 款規定終止者，於終止前 30 日。2.依前項第 4 款規定終止者，於終止前 3 個月。），應特別注意，但上開規定並不適用於商業店面、辦公大樓等商業租賃契約。

小 結

綜上，當房客長期不繳租金時，房東可以以存證信函，限期催告房客繳納租金，期滿後，房客如仍拒不繳交，房東即可再以存證信函，以房客逾期不繳租金為由，終止租約。房東於租賃契約合法終止後，即可要求（或提起訴訟）請求房客返還、遷讓房屋。而上述終止租約的法律要件，立法者是基於保護弱勢承租人而

設，因此，原則上，房東要依據
程序終止之，否則終止租賃即可
能無效，不可不察。

參考法條
民法第 440 條、土地法第 100
條。

5.
公寓大廈及房東篇

房東遇到租霸怎麼辦（下）？

前一篇是討論有關提前終止租約的問題，本篇接下來則是要討論租賃契約常見條款，其內容對房東或房客有何影響予以介紹。

定期租賃？不定期租賃？對誰比較好？

一般來說，房屋租賃契約都會約定租賃期限，例如 1 年或 2 年不等。

至於不定期限之租賃，實務上認為不定期租賃，出租人有土地法第 100 條請求返還房屋的限制，例如：房東須有收回自住、重新建築、承租人積欠租金達 2 個月以上等特定情形之一才能收回房屋。反觀定期租賃則沒有上述土地法第 100 條之適用（司法院院解字第 3489 號解釋、最高法院 37 年上字第 7729 號判例要旨參照）。所以實務上，房東為了避免收回房屋之困難，租賃契約都會約定一定期間。

土地法第 100 條規定：「出租人非因左列情形之一，不得收回

房屋。1.出租人收回自住或重新建築時。2.承租人違反民法第443條第1項之規定轉租於他人時。3.承租人積欠租金額,除擔保金抵償外,達2個月以上時。4.承租人以房屋供違反法令之使用時。5.承租人違反租賃契約時。6.承租人損壞出租人之房屋或附著財物,而不為相當之賠償時。」

當租賃期限屆滿後,房客如果仍繼續使用租屋處,而房東也未立即表示反對,甚至繼續收取租金,此時,縱使房東與房客沒有另訂租約,依據民法第451條,房東與房客之間還是存在一個不定期的租賃契約(民法第451條規定:「租賃期限屆滿後,承租人仍為租賃物之使用收益,而出租人不即表示反對之意思者,視為以不定期限繼續契約。」),此一不定期限之租賃自有上述土地法第100條之適用,自不待言。

租賃契約經公證有何特殊的效力?

一般來說,雖然租約經公證對於承租人、出租人雙方均有保障,但是經公證的租約,也不代表在任何情形下,房東毋須經過訴訟程序即可持公證書聲請強制執行。

以返還租賃房屋為例,因為我國公證法第13條第1項第3款規定,「當事人請求公證人就下列各款法律行為作成之公證書,載明應逕受強制執行者,得依該證書執行之:……3.租用或借用建築物或其他工作物,定有期限並應於期限屆滿時交還者。」因此,經公證的租約,只有在租期到期時,房東才可以直接向法院民事執行處聲請強制執行,要求房客搬遷。假使租約未到期,房客縱有欠租,因不符合前述公證法第13條第1項第3款「期限屆滿」之要件,房東仍無法直接持公證書要求法院強制執行。

至於經公證的租賃契約,對於承租人的保障主要乃在於長期租賃或未定期限下,仍有買賣不破租賃原則(即租賃契約有效期間,即便房東將房屋售予他人,租賃契約對於新房東仍屬有效)之適用,併此敘明。

押租金契約？

房東為保障租金收取以及房屋現況的擔保，通常會與房客訂立押租金契約，要求房客繳交押租金（一般而言，金額相當於1個月或2個月之租金數額）。依據實務之見解：「押租金之主要目的在於擔保承租人履行租賃債務，故租賃關係消滅後，承租人如有欠租或其他債務不履行時，其所交付之押租金，發生當然抵充之效力。而於抵充後，猶有餘額，始生返還押租金之問題」（最高法院87年台上字第1631號民事判決參照）。

然而，因為押租金契約是要物契約（即契約以一定物品之交付為契約成立之要件）（最高法院93年台簡上字第18號民事裁定參照），是就押租金契約的成立，須以給付押租金為前提。因此，就房東而言，對於押租金給付的金額及方式，須較為注意。至於房客，則須注意如房東出售出租房屋時，押租金契約有無隨同移轉的問題。實務見解認為「押租金契約並不隨租賃契約而移轉」

（最高法院77年台上字第2177號民事判決足資參照）。

另外就住宅租賃之押租金，應注意租賃住宅市場發展及管理條例第3條第13款：押金：指承租人為擔保租賃住宅之損害賠償行為及處理遺留物責任，預為支付之金錢；及第7條：押金之金額，不得逾2個月之租金總額。出租人應於租賃契約消滅，承租人返還租賃住宅及清償租賃契約所生之債務時，返還押金或抵充債務後之賸餘押金；以及第12條第2項：租賃住宅之返還之點交後尚有遺留物拋棄其所有權，其所需處理費用，得由押金扣除等規定。

小　結

綜上，租賃契約是定期還是不定期租賃契約，對於返還房屋的要件，有著重大的影響。經公證之租賃契約，在特定情形，雖可提供租賃當事人一定的保障，但亦非萬靈丹。最後，押租金的保障、返還條件與對象，通常亦為租賃當事人關心的重點。至於

對於租賃房屋的修繕、房屋保管責任等事項，縱未約定，但我國民法租賃一節（第二編第二章第五節）已有相關規定，不可不察。

參考法條

土地法第 100 條、民法第 451 條、公證法第 13 條

5.
公寓大廈及房東篇

惡房東坑房客，判刑？

　　新北市房東張晶晶，長期以低價承租新北市中永和、板橋、新莊等處之房屋，重修隔間、裝潢後當起二房東，對外宣稱全新裝潢、水泥隔間，事實上卻是用劣質材料隔成套房，以數千元不等之租金，分租給學生、社會新鮮人、單親媽媽等急於租屋的弱勢族群，並且以其他非法方式坑殺弱勢房客，至少有 160 名房客受害，案經臺灣新北地方法院以詐欺、誣告、偽造文書等罪判處 8 年 2 月。惡房東用來詐騙房客之招數有哪些？有違法嗎？

網路上的房間美照，實際上卻破舊無比？

　　房東為了讓房屋較容易租出去，「租相」較好，常會在準備出租的房間中擺上精美家具或設備，佈置得漂漂亮亮，拍照上傳租屋網，希望能租個好價格。但惡房東卻利用這一點，在租屋網上使用根本不是房間實際拍攝之照片，魚目混珠，讓租客信以為真而下訂或簽約。之後，等惡房東交屋時，房客才發現，當時上網看到的照片根本不是現在這樣破破爛爛的房間，甚至連房間的門、窗、廚具等位置，根本完全不一樣。

　　另一種情形，房客對於交屋現狀認為不實的時候，惡房東假裝服務至上，轉介紹另一間較好的房間，卻同時要求更高的租金。

或者,先帶看漂亮房間,作為誘餌,讓房客簽下租約交付訂金;事後再以其他藉口,例如,會漏水,須修繕一段時間;因裝潢,短期無法入住等,改讓房客入住其他較差的房間。

此時,當房客要求退訂不租時,惡房東卻主張房客違約要沒收訂金或押金,然此舉可能構成刑法第 339 條詐欺罪。依據該條規定:「意圖為自己或第三人不法之所有,以詐術使人將本人或第三人之物交付者,處 5 年以下有期徒刑、拘役或科或併科 50 萬元以下罰金。以前項方法得財產上不法之利益或使第三人得之者,亦同。前 2 項之未遂犯罰之。」而「詐財罪之成立,要以加害者有不法而取得財物之意思,實施詐欺行為,被害者因此行為,致表意有所錯誤,而其結果為財產上之處分,受其損害。」、「刑法第 339 條第 1 項所謂之詐術,並不以欺罔為限,即利用人之錯誤而使其為財物之交付,亦不得謂非詐欺。」最高法院刑事判例 19 年上字第 1699 號判例、24 年上

字第 4515 號判例亦著有明文。

若惡房東自始就無提供網路上面該美照房間,而讓房客陷於錯誤,誤認為簽約付定後將可入住該美照房間,而付了訂金;或者,惡房東先帶看美屋,讓房客陷於錯誤以為簽約付定後就可入住該美屋,而付了訂金或押金,但卻遭惡房東以各式藉口搪塞而無法入住。惡房東將會構成詐欺罪。

提前解約要賠違約金?

惡房東常在租約內加上極度不利於房客之條款,例如,提前解約需賠償 4 個月租金作為「違約金」。

依據民法第 250 條規定:「當事人得約定債務人於債務不履行時,應支付違約金。違約金,除當事人另有訂定外,視為因不履行而生損害之賠償總額。」,換言之,在租約中約定違約金,作為提前解約之賠償總額,並非不可。

然若房客認為違約金約定過高,可否要求減少違約金?

依據民法第 252 條規定:「約

定之違約金額過高者,法院得減至相當之數額。」第 251 條規定:「債務已為一部履行者,法院得比照債權人因一部履行所受之利益,減少違約金。」而法院實務上乃依據實際損害情形及當事人雙方損害狀況等因素為是否減少及減少若干之標準。

最高法院 19 年上字第 1554 號判例要旨即認:「違約金本應推定為損害賠償之預約……如果與實際損害顯相懸殊者,法院自得以當事人實際上所受損失為標準,酌予核減。」即以實際損害數額與違約金約定的數額來比較認定。

另最高法院 96 年台上字第 107 號民事判決亦認為:「當事人約定之違約金是否過高,須依一般客觀事實,社會經濟狀況,當事人所受損害情形及債務人如能依約履行時,債權人可享受之一切利益為衡量標準……」。

再者,若房客在 1 年的租期內,已經租了 11 個月,要提前 1 個月解約不租,此時若房東仍要求 4 個月租金之違約金,顯然是

過高而可請求酌減,此可參照最高法院 49 年台上字第 807 號判例要旨亦謂:「當事人約定契約不履行之違約金過高者……債務已為一部履行者,亦得比照債權人所受利益減少其數額。」

而以內政部關於「房屋租賃定型化契約應記載及不得記載事項」則規定有關提前終止租約之違約金,不得超過 1 個月租金,可資參照。

惡房東無故闖進來,你家就是我家?

惡房東經常藉口檢修天花板是否漏水或馬桶、水管滲漏,或者,房租遲交等理由,擅自闖入已租出去的房屋,此舉可能構成無故侵入住宅罪。

依據刑法第 306 條第 1 項規定:「無故侵入他人住宅、建築物或附連圍繞之土地或船艦者,處 1 年以下有期徒刑、拘役或 300 元以下罰金。」也就是說無故進入別人之房屋,將構成本罪。

房東雖然是房屋所有權人,但如已將房屋或房間出租他人使

用，對於該房屋或房間就無使用、管理之權限。臺灣臺北地方法院86年易字第3344號判決即認為：「按刑法第306條之妨害自由罪，係在保護生活居住環境之安寧，不以有權管領支配者對住宅或建築物有所有權為要件，被告雖已取得前開房屋之所有權，然被害人並未交付，故該屋仍在被害人之管領支配下，是以被告於未獲法院執行交付前，不得擅入至為灼然。」另最高法院46年台非字第44號判決也認為：「刑法第306條第1項所謂無故侵入他人住宅，乃指未得該住宅之支配或管理人之明示或默示認許，且無正當進入理由而擅行侵入者而言。被告即使與被害人另有生意糾紛，在未得被害人明示或默示認許以前，不能謂當然有權侵入其住宅。」

因此，惡房東如果未得到房客同意，擅自闖入，無論要檢修水管或房租糾紛商討，都不可以，否則將會觸法。

小　結

綜上所述，惡房東常在租屋網上使用根本不是房間實際拍攝之照片，魚目混珠，讓租客信以為真而下訂或簽約，如果房客認為不實而不租要求退訂，惡房東卻主張沒收訂金，惡房東此舉已構成詐欺罪；另惡房東常在租約中載有高額之違約金，若依據內政部租約範本，提前終止租約之違約金不得超過1個月，可供參考；另惡房東常會藉故闖入房屋，房客可要求房東不得如此，否則房東恐涉侵入住宅罪。

參考法條

刑法第306條、第339條、民法第250條、第251條、第252條

6

小股東篇

股東會，通過？

每年 6、7 月是股東常會的旺季，而除了事先的召集、召集事由、委託書的徵求等常見法律問題外，在股東常會召開時，常見的股東會流程、議案有那些？而最重要的是這些議案的討論，要不要經過表決？如果要表決，其所需的出席人數、表決權數為何？

股東會之召集

股東會召集，原則上是由董事會執行，而且公司必須在一定日數之前，事先通知股東有關股東會之召開事宜，如果公司要在股東會改選或解任董、監事、變更章程、解散、合併、分割公司、出租公司全部營業、讓與公司全部或主要部分之營業或財產等事項，則須在股東會通知以及公告上記載，亦即須列載於召集事由上，以避免突襲，使股東不知所措。

此觀公司法第 171 條規定：「股東會除本法另有規定外，由董事會召集之。」公司法第 172 條規定：「股東常會之召集，應於 20 日前通知各股東。股東臨時會之召集，應於 10 日前通知各股東。公開發行股票之公司股東常

會之召集，應於 30 日前通知各股東；股東臨時會之召集，應於 15 日前通知各股東。通知應載明召集事由；其通知經相對人同意者，得以電子方式為之。選任或解任董事、監察人、變更章程、減資、申請停止公開發行、董事競業許可、盈餘轉增資、公積轉增資、公司解散、合併、分割或第 185 條第 1 項各款之事項，應在召集事由中列舉並說明其主要內容，不得以臨時動議提出；其主要內容得置於證券主管機關或公司指定之網站，並應將其網址載明於通知。代表公司之董事，違反第 1 項至第 3 項或前項規定者，處新臺幣 1 萬元以上 5 萬元以下罰鍰。但公開發行股票之公司，由證券主管機關處代表公司之董事新臺幣 24 萬元以上 240 萬元以下罰鍰。」

股東會常見議事流程

　　股東會流程通常為報到、宣布開會、董事長致詞之後，依序進行報告、承認、討論、選舉，甚至臨時動議等程序，最後，才宣布散會。以下針對各事項簡述之。

一、報告事項：

　　報告事項之報告內容通常係公司營業狀況的報告（亦即營業報告書）以及監察人查核報告。

　　報告部分係著重何人就何事項有報告義務，而依據公司法第 228 條、第 229 條規定，董事會在會計年度終了，必須編造公司營業報告書、財務報表、盈餘分派或虧損撥補之議案等公司營業狀況的表冊，並讓股東了解（查閱），而這些表冊也必須在股東會開會前送交公司監察人查核，監察人並須依據公司法第 219 條規定出具報告意見（得委託會計師審核）。之後，董事會須依公司法第 230 條規定將表冊送交股東會承認。因此，在股東會承認這些表冊之前，自然必須先就公司營業報告書，以及監察人就營業報告書、財務報表、盈餘分派或虧損撥補之議案等表冊之查核報告為報告。

　　此觀公司法第 228 條規定：「每會計年度終了，董事會應編

造左列表冊，於股東常會開會 30 日前交監察人查核： 1.營業報告書。 2.財務報表。 3.盈餘分派或虧損撥補之議案。前項表冊，應依中央主管機關規定之規章編造。第 1 項表冊，監察人得請求董事會提前交付查核。」 第 229 條規定：「董事會所造具之各項表冊與監察人之報告書，應於股東常會開會 10 日前 ， 備置於本公司，股東得隨時查閱，並得偕同其所委託之律師或會計師查閱。」第 219 條規定：「監察人對於董事會編造提出股東會之各種表冊，應予查核，並報告意見於股東會。監察人辦理前項事務，得委託會計師審核之。監察人違反第 1 項規定而為虛偽之報告者，各科新臺幣 6 萬元以下罰金。」 第 230 條第 1 項規定：「董事會應將其所造具之各項表冊，提出於股東常會請求承認，經股東常會承認後，董事會應將財務報表及盈餘分派或虧損撥補之決議 ， 分發各股東。」即明。

二、承認事項：

承認事項，是指例如營業報告書、財務報表表冊之承認，以及盈餘分派議案或者虧損撥補議案之承認（前述公司法第 230 條第 1 項參照）。如先前所述，有關營業報告書、財務報表、盈餘分派或虧損撥補等表冊或議案，皆必須經股東會承認。而經股東會承認後，依據公司法第 231 條，將視為已解除董、監事之責任（公司法第 231 條規定：「各項表冊經股東會決議承認後，視為公司已解除董事及監察人之責任。但董事或監察人有不法行為者，不在此限。」）。

上述表冊或議案的承認，有關股東會出席人數及表決權數並沒有特別規定，所以，只要普通決議即可通過（公司法第 230 條第 1 項規定：「董事會應將其所造具之各項表冊，提出於股東常會請求承認，經股東常會承認後，董事會應將財務報表及盈餘分派或虧損撥補之決議 ， 分發各股東。」公司法第 174 條規定：「股東會之決議，除本法另有規定外，應有代表已發行股份總數過半數股東之出席，以出席股東表決權

過半數之同意行之。」)。

三、討論、選舉事項：

上述必須在股東會召集事由預先載明，不得以臨時動議提出之事項，是屬於股東會選舉或討論之議案，當然，其他毋須預先記載於召集事由之議案，在一定條件下通常也可作為股東會討論之議案。議案的提出主要來自於董事會，至於股東要提出議案，則須依公司法第172條之1之相關規定，向公司提出（公司法第172條之1第1項、第2項規定：「持有已發行股份總數1%以上股份之股東，得向公司提出股東常會議案。但以一項為限，提案超過一項者，均不列入議案。公司應於股東常會召開前之停止股票過戶日前，公告受理股東之提案、書面或電子受理方式、受理處所及受理期間；其受理期間不得少於10日」)。

至於討論、選舉事項之出席數及表決權，則端視各該議案內容而定，有的需要特別決議、有的只需要普通決議，不可一概而論（例如：公司法第199條規定：「董事得由股東會之決議，隨時解任；如於任期中無正當理由將其解任時，董事得向公司請求賠償因此所受之損害。股東會為前項解任之決議，應有代表已發行股份總數3分之2以上股東之出席，以出席股東表決權過半數之同意行之。公開發行股票之公司，出席股東之股份總數不足前項定額者，得以有代表已發行股份總數過半數股東之出席，出席股東表決權3分之2以上之同意行之。前2項出席股東股份總數及表決權數，章程有較高之規定者，從其規定。」公司法第277條規定：「公司非經股東會決議，不得變更章程。前項股東會之決議，應有代表已發行股份總數3分之2以上之股東出席，以出席股東表決權過半數之同意行之。公開發行股票之公司，出席股東之股份總數不足前項定額者，得以有代表已發行股份總數過半數股東之出席，出席股東表決權3分之2以上之同意行之。前2項出席股東股份總數及表決權數，章程有較高之規

定者，從其規定。」另參前述公
司法第 174 條規定）。

小　結

　　有關股東會的流程進行，主
要依據公司法相關規定，其目的
在於讓股東了解公司之營運狀
況，並使股東就公司營運之重要
議題得以行使股東之權利，以確
保股東之利益。

參考法條

公司法第 171 條、第 172 條、
第 172 條之 1、第 174 條、第
185 條、第 199 條、第 219 條、
第 228 條、第 228 條之 1、第
229 條、第 230 條、第 231 條、
第 277 條

少數股東自己召開股東會？

　　「某公司在董、監事的改選上發生爭議，商業司副司長指出，當該公司董監事任期屆滿，商業司會依法行文要求限期改選；另有股東行文商業司要求召開股東臨時會，商業司已要求該公司依法回覆意見，之後再依照兩造意見，審酌是否核准召開股東臨時會。」上述案例提到董事、監察人改選以及股東要求主管機關准予召開股東臨時會等問題，而「少數股東」得否要求甚至自行召開臨時股東會？另外，公司董監任期屆滿時如何改選？

股東會召集自己來，「少數股東」自行召集？

　　股東會的召開，原則上都是由公司董事會所召集，然而，當董事會因故不召集股東會時，公司法第 173 條賦予少數股東得為了維護自身及公司權益，在一定條件下自行召集股東會。

　　股東自行召集股東會的情形，依據公司法第 173 條可分為二種情形。第一種情形，原則上須經過二個階段，亦即，股東須先向公司董事會要求召集股東會未果時，才可向主管機關（經濟部或直轄市政府）請求允許（許可）自行召集股東會。須強調的是，並不是每個股東都可以要求董事會召開股東會，依據公司法第 173 條第 1 項規定，僅限於「繼續 1 年以上，持有已發行股份總

數 3% 以上股份」之股東才可以要求召開股東會。然而就現行實務而言,小股東要持有公司已發行股份總數 3% 以上股份並非易事(尤其是上市、上櫃公司),因此,經濟部函釋認為數個股東合起來超過 3% 也算,此觀經濟部 80 年 4 月 19 日經商字第 207772 號函釋謂:「持有已發行股份總數 3% 以上之股東,不以一人為限」、「如數股東持有股份總數之和達 3% 以上亦包括在內」即明。

雖然,股東可以要求董事會召集臨時股東會,但實務上常見董事會未依據股東請求召集股東會(包含刻意拖延),此時依據經濟部 82 年 12 月 10 日商字第 230086 號函釋認為:「董事會不為召集股東會之情形,除自始即不為召集外,其雖為召集,但所定股東會開會日期故意拖延之情形,亦應包括在內。」股東毋須苦苦等候,即可依公司法第 173 條第 2 項轉向經濟部或直轄市政府等申請許可自行召集股東會。

公司法第 173 條第 1 項至第 3 項規定:「繼續 1 年以上,持有已發行股份總數 3% 以上股份之股東,得以書面記明提議事項及理由,請求董事會召集股東臨時會。前項請求提出後 15 日內,董事會不為召集之通知時,股東得報經主管機關許可,自行召集。依前 2 項規定召集之股東臨時會,為調查公司業務及財產狀況,得選任檢查人。」足資參照。

當經濟部或直轄市政府等許可後,股東雖可自行召集股東會。然而,該次股東會所得決議之事項,依經濟部函釋僅限於原先獲得許可召集之提議事項為限,提議事項以外之事項縱為股東會決議,該部分股東會決議仍屬無效之決議。

此觀經濟部 98 年 8 月 24 日經商字第 09802420550 號函表示:「有關經主管機關許可自行召集股東會,該次股東會決議之事項應以許可召集之提議事項為限,對於許可召集之提議事項以外之事項為決議,為無效之決議。按少數股東之召集權,因設有以經主管機關許可之條件,以便主管機關審酌其提議事項及理由,

俾憑以決定有無由少數股東召集之必要。準此,少數股東報請主管機關許可召集股東會時,提議事項及理由為應備之要件,故其決議之事項應以許可召集之提議事項為限,對於許可召集之提議事項以外之事項為決議,為無效之決議。」

董事會不見了,股東也可自行召集股東會?

第二種股東可自行召集股東會的情形,是當董事會不為召集或不能召集股東會,少數股東就可以申請許可自行召集股東會。公司法第 173 條第 4 項規定:「董事因股份轉讓或其他理由,致董事會不為召集或不能召集股東會時,得由持有已發行股份總數 3% 以上股份之股東,報經主管機關許可,自行召集。」

然而,有哪些情形是董事因股份轉讓或其他理由,致董事會不為或不能召集股東會呢?舉例來說,例如:「全體董事將其持有股份全數轉讓而解任之特殊重大事由」、「董事全體辭職」、「全體

董事經法院假處分裁定不得行使董事職權」、「僅剩餘一名董事無法召開董事會」等情形(經濟部 99 年 1 月 19 日經商字第 09802174140 號函釋參照)。所以,當有這些情形時,少數股東是可以直接報請經濟部或直轄市政府許可自行召集股東會。

另外,因為依公司法第 195 條規定,董事的任期不得超過 3 年。所以,當董事任期屆滿時,主管機關可以限期令公司改選董事。而當期限屆滿董事仍未依主管機關要求改選時,董事即當然解任。因此,如果公司全體的董事都因為任期屆滿,又未於主管機關命令之期限改選時,公司全體的董事當然全部解任,自無法行使董事會職權召集股東會,因此少數股東可依公司法第 173 條第 4 項規定,報請主管機關許可自行召集股東會選任董事。

公司法第 195 條規定:「董事任期不得逾 3 年。但得連選連任。董事任期屆滿而不及改選時,延長其執行職務至改選董事就任時為止。但主管機關得依職權限期

令公司改選；屆期仍不改選者，自限期屆滿時，當然解任。」以及經濟部 99 年 12 月 17 日經商字第 09902170450 號函表示：「……倘公司與董事、監察人之委任關係，仍然存在，且董事會仍可行使職權時，自無公司法第 173 條第 4 項之適用；反之，倘委任關係已消滅，自不得行使董事會職權，則有該條項之適用。」足資參照。

小　結

綜上所述，少數股東要自行召集股東會，並非可任意為之，且根據法條條項之不同，主管機關有的須先審查召集股東會提議事項及理由，有的則是須視董事會是否確有因「全體董事全體辭職、解任或遭假處分不能行使董事職權」等情形，而無法召集股東會，而須許可少數股東自行召集股東會，至於其他少數股東的持股總數等程序要件，亦須具備自不待言。不過，以董監屆期未改選的問題為例，公司法賦予主管機關限期改選的權限，搭配少數股東自行召集股東會的權利，原則上即可以有效化解董監未改選之僵局。

參考法條

公司法第 173 條、第 173 條之 1、第 195 條

什麼，我的股份沒有表決權？

大國金控對於其子公司參加高興公司之臨時股東會，卻遭高興公司以持有股權未經主管機關核准，不具表決權為由，認定投票無效之事，表示抗議。而股東之股份在什麼情形下會沒有表決權？沒有表決權之股份參與股東會決議會有什麼影響？沒有表決權的股份可以算入出席股東之出席數嗎？

沒有表決權股東，卻參與股東會決議，有什麼影響？

股東持有股份，其擁有的股東權利，除可受配發股息等盈餘分配之權利外，並包含得出席股東會，對於股東會之議案行使表決權。而股東會對於一般議案之決議，原則上須有二個要件，一個是股東會出席數的最低門檻，亦即須應有代表已發行股份總數過半數股東之出席；另一個則是出席股東表決權數的最低門檻，須有出席股東表決權過半數之同意。二個最低門檻都達到了，股東會之決議才會有效（公司法第174條參照）。

因此，當出席股東的表決權數沒有達到最低門檻時，就會影響到股東會決議的效力，例如：無表決權之人參與表決所為之股

東會決議,該股東會之決議即有違反法令而得依據公司法第189條規定訴請法院撤銷,此觀最高法院88年台上字第2863號判決謂:「按『股東對於會議之事項,有自身利害關係致有害於公司利益之虞時,不得加入表決,並不得代理其他股東行使其表決權。』公司法第178條定有明文。……上開規定係屬強行規定,故若股份有限公司之股東會之決議,違背上開規定而為決議,其決議方法即屬同法第189條所稱之決議方法違反法令,而得依該條規定訴請法院撤銷其決議」。另公司法第189條規定:「股東會之召集程序或其決議方法,違反法令或章程時,股東得自決議之日起30日內,訴請法院撤銷其決議」。

股票質押、股東對議案有利益衝突時,會使股份無表決權?

股份無表決權之情形眾多,例如:公開發行公司董事質押股票超過一定比例、股東於股東會決議事項有利益衝突、股東之股東權遭法院假處分禁止行使、屬於無表決權之特別股、代理數人行使表決權超過一定比例(公司法第177條參照)、公司持有自家公司股份(公司法第179條參照)等情形,均屬之。

設質超過一定比例,係指公司法第197條之1,規定當公司董事股票設質超過選任時持有股票半數時,會使股份沒有表決權。此參照公司法第197條之1第2項規定:「公開發行股票之公司董事以股份設定質權超過選任當時所持有之公司股份數額2分之1時,其超過之股份不得行使表決權,不算入已出席股東之表決權數。」即明。

所謂「利益衝突」會使股份無表決權之情形,係指當股東對於股東會決議之事項,有自身利害關係致有害於公司利益之虞時,即不得加入表決,而無表決權。且有利害衝突股東,亦不得代理他股東行使其表決權(公司法第178條參照)。

所謂對於股東會決議事項有「利害關係」,指的是「股東於會

議事項有特別利害關係者乃因其事項之決議該股東特別取得權利或免義務又或喪失權利或新負義務」而言（司法院大理院統字第1766號解釋、臺灣高等法院88年上更㈠字第463號判決參照）。

法院為假處分會使股份無表決權？

另外，法院亦得裁定假處分，禁止股東行使股東權，此時遭禁止行使股東權之股東，其股份亦無表決權。例如：基於要求第三人返還信託股票之本案請求，而聲請定暫時狀態假處分，要求禁止第三人行使股東權（包含表決權、盈餘分配請求權等權利之行使，最高法院86年台抗字第444號裁定理由參照）。

沒有表決權，不得出席股東會？

然而，無表決權之股東，是否就不能出席股東會？

雖然公司法第180條第1項規定：「股東會之決議，對無表決權股東之股份數，不算入已發行股份之總數。」然而，有些無表決權之股東，例外可以出席參與股東會，而仍可算入出席股東之股份總數。

例如，最高法院95年台上字第984號判決理由即揭示：「按股東權，乃股東基於其股東之身分得對公司主張權利之地位，如表決權之行使者即所謂股東權利之一。而出席股東會者，當屬股東基於股東之身分而參與公司之治理而言，尚非有權利主張。故遭禁止行使股東權之股東及股數，仍得出席股東會，僅不得行使股東權利（如行使表決權者）而已。又經假處分不得行使股東權者，在本案訴訟判決確定前，其股東身分依然存在，且股東會之股東，依股東名簿上之記載，在尚未確定股東身分不存在前，依股東名簿所載仍為具有公司股東身分之股東，當然得出席股東會。再者，經假處分禁止行使股東權之股數，如應算入『已發行股份總數』，即應認其得出席算入出席股份數，以維法律體系解釋之一貫。否則，既認經假處分禁止行使股

東權之股數，應算入『已發行股份總數』，卻又認其不得出席股東會而不算入出席數，則股東會召集所需股份數之計算即明顯失衡，使少數股東得藉假處分之方式影響出席股份數，阻礙公司股東會之召集」即明。

小 結

綜上，股份無表決權之原因眾多，而無表決權之股東參與股東會決議，更會影響股東會決議之效力。因此，企業經營者、股東對於表決權之相關規範，須有相當之了解，避免影響股東會決議之效力。

參考法條

公司法第 174 條、第 177 條、第 178 條、第 180 條、第 189 條、第 197 條之 1

利害關係人聲請臨時管理人管理公司?

　　SOSO百貨公司爆發經營權爭議,經濟部曾建議可考慮由第三方臨時管理人進駐。而關係人日前已經向臺灣臺北地方法院聲請臨時管理人接手SOSO經營。SOSO公司內部表示臨時管理人僅適用於經營不善之公司,然SOSO業績高達408億,年增5%,應不能聲請臨時管理人接手。而什麼樣情況可以聲請臨時管理人?是不是僅限於全體董事都不能行使職權時?臨時管理人的權限有那些?

臨時管理人取代董事會?

　　公司雖然有股東會,得以決議公司某些重要事項,然因股東會召開不易,公司的日常運作、經營決策通常是透過董事會決議為之(公司法第202條參照)。

　　然而,董事會可能因為某些原因而無法運作,此時為了維護公司、股東之利益,維持公司業務經營正常運作,依據公司法第208條之1規定,利害關係人或檢察官可以向法院聲請選任「臨時管理人」,來代行董事長及董事會之職權。換言之,臨時管理人可以取代董事長、董事會來管理公司,董事長、董事會可以做的事,臨時管理人也可以做。

臨時管理人重要權限之一，召集股東會？

依據公司法第 208 條之 1、第 208 條、第 171 條、第 202 條等條文規定，臨時管理人除得代行董事長職權而對外代表公司之外，亦得決議公司業務之執行，而且臨時管理人更可以代行董事會職權而召開股東會。因此，實務認為選任臨時管理人，「除可由臨時管理人召開股東會改選董事，俾利公司繼續經營其業務，以維持公司運作外，果公司已有解散或破產事由，亦得由臨時管理人召開股東會選任清算人，或聲請宣告破產，以資了結公司現務。」（臺灣高等法院暨所屬法院 98 年法律座談會民事類提案第 17 號研討結果參照）。

什麼情形下可以聲請法院選任臨時管理人管理公司？

然而，並非任何情況都可以聲請臨時管理人管理公司，依據公司法第 208 條之 1 第 1 項規定，須具有「董事會不為或不能行使職權」以及「致公司有受損害之虞」二個要件才可以聲請（該條第 1 項本文規定：「董事會不為或不能行使職權，致公司有受損害之虞時，法院因利害關係人或檢察官之聲請，得選任一人以上之臨時管理人，代行董事長及董事會之職權，但不得為不利於公司之行為。」）。

所謂董事會不為或不能行使職權，通常指的是「公司因董事死亡、辭職或當然解任，致董事會無法召開行使職權」、「董事全體或大部分均遭假處分不能行使職權」、「未遭假處分執行之剩餘董事消極地不行使職權」等情況（立法說明，《立法院公報》第 90 卷第 51 期院會紀錄第 268 頁參照）。亦即，董事會因主、客觀因素而不為或不能行使職權。

因此，實務上有認為如果不符合前述要件，而只是公司業務經營的爭執，利害關係人不得聲請法院選任臨時管理人，此觀臺灣高等法院 95 年非抗字第 56 號民事裁定謂：「若公司董事會並無前開立法理由所指稱之情形，而僅係公司業務經營之爭執，自應

循其他既有之代表訴訟制度解決，尚不在公司法第 208 條之 1 適用之列」可資參照。

公司尚有總經理，利害關係人可否聲請選任臨時管理人？

實務見解認為，公司雖然有總經理、經理人在處理公司事務，然而，公司經理人畢竟不是業務決定機關（業務決定依法需受法規、章程、股東會、董事會、契約之限制，公司法第 202 條規定參照），因此，當董事會不為或不能行使職權，縱使有經理人處理公司業務，利害關係人仍得依公司法第 208 條之 1 規定，聲請法院選任臨時管理人。

此觀最高法院 95 年台抗字第 232 號民事裁定理由記載：「本件相對人目前登記之董事既全經假處分禁止其行使董事職權，相對人公司董事會已不能行使職權至明……。又公司所設總經理、經理固可依章程及在董事會授權下執行業務，惟其終非公司業務執行權之決定機關，而無法取代

董事會或董事，此比較公司法第31、33 條與第 202 條可明，亦難憑公司已設總經理、經理即遽認無選任臨時管理人之必要」等意見足資參照。

小　結

綜上所述，利害關係人要聲請法院選任臨時管理人管理公司，代行董事長、董事會職權，重點在於公司董事會有沒有具有不能或不為行使職權之情形。如果有，利害關係人自得聲請法院選任臨時管理人管理公司，以避免公司業務停頓、影響股東權益（立法說明，《立法院公報》第90 卷第 51 期院會紀錄第 268 頁參照）。

參考法條

公司法第 171 條、第 202 條、第 208 條、第 208 條之 1

公司帳務不清，小股東聲請法院檢查？

6.
小股東篇

大西洋建設公司對於 SOSO 百貨經營權爭議，表示要求法院派駐檢查人暫時監管所有業務。而誰才可以聲請法院選派檢查人？是不是任何股東都可以聲請？公司另設有監察人可以檢查業務狀況，為什麼還要檢查人？選派檢查人有沒有其他門檻？誰可以擔任檢查人？檢查人有沒有利益迴避的問題？檢查人可以檢查公司哪些項目？公司拒絕檢查會不會受罰？

監察人 vs. 檢查人？

依據公司法規定，具有檢查股份有限公司業務、帳目、財產等權限之人，除了法院選派的檢查人之外，還包括公司的監察人（公司法第 218 條參照）。然而，實際運作之下，股份有限公司之董、監事常常處於同一陣線，雖有監察人之設置，卻難以發揮原先監察效能之立法目的。

因此，為了保障長期持股股東之權益，使其得以了解公司營運狀況、查明營運有無弊端，公司法第 245 條第 1 項規定：「繼續 6 個月以上，持有已發行股份總數 1% 以上之股東，得檢附理由、事證及說明其必要性，聲請法院選派檢查人，於必要範圍內，檢查公司業務帳目、財產情形、特定事項、特定交易文件及紀錄。」

賦予股東得以聲請法院選派檢查人以檢查公司業務帳目及財產情形。

何種股東才可選任檢查人？

必須符合二條件之股東才能選任檢查人，第一個條件為「持有已發行股份總數 1% 以上」，第二個條件為「須繼續持有上開股份 6 個月以上」。

換句話說，必須限於長期持股，且持股比例須達一定之股東才能聲請。

法院決定是否選派檢查人有沒有門檻？有沒有其他資格限制？

實務見解認為，公司法第 245 條第 1 項聲請法院選派檢查人之要件，除了上述二個要件(即繼續 6 個月以上，持有 1% 以上股份)，並沒有其他資格之限制，因此只要符合上述二個要件之股東，就可以聲請法院選派檢查人，公司就有容忍檢查之義務。

此可參照最高法院 89 年台抗字第 660 號民事裁定所揭示：

「再抗告論旨以：相對人為再抗告人公司副董事長，本有執行各項公司業務之權，並有參與董事會編造公司會計表冊之義務，無另行聲請選派檢查人之必要云云，指摘原裁定不當。惟按〔舊〕公司法第 245 條第 1 項所定聲請選派檢查人之規定，除具備繼續 1 年以上，持有已發行股份總數 3% 之股東之要件外，別無其他資格之限制。相對人具有股東身分，繼續 1 年以上持有再抗告人公司發行股份總數 8.44% 之股份，已符合聲請法院選派公司檢查人之條件，自非不得為本件之聲請。」之理由（最高法院 86 年台抗字第 108 號民事裁定同此意旨）。

因此，實務認為「立法上，已就行使檢查權對公司營運所造成之影響，與少數股東權益之保障間，加以斟酌、衡量。從而，倘具備繼續 6 個月以上持有已發行股份總數 1% 之股東之要件，聲請法院選任檢查人，對公司業務帳目及財產狀況為檢查，公司即有容忍檢查之義務。」（臺灣臺

北地方法院 99 年抗字第 64 號民事裁定參照）。

誰來擔任檢查人？檢查人有無利益迴避之問題？

公司業務帳目及財產狀況，常涉及財務報表及相關會計憑證之研判，所以，檢查人要檢查業務帳目及財產狀況，實須有會計專業。實務上即認為必須具相關知識且無利害關係之會計師，始能擔任檢查人。

此有臺灣臺北地方法院 95 年抗字第 663 號民事裁定理由表示：「檢查人之資格，公司法除對於公司重整裁定前或特別清算時，由法院所選派之檢查人設有資格之限制，而規定其必須對公司業務有專門學識、經營經驗而非利害關係人者外，一般對檢查人之資格並無明文限制，惟仍以具備相關知識而不具利害關係之人充任為適當。」

檢查人檢查內容包山包海？

檢查人經法院選派後，只要基於檢查公司業務帳目及財產情形之必要，關於公司業務帳目及財產情形相關文件，都可以命公司提出以利檢查。因此，必要時，檢查人可以要求公司提出財務報表、董監事會議記錄、重要契約、進出貨記錄、財產清冊、相關會計憑證等文件以利檢查。公司如果拒絕提出相關文件，檢查人可以訴請法院命公司及相關人交付相關文件（最高法院 69 年台上字第 3845 號判例參照）。

公司拒絕檢查，法院來處罰？

公司如果拒絕提供相關簿冊文件，甚至妨礙、規避檢查，法院依公司法第 245 條第 3 項得處新臺幣 2 萬元以上 10 萬元以下罰鍰（公司法第 245 條第 3 項規定：「對於檢查人之檢查有妨礙、拒絕或規避行為者，或監察人不遵法院命令召集股東會者，處新臺幣 2 萬元以上 10 萬元以下罰鍰。」另參照最高法院 95 年台抗字第 227 號民事裁定。）。

小　結

綜上所述，股東為確保自身

及公司權益，可以聲請法院選派檢查人，檢查公司業務、財產狀況。而且只要具備「持有公司已發行股份總數 1% 以上」、「繼續 6 個月以上」 身分之股東就可以向法院聲請，公司即負有容忍法院選派檢查人檢查之義務。檢查人一般而言是由無利害關係之會計師擔任，檢查人於必要時可以要求公司提供相關會計憑證、重要契約、董監事會議記錄、帳戶資料等公司重要文件。公司如果拒絕、規避檢查，法院可以處以罰鍰，檢查人並可向法院提起訴訟，要求公司或相關人交付文件。

參考法條
公司法第 8 條、第 218 條、第 245 條

公司帳務不清，小股東聲請法院檢查？

7

經濟秩序管制篇

鮮奶、衛生紙聯合漲價，公平會重罰！

**7.
經濟秩序管制篇**

三大鮮奶業者包含味拳、統二及光拳，同時調漲鮮乳價格，遭行政院公平交易委員會（以下簡稱公平會）認定為「聯合行為」，各重罰 1,200 萬元、1,000 萬元及 800 萬元，總計高達 3,000 萬元，創下乳品業罰款最高紀錄。無獨有偶，兩家大賣場因預告將調漲家用衛生紙價格，造成民眾恐慌搶購，公平會介入調查，業者允諾不會趁此波紙漿成本調漲而順勢漲價。而三大鮮奶業者被認定為聯合行為之主要原因乃三大業者就 1 公升乳品之建議售價都調漲 6 元，漲幅一致，但卻無法合理說明何以調漲 6 元，公平會認為是業者間彼此「講好了」。而所謂「聯合行為」，其構成要件為何？

何謂「聯合行為」？

依據公平交易法第 14 條第 1 至 2 項規定：「本法所稱聯合行為，指具競爭關係之同一產銷階段事業，以契約、協議或其他方式之合意，共同決定商品或服務之價格、數量、技術、產品、設備、交易對象、交易地區或其他相互約束事業活動之行為，而足以影響生產、商品交易或服務供需之市場功能者。前項所稱其他方式之合意，指契約、協議以外之意思聯絡，不問有無法律拘束力，事實上可導致共同行為者。」

簡言之，構成聯合行為有三大要件，即：1.具有水平競爭關係之多家廠商（即具競爭關係之同一產銷階段事業）；2.以契約協議或其他方式之合意行為；3.共同決定價格、數量品質、劃分市

場等。

而所謂「水平競爭」關係，乃指同一產銷階段之水平聯合（有別於「垂直」聯合，例如：限制轉售價格之類型）足以影響生產、商品交易或服務供需之市場功能者為限。而「事業合意所為之限制競爭行為，足以影響市場功能之程度即可，並不以聯合行為當事人因此獲得實際利益為必要。而欲確定特定聯合行為是否足以影響市場功能，即應先界定相關市場之範圍；而市場範圍之界定，主要為相關產品市場及相關地理市場兩項標準。」（最高行政法院 100 年判字第 608 號判決參照）。而三大鮮奶廠商所銷售者均為鮮奶產品，市場相同，總市占率也高達 8 成 4，聯合調漲鮮奶價格，顯然嚴重影響鮮奶市場之自由競爭功能。

是否須業者間彼此有明確之協議行為？

聯合行為的第二個要件乃業者間必須有「契約協議或其他方式之合意行為」。因此，除了業者間就聯合行為之內容有明確的契約、協議之外，如有其他方式之合意行為，也構成此一要件。

所謂「其他方式之合意行為」乃指契約、協議以外之意思聯絡，不問有無法律拘束力，事實上可導致共同行為者（公平交易法第 14 條第 2 項參照）。

公平交易法對於聯合行為之規範，係採實質認定之方式，除以契約、協議達成合意者外，尚包含因意思聯絡而事實上可導致一致性行為（或稱暗默勾結行為）之「其他方式之合意」（公平交易法第 14 條第 2 項參照）；所謂「一致性行為」，是指 2 個或 2 個以上事業，在明知且有意識情況下，透過類似聚會等機會交換經營意見，以意思聯絡方式就其未來之市場行為達成不具法律拘束力之共識或了解，形成外在行為之一致性，因此，若事業採取同一形式之外部行為，而經進一步調查確實有「意思聯絡」或依其他間接證據（如誘因、經濟利益、類似的漲價時間或數量、不同行為之替代可能性、發生次數、持續

時間、行為集中度及其一致性……等），足以判斷事業間已有意思聯絡，且為其外部行為一致性之合理解釋，即可認定事業間有「聯合行為」（前揭最高行政法院 100 年判字第 608 號判決參照）。

而本案公平會調查時，雖業者表示調漲之理由不一，例如：光拳聲稱考量的是運銷費用，味拳則說考量的是工資或是包材等等，而統一只簡單說是生乳收購價格乘以 3。但在每家考量因素都不同之情況下，何以會得出一樣的結果？因三家廠商均未提供詳細計算的資料，所以，公平會以這些間接證據認定業者有某種默契存在，屬於聯合行為。

調漲價格是否須完全一致或調漲幅度一樣才構成聯合行為？

構成聯合行為的第三個要件是共同決定價格、數量品質、市場劃分等。以本案共同調漲的價格來說，三家業者均一致調漲 6 元。但是如果三家業者的調漲幅度或價格略有不同的話，能否逃過挨罰之命運？

目前實務見解認為：「價格聯合行為，非指必同幅度或同一價格水平，始足為之，只要業者間之合意，使得某特定期間之價格有異常之僵固或上揚趨勢，並因此影響該特定市場之供需功能即已足；且公平交易法對於聯合行為之『合意』，係採實質認定之方式，除契約、協議外，凡事實上可導致共同行為之意思聯絡，不問有無法律拘束力，均屬之，而上述意思聯絡之存在，除依據直接證據判斷外，亦得利用間接證據證明之方法，業經論述如前。因此，經由各項間接證據所認定之間接事實，並由各種間接事實適時的累積，參酌涉案商品之種類、涉案事業所占之比例、相關市場之範圍及其特性，如有生異於正常市場下之競爭條件狀況者，即得據以推定其間存有一致性行為之意思聯絡存在。」（前揭最高行政法院 100 年判字第 608 號判決參照）。

因此，實務在認定上也不一

定以調漲價格相同或漲幅相同才構成聯合行為，只要「價格有異常之僵固或上揚趨勢，並因此影響該特定市場之供需功能」即構成，而本案三家鮮奶業者客觀上確實有聯合調漲價格之行為，即便漲價幅度不盡相同，也難逃挨罰命運。

小 結

綜上所述，「聯合行為」之構成，須有水平競爭關係之多家廠商共同為之。所謂「水平競爭」關係，乃指同一產銷階段之水平聯合，有別於「垂直」聯合；其次，須廠商間有以契約協議或其他方式之合意行為，所謂「其他方式之合意行為」乃指契約、協議以外之意思聯絡，不問有無法律拘束力，事實上可導致共同行為者；最後，須有共同決定價格、數量品質、劃分市場等行為，非指必同幅度或同一價格水平，始足為之，只要業者間之合意，使得某特定期間之價格有異常之僵固或上揚趨勢，並因此影響該特定市場之供需功能即已足。

參考法條
公平交易法第 14 條

鮮奶、衛生紙聯合漲價，公平會重罰！

建案隱匿重要交易資訊，依公平法重罰？

7. 經濟秩序管制篇

公平會認為山林公司銷售之「博物館」建案，因未在契約書中揭露公設含車道，後來又向購屋人收取「車道」部分之價款，而以違反公平交易法（以下簡稱公平法）開罰 1,500 萬元，創下公平會史上對建商開罰最重記錄。公平會表示此案係影響整體交易秩序的欺罔行為而違反公平法第 25 條規定，依據同法第 42 條公平會得處新臺幣 5 萬元以上 2,500 萬元以下罰鍰，罰則相當的重。而何謂公平法第 25 條所稱「其他足以影響交易秩序之欺罔或顯失公平之行為」？

違反公平法第 25 條之處罰

依據公平法第 25 條規定：「除本法另有規定者外，事業亦不得為其他足以影響交易秩序之欺罔或顯失公平之行為。」此條訂定主要目的係欲規範「不公平競爭」，而以維護「交易秩序」、「消費者利益」、「確保自由與公平競爭」等目的（公平法第 1 條參照）。違反公平法第 25 條者，公平會得依據公平法第 41 條處以罰鍰以及行政處分，並得按次連續處罰。公平法第 42 條第 1 項規定：「主管機關對於違反第 21 條、第 23 條至第 25 條規定之事業，得限期令停止、改正其行為或採取必要更正措施，並得處新臺幣 5 萬元以上 2,500 萬元以下罰鍰；屆期仍不停止、改正其行為或未採取必要更正措施者，得

繼續限期令停止、改正其行為或採取必要更正措施，並按次處新臺幣 10 萬元以上 5,000 萬元以下罰鍰，至停止、改正其行為或採取必要更正措施為止。」

何謂「足以影響交易秩序之欺罔行為或顯失公平之行為」？

公平法第 25 條規範之行為，依其條文，主要分為二個要件，第一，須有「欺罔」或「顯失公平」之行為；第二，行為須達到「足以影響交易秩序」。所謂「足以影響交易秩序」以及「欺罔」、「顯失公平」均為不確定概念，實務上一般來說係依據公平會所訂處理原則來解釋認定（最高行政法院 98 年判字第 1281 號判決理由參照）。

而參照「行政院公平交易委員會對於公平交易法第 25 條案件之處理原則」（以下簡稱處理原則）以及實務見解，所謂「足以影響交易秩序」之判斷，可考慮「受害人數之多寡、造成損害之量及程度、是否會對其他事業產

生警惕效果、是否為針對特定團體或組群所為之行為、有無影響將來潛在多數受害人之效果，以及行為所採取之方法手段、行為發生之頻率與規模、行為人與相對人資訊是否對等、糾紛與爭議解決資源之多寡、市場力量大小、有無依賴性存在、交易習慣與產業特性等，且不以其對交易秩序已實際產生影響者為限。至單一個別非經常性之交易糾紛，原則上應尋求民事救濟，而不適用本條之規定。」（處理原則第 5 點參照）。不過，足以影響交易秩序，並「不以該行為產生實害為必要」，只要「有足以影響交易秩序之可能性，達到抽象危險性之程度為已足」（最高行政法院 95 年判字第 808 號判決參照）。

所謂「欺罔」，指的是「對於交易相對人，以欺瞞、誤導或隱匿重要交易資訊致引人錯誤之方式，從事交易之行為」（處理原則第 6 點、改制前行政法院 87 年判字第 92 號判決理由參照）。

所謂「顯失公平」，則指「以顯然有失公平之方法從事競爭或

營業交易」（處理原則第 7 點參照）。

常見案件類型

上述對於「欺罔」、「顯失公平」等不確定法律概念之解釋，事實上還是太抽象，必須透過類型化來明確。

因此，依上述處理原則及實務見解，所謂「欺罔」，常見行為類型包含：「冒充或依附有信賴力之主體」、「不實促銷手段」、「隱匿重要交易資訊」（處理原則第 6 點參照）。

「隱匿重要交易資訊」的實際例子，例如：仲介公司對賣方隱瞞已有買方出價（最高行政法院 98 年判字第 1281 號判決參照）、建商隱瞞建案廣告中之大門、警衛室等管理設施係位於計畫道路上（改制前行政法院 87 年判字第 92 號判決理由參照）。

「顯失公平」分為八大類型行為：

第一為「以損害競爭對手為目的之阻礙競爭」，如：進行不當商業干擾，如赴競爭對手交易相對人之處所，散布競爭對手侵權之言論。不當散發侵害智慧財產權之警告函：事業以警告函等書面方式對其自身或他事業之交易相對人或潛在交易相對人，散發他事業侵害其著作權、商標權或專利權之行為。以新聞稿或網站等使公眾得知之方式，散布競爭對手侵權之訊息，使交易相對人產生疑慮；

第二為「榨取他人努力成果」，如：使用他事業名稱作為關鍵字廣告，或以使用他事業名稱為自身名稱、使用與他事業名稱、表徵或經營業務等相關之文字為自身營運宣傳等方式攀附他人商譽，使人誤認兩者屬同一來源或有一定關係，藉以推展自身商品或服務。以他人表徵註冊為自身網域名稱，增加自身交易機會。利用網頁之程式設計，不當使用他人表徵，增進自身網站到訪率。抄襲他人投入相當努力建置之網站資料，混充為自身網站或資料庫之內容，藉以增加自身交易機會。真品平行輸入，以積極行為使人誤認係代理商進口銷售之商品；

第三則係「不當招攬顧客」：以脅迫或煩擾等不正當方式干擾交易相對人之交易決定，如以一對一緊迫釘人、長時間疲勞轟炸或趁消費者窘迫或接受瘦身美容服務之際從事銷售；

第四為「不當利用相對市場優勢地位」：若交易相對人對事業不具有足夠且可期待之偏離可能性時，應認有依賴性存在，該事業具相對市場優勢地位。具相對市場優勢地位之事業，不得濫用其市場地位。濫用相對市場優勢地位之情形如：「鎖入：如電梯事業利用安裝完成後相對人對其具有經濟上依賴性而濫用其相對優勢地位之行為（惟如構成公平交易法第 20 條應先依該條處斷），如收取無關之費用或迫使使用人代替他人清償維修糾紛之款項」、「流通事業未事先與交易相對人進行協商，並以書面方式訂定明確之下架或撤櫃條件或標準，而不當要求交易相對人下架、撤櫃或變更交易條件，且未充分揭露相關佐證資料」、「影片代理商於他事業標得視聽資料採購案後，

即提高對該事業之交易條件」、「代為保管經銷契約，阻礙經銷商行使權利」、「專利權人要求被授權人提供與權利金無關之敏感性資訊」；

第五為「利用資訊不對稱之行為」，如：「加盟業主於招募加盟過程中，未以書面提供交易相對人加盟重要資訊，或未給予合理契約審閱期間」、「不動產開發業者或不動產經紀業者銷售預售屋時，未以書面提供購屋人重要交易資訊，或不當限制購屋人之契約審閱」；

第六為「補充公平交易法限制競爭行為之規定，如補充聯合行為之規定：非適用政府採購法案件之借牌參標」；

第七為「妨礙消費者行使合法權益：如不動產開發業者與購屋人締結預售屋買賣契約後，未交付契約書或要求繳回」；

第八為「利用定型化契約之不當行為」，如：於定型化契約中訂定不公平之條款，如限制訪問交易之猶豫期間解約權、解約時除返還商品外並需給付分期付款

中未到期餘額之一定比例作為賠償、解約時未使用之課程服務亦需全額繳費、契約發生解釋爭議時以英文為準。瓦斯公用事業強制後用戶負擔前用戶之欠費（以上處理原則第 7 點參照）。

補充性原則

公平法第 25 條條文規定：「除本法另有規定者外，事業亦不得為其他足以影響交易秩序之欺罔或顯失公平之行為。」從條文中係規定「其他……欺罔或顯失公平之行為」，實務因而認為此一條文係一補充、概括性條文，參照最高行政法院 95 年判字第 808 號判決：「公平交易法第 25 條規定係屬公平交易法各條規定之補充條款，非僅屬公平交易法第 18 條至第 23 條規定以外之不公平行為類型而已」，因此，需其他條文不適用或無法完全評價不法內涵時，始能適用公平法第 25 條（處理原則第 2 點、《立法院公報》第 79 卷第 96 期院會紀錄第 92 頁立法說明參照）。

小　結

綜上，無論公司或個人對於公平法第 25 條之常見行為類型，例如：前述「冒充或依附有信賴力之主體」、「不實促銷手段」、「隱匿重要交易資訊」、「以損害競爭對手為目的之阻礙競爭」、「榨取他人努力成果」、「不當招攬顧客」、「不當利用相對市場優勢地位」、「利用資訊不對稱之行為」、「補充公平交易法限制競爭行為之規定」、「利用定型化契約之不當行為」等等，皆必須有所了解，以避免誤觸公平交易法而遭主管機關處以高額罰鍰，不過這邊也必須強調並不是公司的任何促銷、廣告、創意、產品等展現都會觸犯公平法第 25 條，仍須視個案有無達到對交易秩序、公平競爭產生實害或危險等程度及其態樣始足當之。

參考法條

公平交易法第 25 條、第 42 條、行政院公平交易委員會對於公平交易法第 25 條案件之處理原則第 2 點、第 5 點、第 6 點、第 7 點

網拍保險套、臉書賣隱形眼鏡，要處罰？

不少賣家因網拍抓得嚴，而改在臉書賣瞳孔放大片。然衛福部食品藥物管理局局長表示，依藥事法規定，須有實體店面並經許可才可販賣醫療器材，網路販賣具有放大瞳孔效果之隱形眼鏡，業已觸法得處以罰鍰。許多日常生活用品，例如：耳溫槍、血壓計、保險套等也都是醫療器材，而須有實體店面，始能販賣此種醫療器材。然而，什麼用品是醫療器材？販賣醫療器材要許可嗎？網路上拍賣醫療器材可以嗎？未經許可的醫療器材可以販賣嗎？

什麼是醫療器材？

所謂醫療器材，依藥事法第13條第1項規定，指的是「用於診斷、治療、減輕、直接預防人類疾病、調節生育，或足以影響人類身體結構及機能，且非以藥理、免疫或代謝方法作用於人體，以達成其主要功能之儀器、器械、用具、物質、軟體、體外試劑及其相關物品。」

然而，所謂減輕、診斷、治療人類疾病之用品似乎包山包海，而且此項規定內容抽象，民眾還是會有難以確認是否為醫療器材的疑問。因此，主管機關即依藥事法授權而訂定「醫療器材管理辦法」（以下簡稱管理辦法），並依風險程度，將醫療器材分為三級17類（管理辦法第2條、第3條參照），該辦法並有公告醫療

器材之品項及名稱（管理辦法附件一參照）。

隱形眼鏡、口罩、保險套都是醫療器材？

前述公告之醫療器材品項高達上千件，除了前述案例提到之血壓計（血壓電腦計算器）、保險套（衛生套）、隱形眼鏡（軟式、硬式）之外，常見的口罩（屬醫療用衣物）、體溫計、矯正鏡片、彈性繃帶、酒精棉片、手術用手套等均是醫療器材，至於抽脂機、聽診器、一般手術用器械（手動式）等更不在話下。

因此，民眾如果對於用品是否屬於醫療器材有疑問時，可查詢前述有關醫療器材品項之公告，以確認是否屬醫療器材，如果仍有疑問，並可向衛生主管機關查詢（管理辦法第 6 條參照）。

販賣醫療器材要許可嗎？可私自拍賣隱形眼鏡、醫療用口罩嗎？

藥事法第 17 條規定，只要是從事醫療器材批發、零售、輸入、輸出以及租賃行為，就算醫療器材販賣業者。醫療器材販賣業者在我國是納入藥商來管理，而藥商須經主管機關許可後，始能經營（藥事法第 14 條第 1 款規定：「本法所稱藥商，係指左列各款規定之業者：1.藥品或醫療器材販賣業者。」藥事法第 27 條第 1 項規定：「凡申請為藥商者，應申請直轄市或縣（市）衛生主管機關核准登記，繳納執照費，領得許可執照後，方准營業；其登記事項如有變更時，應辦理變更登記。」）。

因此，如果不是經過許可的藥商不得販賣醫療器材。而一般民眾既未經主管機關許可經營販賣醫療器材，自不是藥事法所稱之藥商，其私自販賣醫療器材自屬違反前述藥事法第 27 條第 1 項規定，依藥事法第 92 條規定，主管機關得處罰民眾新臺幣 3 萬元以上 200 萬元以下之罰鍰。所以，民眾私自販賣隱形眼鏡、手術用手套、醫療口罩都是觸法要被處罰的，就算是眼鏡行要販賣隱形眼鏡，也要申請藥商許可證

7. 經濟秩序管制篇

才能販賣。

醫療用品不得在網路上販售？

如前所述，民眾不是藥商不能販賣醫療器材，更不能在網路或臉書拍賣醫療器材。早期實務見解也認為，為了保障消費者健康，縱使是藥商也不能在網路拍賣醫療器材。

此觀臺北高等行政法院 96 年簡字第 663 號判決即認為藥事法第 27 條、第 73 條之立法意旨是：「經由營業處所販售醫療器材，民眾可經藥商當面指導其使用方式及告知注意事項，由民眾當面確認所購得之醫療器材符合需要；且民眾購買醫療器材後在使用上或商品本身上發現問題時，可至該營業處所查詢或辦理退貨事宜；倘未獲解決，民眾亦可由營業處所懸掛之藥商許可執照或透過衛生主管機關查詢該商店是否屬於申請核准之合格藥商，以保障民眾消費安全。然網路商品乃經由消費者點購，一般係以郵寄方式送交消費者，尤其

醫療器材不同於一般商品，消費者若有使用疑難，並無法由廠商當面給予解說及操作示範，為保障消費者之健康安全；是以行政院衛生署於 95 年 08 月 01 日以衛署藥字第 0950331356 號函……重申行政院衛生署尚未同意網路、郵購及電視購物等非實體店面之通路販售醫療器材」即明。

然因醫療器材之範圍很大，某些一般日常生活經常使用之物品，如保險套、衛生棉條等，如一律禁止在網路或郵購販售，與一般社會期待不符，行政院衛生福利部於 103 年 1 月 2 日部授食字第 1021653168 號公告，藥商可在郵購販賣通路販賣第一級和體脂計、保險套、衛生棉條等第二級醫療器材（修正藥商得於郵購買賣通路販賣之醫療器材及應行登記事項）。

販賣未經許可醫療器材有刑責？

如果用品定義上屬醫療器材，依藥事法第 40 條規定，應向

中央衛生主管機關申請查驗登記，於取得許可證後始得製造或輸入。如果明知醫療器材未經查驗登記許可，而予販賣、轉讓，依藥事法第 84 條得處以 3 年以下有期徒刑。縱使非為故意而為有過失，亦得處以 6 月以下有期徒刑、拘役或新臺幣 500 萬元以下罰金。因此，對於醫療器材有無許可字號應予注意，避免販賣或轉讓未經許可之醫療器材予他人而觸法。

小　結

醫療器材，因得以診斷、治療、減輕人類疾病，影響人類身體結構或機能，為了保障民眾健康，須限於經過許可之藥商始能販賣。因此，民眾於網路私自販賣、轉讓隱形眼鏡或醫療用口罩等醫療器材，都違反藥事法而可能面臨刑責，不可不慎。

參考法條

藥事法第 13 條、第 14 條、第 17 條、第 27 條、第 40 條、第 73 條、第 84 條、第 92 條、醫療器材管理辦法第 2 條、第 3 條、第 6 條

網路購物要發票，沒有鑑賞期？

消基會抽查 15 家網路購物業者後指出，其中有一家網路購物商家，須過 7 天鑑賞期以後，才寄發票給消費者，消費者如果想早點拿發票，就要簽署「確認不需退貨、需索取紙本發票」，形成消費者若須拿發票就不得退貨之情形。然消基會人員詢問該名業者客服，客服卻表示拿發票以後，還是可以要求退貨。而消費者保護法中 7 天鑑賞期之規定，適用的範圍有哪些？有沒有適用於網路購物及電視購物？有沒有例外？業者沒有給消費者 7 天鑑賞期會怎樣？

7 天內隨時可退貨？

對於通訊交易或訪問交易，依據消費者保護法（以下簡稱消保法）第 19 條規定，消費者可以在收到貨物、商品後 7 天內（俗稱鑑賞期，立法理由則稱為猶豫期間），無條件將貨物退回，解除買賣契約。

依據消保法第 19 條規定：「通訊交易或訪問交易之消費者，得於收受商品或接受服務後 7 日內，以退回商品或書面通知方式解除契約，無須說明理由及負擔任何費用或對價。但通訊交易有合理例外情事者，不在此限。前項但書合理例外情事，由行政院定之。企業經營者於消費者收受商品或接受服務時，未依前條第 1 項第 3 款規定提供消費者解除契約相關資訊者，第 1 項 7 日期

間自提供之次日起算。但自第 1 項 7 日期間起算,已逾 4 個月者,解除權消滅。消費者於第 1 項及第 3 項所定期間內,已交運商品或發出書面者,契約視為解除。通訊交易或訪問交易違反本條規定所為之約定,其約定無效。」足資參照。

網路購物、電視購物、廣播購物 7 天內都可以無條件退貨?

如前所述,消保法第 19 條所適用的對象,包括「通訊交易」及「訪問交易」。然而,消保法所謂的「通訊交易」,並非僅限於傳統以型錄選擇購買商品,再透過郵局劃撥,廠商隨後寄送貨物之郵購買賣。

依據消保法第 2 條規定,以網路買賣貨物、電視購物、廣播購物等方式成立之買賣,也是消保法所稱通訊交易,而有前述消保法第 19 條 7 天鑑賞期的適用(消保法第 2 條第 10 款規定:「通訊交易:指企業經營者以廣播、電視、電話、傳真、型錄、

報紙、雜誌、網際網路、傳單或其他類似之方法,消費者於未能檢視商品或服務下而與企業經營者所訂立之契約。」)。

因為網路購物、電視購物等購物類型,其特點在於,消費者可能是出於網路、電視等促銷而一時衝動訂購商品,因此消費者在收到商品前,通常尚未實際接觸、使用物品,對於商品並不了解。為保障消費者之權益,依據消保法第 2 條、第 19 條規定,一般常見的網路購物、電視購物、依雜誌型錄之購物、電話行銷購物、廣播推銷訂購等,只要不像至商店購物可以直接接觸、試用檢視商品之購物,都屬於消保法所謂「通訊交易」而有 7 天鑑賞期的適用。

訂購「服務」,也有 7 天鑑賞期?

消保法第 19 條對於「服務」同有 7 天鑑賞期之規定,依消保法第 19 條第 1 項規定,「通訊交易或訪問交易之消費者,得於收受商品或接受服務後 7 日

內⋯⋯」，可知無論商品或服務，均有適用。換句話說，網路、電視購物、訪問買賣，如果推銷買賣的內容是「服務」，例如：渡假會員服務、高爾夫球會員權利等，消費者仍有 7 天鑑賞期之適用，而得以解除契約。

所有類別的商品或服務，都有 7 天鑑賞期而可無條件退貨嗎？

依據前述消保法第 19 條第 1 項但書規定，通訊交易有合理例外情事者，不在此限。而主管機關據此制定「通訊交易解除權合理例外情事適用準則」。其中，第 2 條明定有七大類商品服務不適用 7 天鑑賞期規定，但企業經營者需事先告知消費者：

1. 易於腐敗、保存期限較短或解約時即將逾期。例如：現做餐盒或蔬果、蛋糕、鮮奶等商品，在網購 7 天鑑賞期內退貨後，保存期限所剩無幾。

2. 依消費者要求所為之客製化給付。例如：在衣服、杯子上印製消費者提供的相片，以及刻製印章、量身裁剪的衣物。

3. 報紙、期刊或雜誌。此乃因這類商品具有時效性。

4. 經消費者拆封之影音商品或電腦軟體。例如：音樂專輯、遊戲軟體，此類商品若經拆封，具有可複製性。

5. 非以有形媒介提供之數位內容或一經提供即為完成之線上服務，經消費者事先同意始提供。例如：電子書、線上掃毒，此類商品出售後難以返還。

6. 已拆封之個人衛生用品。例如：內衣褲、刮鬍刀屬於個人衛生用品，拆封後退若再銷售會影響衛生。

7. 國際航空客運服務。此類服務因涉及聯營、共同航班等國際合作關係，7 天鑑賞期有執行困難。

到家中、辦公室強迫推銷，可無條件退貨？

除了網路商店等購物外，另外還有一種購物類型亦有 7 天鑑賞期之適用，那就是業務員到家中、辦公室等場所推銷的「訪問

交易」。

　　所謂「訪問交易」，依據消保法第 2 條第 11 款規定，指的是：「企業經營者未經邀約而與消費者在其住居所、工作場所、公共場所或其他場所所訂立之契約」，業務員至家中推銷固有適用，但如果業務員沒有經過消費者之同意，就直接到消費者工作場所(例如：公司、辦公室、工廠)或者在車站、學校大門等處推銷，亦屬訪問交易(常見推銷內容，如：英文、數學、兒童英文等補習教材、書籍、有聲書、家教等)。

　　有實務更認為前述消保法所謂「其他場所」，「解釋上凡消費者無法作正常考慮締約機會之任何場所者即屬之」，包含遭企業「誘導邀約」(賣家主動來電)至「企業經營者之住居所、辦公處所或其他場所」而成立之買賣，也有 7 天鑑賞期之適用(臺灣臺北地方法院 87 年簡上字第 91 號民事判決理由參照)。

直接退貨就可以，不用另外解約？也無須負擔退貨費用？

　　消保法第 19 條第 1 項係規定：「消費者……得於收受商品或接受服務後 7 日內，以退回商品或書面通知方式解除契約，無須說明理由及負擔任何費用或對價。」

　　因此，依據前述消保法第 19 條第 1 項規定，消費者只要在 7 天鑑賞期內「直接退貨」，將貨物寄回網路賣家，契約即解除，消費者即可要回價款 (價金、貨款)，網路賣家、電視購物臺就不得向消費者要求付款，而消費者在退貨之餘，亦不用另外以書面向賣家表示解約，退貨費用也無須由消費者負擔。

7 天鑑賞期內解約要書面？口頭解約可不可以？

　　假使在沒有立即退貨或難以退貨下，消費者在 7 天鑑賞期內僅以「口頭」向賣家表示解約，那這樣算不算已經解除契約，而可要求賣家返還價金呢？

消保法第 19 條第 1 項雖規定：「以……書面通知方式解除契約」，乍看之下，須以「書面」才能解約，以口頭的方式不能解除買賣契約（臺灣臺北地方法院 88 年簡上字第 802 號民事判決理由參照）。

不過，有實務即認為以口頭方式仍可解約，不以書面為限，理由乃「訪問買賣（修法後改稱訪問交易）之消費者解除權行使之方式應不限於書面為之，惟若消費者以非書面方式解除買賣契約，自須由消費者就解除契約意思表示於不變期間內確實到達出賣人即企業經營者乙節負舉證之責，以達衡平消費者與企業經營者之權利義務。是故，若消費者以口頭告知解除契約，而該解除契約之意思表示亦確實到達企業經營者，自不因解除契約未以書面為之，而認不發生解除契約之法律效果，否則加諸消費者不必要之負擔，對消費者顯不公平，更與消費者保護法係為保護消費者權益，促進國民消費生活安全，

提昇國民消費生活品質之立法目的相違背。」（臺灣臺南地方法院 94 年小上字第 115 號民事判決理由參照）。

小 結

綜上所述，消保法第 19 條規定，賦予消費者在收到貨物之 7 天鑑賞期內，可以不附理由、無須負擔任何價款及費用，直接將貨物退回或解約之權利。而 7 天鑑賞期適用的交易範圍，包含廣播、電視、電話、傳真、型錄、報紙、雜誌、網際網路、傳單或其他類似之方法，消費者於未能檢視商品或服務下而與企業經營者所訂立之契約。消費者如果出於衝動而購買了自己不需要或不適合之商品或服務，依據消保法，在 7 天內都可以無條件退貨，以保障消費者「後悔」之權益（消保法立法理由、《立法院公報》第 82 卷第 73 期院會紀錄第 74 至 76 頁參照）。但修法後有七類包含「易腐敗、保存期限較短」、「客製化商品」、「報紙、期刊或

雜誌」、「拆封後的影音、電腦軟
體」、「線上數位內容、已完成線
上服務」、「已拆封個人衛生用
品」、「國際航空客運服務」等，
例外不適用 7 天鑑賞期之規定。

參考法條
消費者保護法第 2 條、第 19 條

商標沒有識別性，不能註冊？

知名運動品牌愛達達公司申請註冊外套肩膀至袖口三條線作為立體商標，用於夾克類商品，智財局當時以商標不具「識別性」駁回申請。愛達達公司主張，三條線商標多國均准予註冊，且行銷全世界，顯具識別性，因而不服駁回並提起行政訴訟，最高行政法院認為消費者係以其他設計圖形來辨別愛達達公司品牌，而同業亦有使用複數線條於運動服飾，如核准註冊將限制同業使用複數線條，妨礙市場公平競爭，判愛達達公司敗訴確定。然而，什麼是商標「識別性」？是不是以消費者的角度來決定有無識別性？通常作為說明產品特色的文字可不可以作為商標？另外，各行各業常見的代表圖形，可以作為商標嗎？

沒有識別性的文字、圖案，不能註冊商標？

依據商標法第 18 條第 1 項規定，所謂的「商標」，係指：「任何具有識別性之標識」。因此，無論文字、圖形等標識，皆須具識別性才能註冊為商標。

而所謂「識別性」，依商標法第 18 條第 2 項條文，係指「足以使商品或服務之相關消費者認識為指示商品或服務來源，並得與他人之商品或服務相區別者」。

商標本來就是要用來強化消費者對於商品的印象、增加品牌形象，使一般消費者從商品上商標，就可以知道這個商品是那一家公司的產品，而且不會與其他公司生產之產品混淆。也因此，文字、圖案之內容必須要能夠表彰商品來源，並使一般人不致於

誤認，才有資格作為商標。這也就是為什麼，作為商標的文字或圖案，必須具有識別性的原因。

實務見解即有認為：「本件原告申請註冊之『一網打盡』商標圖樣上之中文一網打盡，依其所附之型錄資料觀之，予人之印象為一般廣告用語，以之作為商標，指定使用於電蚊香、電殺蟲器等商品上，客觀上，難謂能使一般商品購買人認識其為表彰商品來源、品質、信譽之標誌，並得藉以與他人之商品相區別，不具特別顯著之要件，自有違首揭法條之規定」（最高行政法院 86 年判字第 2721 號判決參照）。

說明產品特色的文字，不能作為商標？

如何判斷是否具有識別性，除了正面認定有無識別性外，另一個判斷方法，是依據商標法第 29 條規定，從反面來看不具識別性之情形。

第一個不具識別性之情形，是當文字內容只是一般作為描述或說明商品的品質、用途、原料、產地等之文字時，這個文字就會因為沒有識別性，而無法作為商標，此觀商標法第 29 條第 1 項第 1 款規定：「僅由描述所指定商品或服務之品質、用途、原料、產地或相關特性之說明所構成者。」即明。

例如，「特優」、「特等」等有關於商品「品質」之用語；再如，「浴廁專用」、「除菌」等關於商品「用途」之用語。這些文字，只是在描述商品的特性，一般民眾根本無法從這些文字內容，來認識以及區別商品的來源，而且反而會以為只是產品的說明。因此，這些作為說明產品特色的文字就不能申請註冊為商標。另外，實務曾經認為是商品之說明，而不得註冊之文字，例如「精釀生啤酒」、"Fine Mildness"、"Mild"、"SUPERIOR LIGHTS"、"LIGHTS"、「運動」等。

實務見解亦有認為：「本件系爭商標圖樣上之『厚燒』，為日文『あつやき』之漢字，有指烤得厚、烤得較久之意，為在日式料理中習見用於形容食品製作方式

或口味說明之用語，則以『厚燒』作為商標指定使用於米果、餅乾……麵包、三明治等食用商品，依社會一般通念，易認為商品本身之說明或與之有密切關連而難謂有識別性之可言。」（最高行政法院 93 年判字第 555 號判決參照）。

商品通用標章，不具識別性？

依據商標法第 29 條第 1 項第 2 款規定，「僅由所指定商品或服務之通用標章或名稱所構成」之圖案或文字，亦不得作為商標。所謂通用標章，須該標章代表某人商品或營業，其名號或圖形為世人所習知習見者而言（最高行政法院 77 年判字第 177 號裁判要旨參照）。

實務見解即認為，「齒輪圖形，經臺灣區機器工業同業公會函復，該會會員中以齒輪圖形為標章者，已有一百餘家，是該齒輪圖形，已成為機械商品本身習慣上通用之標章或其說明……應不得申請註冊。」（最高行政法院 68 年判字第 752 號判決參照）。

另外，實務亦有認為「果蔬圖形」是罐頭工廠通用之標章；外文 BUTTERFLY 及蝴蝶圖形為於縫紉機商品習慣上通用之標章；福祿壽三仙之圖形為農民曆書商品習慣上通用之標章等案例。

小 結

綜上所述，要註冊為商標，所選擇之文字、圖案等須具識別性才得以為之。而識別性重點在於消費者可否從這些文字圖案，認知到商品是哪一家公司的（來源），而不會誤認，這也牽涉到文字、圖案一開始給消費者之印象，以及商標是否經過行銷及其強度等因素。因此，常會出現每個人就有無識別性認知不同之情形發生，要正面直接認定商標有無識別性並不容易，故須先反面排除，將僅作為商品說明之文字以及各商品通用標章予以排除，最後再加以認定有無識別性。

參考法條

商標法第 18 條、第 29 條

8

企業營運篇

牙醫拔牙未歸還，病患告「業務侵占」？

30 歲的曾姓男子因蛀牙至牙醫診所拔牙，但牙醫拔掉蛀牙後，未將該顆蛀牙歸還男子，而直接丟棄，男子於是控告該牙醫「業務侵占」牙齒，但地檢署以牙齒並無「財產價值」而不起訴。而所謂侵占，如侵占物品並無財產價值，是否就不構成侵占罪？何種物品算是沒有財產價值？

「無財產價值」，不構成侵占？

按刑法第 335 條規定：「意圖為自己或第三人不法之所有，而侵占自己持有他人之物者，處 5 年以下有期徒刑、拘役或科或併科 1,000 元以下罰金。前項之未遂犯罰之。」

而刑法上侵占罪之標的須為「他人之物」，所謂「物」之定義，客觀上須以有「財產價值者」而言 （最高法院 77 年台上字第 2146 號判決參照）。換言之，如無財產價值之「物」，縱使加以侵占，也不構成犯罪。

家書抵萬金？侵占「書信」，有財產價值嗎？

侵占之物品如為「書信」者，實務見解認為，書信並無財產價

值，此觀臺灣澎湖地方法院 89 年
自字第 6 號判決謂：「……按刑法
第 335 條第 1 項所定之侵占罪
名，係意圖為自己或他人不法所
有，將自己持有他人之物，以變
易持有為所有之意思，將之侵占
取得為要件。本件自訴人所稱遭
被告侵占之書信，既屬他人所作
無甚財產價值之文書，顯可重複
再作，被告縱然將之侵占亦無利
益可圖，衡情尚難想像被告有上
開罪名所指之不法所有意
圖……」。

行動電話之「SIM 卡」，有財產價值嗎？

另如侵占行動電話之「SIM
卡」，是否屬具「財產價值」之
物？實務見解認為，「按行動電話
SIM 卡，可供通訊之使用，且在
一定條件下具有可轉讓性，而有
一定之財產價值，顯具有財物之
性質……」（臺灣臺北地方法院
89 年訴字第 1354 號判決參照）。

線上遊戲之「虛擬寶物」，是否為具財產價值之物？

再如侵占自己持有他人之線
上遊戲虛擬寶物，是否構成侵占
罪？

實務見解採肯定說，認為：
「查線上遊戲之虛擬物品係以電
磁紀錄之方式儲存於遊戲伺服
器，遊戲帳號所有人對於該虛擬
物品擁有持有支配關係。又所謂
『虛擬物品』，係對新興事物所自
創之名詞，其於現實世界中仍有
其一定之財產價值，與現實世界
之財物並無不同，不因其名為『虛
擬物品』，即謂該物不存在，僅其
呈現之方式與實物不同，是以，
認定虛擬物品為竊盜罪、侵占罪、
詐欺罪及毀損罪所保護之客體，
應無不當。」（法務部法檢字第
0920800696 號函參照）。

侵占「型錄」，是否構成侵占罪？

實例上曾發生，某員工將客
戶寄來之 100 份型錄於離職時帶
走，公司提出業務侵占罪告訴。

法院認為該型錄並無「財產

價值」，不構成侵占罪，理由略謂：「綜上，益徵 New Lab 公司寄予被告之型錄係供人免費索取無疑。至 New Lab 公司於寄予被告之信函上雖申報包裹價值為 10 歐元，此有 New Lab 公司寄送時所填申報表乙紙在卷可憑，惟此僅係寄送人 New Lab 公司自行向郵務公司所申報之包裹價值，而非該 100 份型錄之實際價值，自尚難遽認該 100 份型錄之價值為 10 歐元。」（臺灣高等法院 99 年上易字第 637 號判決參照）。

離職員工帶走一張 「便條紙」，是否構成侵占罪？

另有案例乃補習班員工拿走一張載有學生資料之便條紙，公司控告員工犯業務侵占罪。

但法院審理後認為無罪，理由乃：「行為雖適合於犯罪構成要件之規定，但如無實質之違法性時，仍難成立犯罪。本件上訴人擅用他人之空白信紙一張，雖其行為適合刑法第 335 條第 1 項之侵占罪構成要件，但該信紙 1 張

所值無幾，其侵害之法益及行為均極輕微，在一般社會倫理觀念上尚難認有科以刑罰之必要。且此項行為，不予追訴處罰，亦不違反社會共同生活之法律秩序，自得視為無實質之違法性，而不應繩之以法（最高法院 74 年台上字第 4225 號判例參照），而雖然被告曾帶走欣悅意公司所有之 1 張便條紙，但徵之 1 張便條紙所值無幾，其侵害之法益及行為均極輕微，在一般社會倫理觀念上尚難認有科以刑罰之必要，自難謂被告攜走 1 張便條紙之行為，具有實質之違法性」（臺灣高等法院 95 年上易字第 1851 號判決參照）。

公司雖另主張該張便條紙上載有公司之學生資料，就公司而言，有一定之商業價值云云。然法院認為，「刑法上之侵占罪，係以侵占自己持有他人之物為要件，所謂他人之物，乃指有形之動產、不動產而言，並不包括無形之權利在內，單純之權利不得為侵占之客體。」（最高法院 71 年台上字第 2304 號判決參照），

而該便條紙上資料雖為欣悅意公司無形之資產，然並非欣悅意公司所有之動產、不動產，亦非刑法第 323 條所規範之電能、熱能等能量，是被告攜走此等資料之行為，自與刑法第 336 條第 2 項業務侵占罪構成要件不符（臺灣高等法院 95 年上易字第 1851 號判決參照）。

小　結

　　刑法上侵占罪之標的須為「他人之物」，所謂「物」之定義，客觀上須以有「財產價值」者而言，如無財產價值之「物」，縱使加以侵占，也不構成犯罪。因此，題示案例因拔下來之牙齒並無財產價值，並不構成侵占罪；侵占他人之「信件」亦同。但若侵占「SIM 卡」或自己持有他人之線上遊戲虛擬寶物，因具有財產價值，就會成立侵占罪。

參考法條

刑法第 323 條、第 335 條、第 336 條

醫療糾紛，到底誰對誰錯？

社會上常發生醫師因為醫療糾紛，遭病患或家屬控告，法院最後判決醫師有罪應負刑事責任，甚至也有法院判決醫師應付上千萬元之天價賠償金；而因為醫療糾紛眾多，許多醫師便對高風險科別（如外科、婦產科等）為之卻步甚至轉行，或者，採取保守治療方式而不願進行高難度、高風險醫療行為。法律如何認定醫師有無醫療過失呢？醫療不是本質上即存有風險嗎？風險發生了，醫師就有錯嗎？醫師與病人之權益，如何折衷？兩者一定衝突嗎？法律那條線到底在那裡？

醫師責任高？

醫師就醫療業務之施行，依據醫療法第 82 條第 1 項規定，應善盡醫療上必要之注意。常見醫師刑事責任之規定，為刑法第 276 條，即因過失致人於死者，處 5 年以下有期徒刑、拘役或 50 萬元以下罰金。因過失傷害人者，處 1 年以下有期徒刑、拘役或 10 萬元以下罰金；致重傷者，處 3 年以下有期徒刑、拘役或 30 萬元以下罰金。

因鑑於病人或家屬動輒以民、刑事訴訟對醫療人員提告而造成醫病關係緊張，前述醫療法第 82 條第 2、3、4 項，特別限縮醫療人員之民、刑事責任。民事損害賠償責任限於「故意或違反醫療上必要之注意義務且逾越合理臨床專業裁量所致者」；刑事過

失責任而限於「以違反醫療上必要之注意義務且逾越合理臨床專業裁量所致者」。而所謂「醫療上必要之注意義務且逾越合理臨床專業裁量」，以該醫療領域當時當地之醫療常規、醫療水準、醫療設施、工作條件及緊急迫切等客觀情況為斷。

醫療糾紛有無消費者保護法之適用？

雖然有論者主張醫師應負消費者保護法（以下簡稱消保法）規定之「無過失責任」，蓋依據消保法規定，提供服務的人，縱使沒有過失，但如果所提供之服務不具有符合可合理期待之安全性而造成消費者損害即應賠償（消保法第 7 條參照）。

然而，實務上為避免醫師欲降低自身之執業風險，而採取「防禦性醫療」來治療病患（例如，選擇病患治療或不治療，或捨棄高風險但最有效之醫療方式，改採副作用較少之保守醫療方式，換言之，即選擇治療對象與方式），其結果反而對消費者不利，

因而認為醫師提供之醫療行為，並無消保法之適用，醫療行為就不適用 「無過失責任」，也就是說，醫師之醫療行為須有過失，才須負賠償責任（最高法院 95 年台上字第 2178 號民事判決、醫療法第 82 條規定參照）。而過失責任則限縮於「違反醫療上必要之注意義務且逾越合理臨床專業裁量所致」。

因此，病患訴請醫師賠償之依據，必須是醫師有故意或「違反醫療上必要之注意義務且逾越合理臨床專業裁量所致」之過失始能成立之侵權行為損害賠償請求權，以及債務不履行之不完全給付損害賠償請求權 （民法第 184 條、第 227 條、第 227 條之 1 規定、最高法院 97 年台上字第 280 號民事判決參照）。

違反醫療常規、醫療慣例就有過失？

實務上認為，受限醫學、醫師均非萬能，醫師只要依循一般公認之臨床醫療行為準則，依據一般醫療常規，保持相當的注意

對病人進行檢查與診斷，縱使病人嗣後產生傷害或死亡之不幸結果，醫師之醫療行為亦為合法並無過失（臺灣高等法院98年醫上字第19號民事判決、96年醫上字第27號民事判決理由參照）。目前醫療法第82條第2項至第4項規定，也同此意旨。

未選擇最有效之醫療方式即有過失？

實務判決認為醫師在選擇醫療方式，只要符合醫療常規，縱使最後來看並非最佳、最有利之處置，醫師仍無過失。

此觀最高法院97年台上字第741號民事判決認：「……衛生署醫審會……號鑑定書……鑑定書所載：『……乙○○醫師於此病例之處置，大抵合乎目前醫療慣例……』，以及衛生署醫審會950276號鑑定書，就前開初次鑑定說明再謂：『目前醫療慣例一詞乃指醫師替病患所作之診療及醫療處置行為符合一般醫療常規。……醫師於入院初期係使用第一線抗生素，而非後線廣效性抗生素，雖非最佳之處置，但在臨床上，尚可接受。……』」即明。

診斷、治療及手術，各階段都不能有過失？

醫療行為有無過失之認定，除了判斷在「治療」、「手術」過程有無違反醫療常規外，醫師在「診斷」上有無延誤，亦屬有無過失認定之一環。此觀最高法院99年台上字第247號民事判決即認：「診斷乃醫師於治療之前所不可或缺之醫療行為。診斷在醫療過程中甚為重要，醫師如診斷延誤，必使患者喪失治療時機，以致死亡之結果，其間自有相當因果關係，難辭其過失之責任」即明。

醫療常規、慣例怎麼認定？

就醫師有無違反醫療常規與慣例之認定上，法院常常以「行政院衛生福利部醫事審議委員會」之鑑定報告作為認定之依據（最高法院95年台上字第2178號民事判決參照）。

不過，行政院衛生福利部醫事審議委員會係依據醫療法第 98 條第 4 款規定，接受司法或檢察機關之委託從事醫療糾紛鑑定，該委員會經審議後，依據醫學知識及醫療常規，出具書面專業意見予司法、檢察機關作為參考。因而該委員會僅為一鑑定機關，其所為之「鑑定書亦僅係供司法審判參考，司法機關並不受鑑定報告意見之拘束，仍應自行判斷」（最高法院 98 年台上字第 188 號民事判決參照）。

小 結

綜上所述，醫療糾紛牽涉到病人的權益、醫師之專業、醫學的極限、風險、成本、必要性等多個面向，要清楚界定醫療過失，實際相當困難。而且所謂醫療常規與慣例，更非一般民眾所能了解。怎麼去平衡病人與醫師之權益，即成為一個重要課題。何況，實務在檢視醫療有無過失，更及於診斷、治療、手術等醫療各個階段，在某些科別上，又充滿風險，例如：生產有難產的風險、

腦部、身體等重大手術，又充滿後遺症的風險，導致本質上可能難以避免風險，或者過程中容易產生疏失。因此，社會上亦有主張須建立醫療「補償」制度，以避免每件醫療糾紛均以刑事告訴或以民事起訴請求「賠償」解決之聲音。

參考法條

醫療法第 82 條、第 98 條、刑法第 276 條、消費者保護法第 7 條、民法第 184 條、第 227 條、第 227 條之 1

公司將錢借給別人，違法嗎？

檢調查出，聯合公司實際負責人涉嫌以「假交易真借貸」方式，與知名藝人小憲簽訂不實買賣契約，約定由發光公司代工每月出貨，聯合公司先預付新臺幣 6,000 萬元貨款，但實際未依約出貨，涉嫌配合掏空資產，涉及背信罪與違反商業會計法。其中涉及到的法律問題之一，是公司可不可以借錢給個人或其他公司？如果可以，公司法有沒有什麼限制？如果不可以，為什麼要禁止公司借錢給別人？

公司可不可以借錢給別人？

公司借款給其他公司或個人，對於公司之資本會有所影響，將減少公司可用之資金，有害於「資本維持原則」，損及公司利益，因此，立法者基於限制公司資金之運用、健全公司資本結構、充實公司財務狀況、避免公司濫用資金、虛構資本等考量，於公司法第 15 條規定，公司除特定情形外，公司之資金原則上不得借貸與股東或任何他人（行政院修正要旨，《立法院公報》第 37 會期第 13 期第 7 頁、臺灣高等法院 96 年重上字第 198 號民事判決參照）。

與公司有業務往來，有短期資金需求就可以借？

然而，立法者基於公司常因

業務交易行為，對於他公司有融通資金之必要，以及開放中小企業資金融通之管道等原因，而於公司法第 15 條第 1 項第 1、2 款規定，公司可貸款給予與其有業務往來之公司、行號，或者有短期融通資金必要之公司或行號（立法說明，《立法院公報》第 90 卷第 51 期院會紀錄第 148 頁參照）。

公司法第 15 條第 1 項規定：「公司之資金，除有左列各款情形外，不得貸與股東或任何他人：1.公司間或與行號間有業務往來者。 2.公司間或與行號間有短期融通資金之必要者。融資金額不得超過貸與企業淨值的 40%。」足資參照。

公司借支對象限於公司與行號？員工可預借薪水？

從前述公司法第 15 條第 1 項第 1、2 款之規定可知，公司借貸的對象原則上僅限於公司，或者是依商業登記法設立之獨資或合夥之行號，其餘的股東或者個人（非獨資商號之個人）不得向

公司借貸 （經濟部 98 年 8 月 27 日經商字第 09802114930 號函、經濟部 99 年 3 月 25 日經商字第 09902030030 號函參照）。

然而，例外情形乃員工向公司預支薪水，嚴格來說也是借貸，然而依據經濟部函釋，預支薪資因為有約定從將來薪水、獎金扣還，所以不屬於一般貸款性質，不受公司法第 15 條之限制（經濟部 68 年 11 月 17 日商第 39514 號函參照）。

公司違法借錢，借錢有沒有效？公司負責人須一同負責？

公司如果違反公司法第 15 條之規定，而將公司資金借給其他股東、公司或其他人，此時，借貸仍屬有效，借用人仍須負清償責任。而若是公司負責人違反規定將公司資金借給他人，依據公司法第 15 條第 2 項之規定，公司負責人應與借用人負連帶返還責任，如果公司因此受有損害，公司負責人亦應負損害賠償責任。

此有臺灣高等法院 83 年上

字第 824 號民事判決理由敘明：
「按公司法第 15 條第 2 項規定：
『公司之資金，除因公司間業務
交易行為有融通資金之必要者
外，不得貸與股東或任何他人。』
此規定係為保護公司及股東利
益，故宜解為非強制禁止規定，
違反者尚非無效，僅公司負責人
應受處罰及賠償公司損害而已，
蓋公司負責人違反該規定借款與
他人，如解為無效，該公司只能
依不當得利等關係請求返還已交
付之款，原借款如有利息約定或
擔保（包括人或物之擔保）即無
從享有，貸款人無資力時，僅得
轉請負責人賠償，對於公司或股
東反為不利，如解為有效，該公
司即可依借款關係請求給付本利
並行使擔保權利，如貸款人無資
力清償，亦可請求負責人賠償，
於公司或股東較為有利，此方符
合立法意旨，上訴人辯稱本件借
貸違反上開規定為無效云云，殊
無足取。」另公司法第 15 條第 2
項規定：「公司負責人違反前項規
定時，應與借用人連帶負返還責
任；如公司受有損害者，亦應由
其負損害賠償責任。」足資參照。

小　結

　　綜上所述，依據公司法的規
定，公司在一定條件下，其實是
可以將公司資金借貸給其他公司
或行號，更可預支薪水給員工，
因此，公司「真借貸」不一定違
法，不過，如果是為了掏空公司
而為「假借貸」，那又另當別論。

參考法條
公司法第 15 條

董事會決議無效，土地無法過戶？

國金公司表示對於高興公司擬於董事會中討論出售土地乙事，認為高興公司依經濟部登記資料無代表人及董事，如有決議，其董事會決議屬無效，土地將無法過戶。而董事會決議在何種情形下屬於無效？為什麼會無效？董事會決議有瑕疵一定會無效嗎？還是得撤銷？董事會決議無效會有什麼影響？

董事會可以決定什麼？決定公司業務執行？

依據公司法第 202 條規定，董事會為公司的執行業務機關。因此，有關公司業務之執行，除公司法或章程規定應由股東會決議之事項外，其餘均應由董事會決議行之，至於股東會、監察人，則分別為公司內部之最高意思決定機關以及監督機關（最高法院 94 年台抗字第 376 號民事裁定理由參照）。

換句話說，董事會之權限相當大，董事會可以決議的事項，除了法定或章程規定應由股東會決議之事項不能自行決議外（例如：選舉董監事、公司解散、合併、分割、董事報酬等事項），其餘董事會均可決議執行。

因此，董事會決議內容既然

包山包海，其決議有無效力，對於公司業務之執行自有重大影響。

董事會決議有瑕疵，召集瑕疵、決議方法瑕疵，一律無效？

一般來說，董事會是由董事長召集，且須載明召集事由，於3日前通知各董事及監察人。董事會開會時，董事原則上須親自出席，例外可代理時，亦須出具委託書並列舉召集事由之授權範圍。而董事會之決議方法，原則上應有過半數董事之出席，出席董事過半數之同意行之（公司法第203條至第206條規定參照）。

如董事會召集程序及決議方法不符合前述公司法規定而有瑕疵時，對於該次董事會決議，會有什麼影響？例如：非召集權人（例如：非董事長）召集之董事會、董事未合法委託他董事合法代理出席、無過半數董事出席或未經出席董事過半數同意等情形時，董事會決議之效力為何？

實務見解有認為董事會之召集程序或決議方法有瑕疵時，此時董事會之決議，其效力即為無效，並非僅得撤銷。

此有最高法院99年台上字第1650號判決理由即認：「股份有限公司設立董事會之趣旨，在使全體董事經參與董事會會議，互換意見，詳加討論後，決定公司業務執行之方針。因此，公司法第203條、第204條、第205條第3項、第4項、第206條規定董事會之召集程序及決議方式，俾利全體董事出席董事會，及議決公司業務執行之計策。董事會召集程序及決議方式，違反法令或章程時，其所為決議，應屬無效。」

另最高法院97年台上字第925號判決亦認為：「關於董事會之召集程序有瑕疵時，該董事會之效力如何，公司法雖未明文規定，惟董事會為公司之權力中樞，為充分確認權力之合法、合理運作，及其決定之內容最符合所有董事及股東之權益，應嚴格要求董事會之召集程序、決議內容均須符合法律之規定，如有違反，

8.
企業營運篇

應認為當然無效。」

然而，另有實務見解認為：「董事會之召集雖違反上開規定，惟全體董監事倘皆已應召集而出席或列席董事會，對召集程序之瑕疵並無異議而參與決議，尚難謂董事會之召集違反法令而認其決議為無效。」（最高法院 99 年台上字第 1401 號判決理由參照）。

董事會決議無效將影響股東會決議效力？

董事會決議無效，除可能使原先決議內容無法執行，並且影響公司對外為交易、法律行為之效力，致公司業務陷於停頓外，亦有可能影響股東會決議之效力。

例如，最高法院 87 年台上字第 1998 號判決即認為：「該議案並非經董事會之特別決議提出……倘系爭土地、建物為上訴人公司之主要財產，依上說明，縱就上訴人出售系爭土地乙節曾經股東常會特別決議，上訴人與被上訴人訂定之系爭土地、建物

買賣契約，可否謂無違反公司法第 185 條之規定，而合法有效？不無研求之餘地」可稽。

最高法院 88 年台上字第 2863 號判決也認為：「依董事會無效之決議所召開之股東會，其召集程序自屬違反法令，而得依公司法第 189 條之規定訴請撤銷。」

小 結

綜上所述，董事會的召集及決議方法，公司法均有相關之規定，如有違反，依前述實務見解，決議係屬無效，並不像股東會召集程序或決議方法，違反法令或章程時，股東只能自決議之日起 30 日內，訴請法院撤銷股東會決議而已，「董事會違背上開規定而為決議，公司法並未如第 189 條規定得予撤銷，自應解為該部分之決議無效」（最高法院 88 年台上字第 2863 號判決理由參照）。

因此，為避免影響公司對外交易、業務執行之效力，甚至影響公司股東會決議之效力，董事

會召集程序及決議方法之遵守，
即顯得相當重要。

參考法條
公司法第 171 條、第 185 條、
第 189 條、第 202 條、第 203
條、第 204 條、第 205 條、第
206 條

「掏空公司」，犯什麼罪？

　　知名藝人小憲捲入聯合公司之掏空案，檢調懷疑小憲涉嫌假交易，掏空聯合公司新臺幣 6,000 萬元。而全案之所以會爆發，乃因為檢調追查聯合公司疑遭掏空案時，發現聯合有 6,000 萬元款項流向小憲經營的發光公司，不過小憲也喊冤，表示該 6,000 萬乃因其公司出貨 LED 燈給聯合公司，後來解約時就已返還 6 成貨款，但檢調懷疑此項說法。而公司負責人如果以各種方式，例如：製作假帳、假借款、應收帳款、不實支出等方法虧空公司，將公司資產利益輸送給自己或他人，這樣的行為可能會觸犯到那些法律呢？

業務侵占罪？

　　一般而言，實務上，公司負責人將公司資產侵吞入己，所可能觸犯的刑責有刑法第 336 條第 2 項之業務侵占罪，又因為侵占公司資產通常會牽涉到填製不實之會計憑證（原始憑證、記帳憑證，例如：收入傳票、支出傳票、轉帳傳票），故也有可能會觸犯商業會計法第 71 條第 1 款填製會計憑證不實罪。

　　刑法第 336 條第 2 項規定：「對於業務上所持有之物，犯前條第 1 項之罪者，處 6 月以上 5 年以下有期徒刑， 得併科 3,000 元以下罰金。」

　　另刑法第 335 條規定：「意圖為自己或第三人不法之所有，而侵占自己持有他人之物者，處 5 年以下有期徒刑、拘役或科或併

科 1,000 元以下罰金。」

而商業會計法第 71 條第 1 款規定：「商業負責人、主辦及經辦會計人員或依法受託代他人處理會計事務之人員有下列情事之一者，處 5 年以下有期徒刑、拘役或科或併科新臺幣 60 萬元以下罰金：1.以明知為不實之事項，而填製會計憑證或記入帳冊。」

案例如臺灣高等法院臺中分院 98 年上易字第 117 號刑事判決謂：「甲○○⋯⋯向經濟部中部辦公室申請設立○○○股份有限公司⋯⋯並擔任董事長⋯⋯綜理○○公司各項業務，為○○公司處理事務，為從事業務之人，竟意圖為自己不法之所有，基於業務侵占之概括犯意⋯⋯對於其業務上所持有該筆屬於○○公司所有之存款，變易持有為所有之意思，予以挪用供己花用，而為違背任務之行為，旋於同年月 12 日提領 987,965 元後⋯⋯再轉帳存入 987,965 元入其自己⋯⋯銀行⋯⋯帳戶，而侵占○○公司款項，係犯刑法第 336 條第 2 項之業務侵占罪。」

另臺灣高等法院 93 年金上重更㈡字第 3 號刑事判決亦載：「⋯⋯○○○為○○公司總經理，為公司負責人、商業登記法所稱之商業負責人及從事業務之人，其利用公司不知情之⋯⋯人員，填製不實之會計憑證，侵占○○公司資金，核其所為，係犯刑法第 336 條第 2 項之業務侵占罪、商業會計法第 71 條第 1 款填製會計憑證不實罪。」

證交法侵占罪特別規定？

立法者基於依證券交易法發行有價證券公司（例如：上市公司）之負責人，如「利用職務之便挪用公款或利用職權掏空公司資產」，「將嚴重影響企業經營及金融秩序並損及廣大投資人權益」，故加重上市公司等負責人侵占等刑責（《立法院公報》第 93 卷第 2 期院會紀錄第 194 頁參照），而在民國 93 年間增訂證券交易法第 171 條第 1 項第 3 款侵占公司資產罪（證券交易法第 171 條第 1 項第 3 款規定：「有下列情事之一者，處 3 年以上 10 年

以下有期徒刑，得併科新臺幣 1,000 萬元以上 2 億元以下罰金：…… 3.已依本法發行有價證券公司之董事、監察人或經理人，意圖為自己或第三人之利益，而為違背其職務之行為或侵占公司資產，致公司受損害達新臺幣 500 萬元。」），此一規定即為刑法侵占罪之特別規定。

背信罪？

至於公司負責人掏空公司，也可能會觸犯刑法上背信罪。

依據刑法第 342 條規定：「為他人處理事務，意圖為自己或第三人不法之利益，或損害本人之利益，而為違背其任務之行為，致生損害於本人之財產或其他利益者，處 5 年以下有期徒刑、拘役或科或併科 50 萬元以下罰金。」然而，實務見解認為侵占罪是特殊的背信行為，故如已構成侵占罪，則不另成立背信罪。因此，只有以侵占以外之方法違背任務並損害公司利益時，才會成立背信罪。

又證券交易法第 171 條第 1

項第 2 款另規定「上市公司等公司負責人使公司為不利益之交易，且不合營業常規，致公司遭受重大損害」罪。依據該條款規定：「有下列情事之一者，處 3 年以上 10 年以下有期徒刑，得併科新臺幣 1,000 萬元以上 2 億元以下罰金：…… 2.已依本法發行有價證券公司之董事、監察人、經理人或受雇人，以直接或間接方式，使公司為不利益之交易，且不合營業常規，致公司遭受重大損害。」

最高法院 99 年台上字第 6731 號刑事判決則認為，證券交易法第 171 條第 1 項第 2 款中「不合營業常規」，更可因「利益輸送或掏空公司資產之手段不斷翻新，所謂『營業常規』之意涵，自應本於立法初衷，參酌時空環境變遷及社會發展情況而定，不能拘泥於立法前社會上已知之犯罪模式，或常見之利益輸送、掏空公司資產等行為態樣。……從客觀上觀察，倘與一般正常交易顯不相當、顯欠合理、不符商業判斷者，即係不合營業常規，如

因而致公司發生損害或致生不利益，自與本罪之構成要件該當。」

有關侵占係特殊之背信行為部分，最高法院 81 年台上字第 6310 號刑事判決另指出：「按侵占係特殊之背信行為，而背信則為一般的違背任務之犯罪。故為他人處理事務之人，若因處理他人事務，違背任務，將持有他人之物予以侵占，除成立侵占罪外，不另成立背信罪。但為他人處理事務之人，如以侵占以外之方法，違背任務，損害本人之利益，則應成立背信罪。」另參最高法院 82 年台上字第 2728 號刑事判決謂：「查刑法上之背信罪，乃為一般性違背任務之犯罪，指為他人處理事務之人，以侵占、詐欺以外之一般方法，違背任務，損害本人利益之行為而言；若為他人處理事務，竟意圖為自己或第三人不法之所有，以詐術使他人交付財物，或因為他人處理事務而持有他人所有之物，竟以為自己或第三人不法所有之意思，變更持有為所有，侵占入己者，雖合於背信罪之構成要件，仍應分別

其情節，論以詐欺罪或侵占罪，而不應論以背信罪」即明。

至於證券交易法第 171 條第 1 項第 2 款之罪，係背信罪之特別規定，參照臺灣高等法院高雄分院 99 年金上重更㈡字第 2 號刑事判決理由認為：「被告 2 人所為雖均觸犯刑法第 342 條第 1 項背信罪，及 93 年 4 月 28 日修正前（即 89 年 7 月 19 日修正公布，自 90 年 1 月 15 日起施行）之證券交易法第 171 條第 2 款規定，已依證券交易法發行有價證券公司之董事、經理人，以直接方式，使公司為不利益之交易，且不合營業常規，致公司遭受損害罪。上述 2 罪名因具有特別法優於普通法，以及狹義法優先廣義法適用的優位原則，應論以修正前證券交易法第 171 條第 2 款之罪，而不再論以刑法第 342 條第 1 項背信罪餘地」即明。

小　結

綜上所述，以往掏空公司資產之刑責，係以刑法上業務侵占罪、商業會計法第 71 條第 1 款填

製會計憑證不實罪、背信罪等較為常見，然而在證券交易法第171條第1項增訂第2款、第3款罪之後，上市公司等負責人之侵占、背信行為，將優先適用此一條文，刑責因而加重，證券交易法第171條第1項第2款不合營業常規致公司重大損害罪並可因應因新的金融型態、工具的出現，而產生不同以往之掏空公司資產行為。

參考法條

刑法第335條、第336條、第342條、商業會計法第71條、證券交易法第171條

合夥作生意，沒問題？

志明搭訕春嬌後，邀約「合夥」從事飾品販賣生意，謊稱所得利潤平分，但春嬌支付買賣訂金後，志明即避不見面，春嬌因而報警處理。其他亦遭詐騙之女子，亦作證指稱志明先騙買飾品貨款，再騙要改做路邊攤，以要買攤車為由要錢。另外，時事也常出現藝人與人合夥作生意、開餐廳，最後因經營不善、帳目不清或利潤分配不公等原因，而與合夥人鬧翻甚至對簿公堂。因此，什麼是合夥？合夥的重要內容有那些？可否退出合夥關係？可否開除合夥人？與人合夥經營事業，法律上有什麼要注意的？

什麼是「合夥」？

所謂合夥，指的是大家約定共同出資經營共同事業。所謂共同事業包山包海，有可能是經營餐廳、商號（商店、工廠等）、經營買賣、醫療機構（如醫院）、民宿、農場、合夥購買土地或興建大樓出售獲利等眾多事業（最高法院 86 年台上字第 2852 號判決理由參照）。

而合夥人的出資，可以有的出錢，有的出力（勞力、腦力等勞務均可），甚至信用，或者提供房屋、機器設備等動產不動產，不一定要每個人都出錢（民法第 667 條規定：「稱合夥者，謂 2 人以上互約出資以經營共同事業之契約。前項出資，得為金錢或其他財產權，或以勞務、信用或其他利益代之。金錢以外之出資，

應估定價額為其出資額。未經估定者，以他合夥人之平均出資額視為其出資額。」）。

合夥、合作分不清？

如上所述，實務上認為，合夥必須有經營共同事業約定，而有參與營運、分擔利潤與損失等情形，如果沒有，就可能僅是單純合作、租賃、借款、買賣等其他法律關係。而如果不是合夥的法律關係，就可能無法要求合作的他方履行關於「合夥」之義務。

此觀最高法院 72 年台上字第 4281 號判決要旨認為：「地主出地，建商出資合建房屋，其行為究為合夥、承攬、互易，或其他契約，應探求訂約當事人之意思表示及目的決定之。」臺灣高等法院臺南分院 93 年上易字第 89 號民事判決亦認為，「合夥所經營之事業，係合夥人全體共同之事業；易言之，若不負擔合夥損益之分配，即非屬合夥之關係」、「上訴人……未能提出確切之證據足資證明……仍有參與有關『○○實業社』之營運、分受

其營業所生之利益或有分擔其所生損失之情形，則揆諸前揭說明，自與一般所稱合夥之情形不同」即明。

合夥約定，分工合作、財產歸屬、利潤分配？

因此，為了避免糾紛、彼此權利義務、財產關係不清，如果要與人合夥，那麼合夥契約的擬定，就顯得相當重要。

以合夥出資為例，到底是屬於合夥人的出資，或只是借用財產、借款之關係，都必須要有明文的合夥約定才能有效減少爭議，在購買合夥財產也一樣。因為合夥的出資或財產，是屬於合夥人全體共有，依法不得擅自處分。此參照民法第 668 條規定：「各合夥人之出資及其他合夥財產，為合夥人全體之公同共有。」即明。因此，明定各合夥人出資及財產的內容，即有必要。

而在利潤的分配上亦同，依據民法第 677 條第 1 項規定，合夥利潤的分配，係以各合夥人的出資比例計算，如果合夥人間認

為不應以出資比例計算，則需要另外約定。

合夥有債務，合夥人都要負責？

合夥經營事業，如果產生債務，依據民法第 681 條規定，是先由合夥的財產清償（例如：合夥帳戶存款、設備、財產等）。然而，當合夥財產不足清償合夥債務時，這時各合夥人就要對合夥債務負連帶責任（民法第 681 條規定：「合夥財產不足清償合夥之債務時，各合夥人對於不足之額，連帶負其責任。」）。

我不玩了，我要退夥？

合夥著重合夥人彼此間信賴關係，因此合夥人如果因為彼此經營理念不合或其他原因，不願繼續合夥經營事業，合夥人可以依據民法第 686 條規定退出合夥關係，不過，應在 2 個月前通知其他合夥人。

此觀民法第 686 條第 1 項、第 2 項規定：「合夥未定有存續期間，或經訂明以合夥人中一人之

終身，為其存續期間者，各合夥人得聲明退夥，但應於 2 個月前通知他合夥人。前項退夥，不得於退夥有不利於合夥事務之時期為之。」即明。

開除合夥人，不出資就開除？

另外，全體合夥人在有正當理由時，例如：其中一名合夥人不履行出資義務、對合夥全體有不法侵害行為時，依據民法第 688 條規定，是可以開除（除名）合夥人 （最高法院 20 年上字第 1682 號判例要旨參照）。

此另參照最高法院 69 年台上字第 742 號判例要旨即認為：「合夥為二人以上互約出資，以經營共同事業之契約，合夥人不履行其出資之義務者，不得謂無民法第 688 條第 1 項所定開除之正當理由」即明。

小 結

綜上所述，好朋友要合夥共同經營事業，固然是美事一椿。然而，彼此間就出資的內容、出資額的認定、合夥財產為何、利

潤、損失分配等約定，宜事先明文約定，以避免事後產生爭議而鬧翻。最後如果不願繼續合夥關係，亦應聲明退夥，避免未退出合夥，對於之後產生的合夥債務仍須連帶負責。

參考法條
民法第 667 條、第 668 條、第 677 條、第 681 條、第 686 條、第 688 條

合夥作生意，沒問題？

9

公務員犯罪篇

污點證人，免刑？

特偵組偵辦前行政院秘書長林一世涉貪案，代理發言人表示檢察官審酌天勇公司負責人陳姓男子自白犯罪有重大貢獻，認定適用證人保護法之規定，列為污點證人。而依證人保護法第 14 條規定，污點證人得減免刑責，亦有前總統府出納陳姓女子因配合偵審協助破案，經法院諭知免刑之前例。而什麼是污點證人？被告要轉為污點證人，有什麼要件？除了證人保護法的規定外，其他法律有沒有類似污點證人之規定？

何謂「污點證人」？

所謂的「污點證人」，其本身實質上為被告，只是因為被告除了交待自身犯罪部分外，還供出重要案情，或者供出其他共犯的犯罪事證，而就供出其他共犯的犯罪事證部分，即有證人性質，因而俗稱「污點證人」。

立法者基於鼓勵集團性犯罪（例如：幫派組織、走私、販毒、賄選、洗錢、證券交易等犯罪）之共犯成員「窩裡反」，供出集團犯罪成員及犯罪內容，以偵破、瓦解重大犯罪或組織等考量，因而訂定證人保護法第 14 條「窩裡反」條款。污點證人作證可獲得減輕甚至免刑之待遇，以鼓勵被告轉污點證人（證人保護法草案說明、《立法院公報》第 89 卷第 9 期第 397 頁、第 408 頁、第 421

頁等院會紀錄參照）。

重罪、組織犯罪才有污點證人，詐欺罪、恐嚇罪有沒有適用？

從前述說明可知，原則上所謂污點證人僅適用於重罪與組織犯罪，一般輕罪不適用污點證人。而得以適用污點證人的「重罪」，就刑度而言，原則上指的是「最輕本刑為 3 年以上有期徒刑」之罪（證人保護法第 2 條第 1 款參照）。

不過，雖然不是最輕本刑高於 3 年的重罪，但特定罪名，如部分內亂罪、外患罪、妨害投票罪（買票、賣票等）、鴉片罪（如製造販賣海洛因等）、妨害自由罪（人口販運、意圖營利略誘婦女、藏匿等）、詐欺罪、恐嚇罪等，都可適用污點證人之規定（證人保護法第 2 條參照）。

另外，刑法公務員之部分瀆職罪（收受賄賂罪、圖利罪等）、或者貪污治罪條例關於民眾對公務員行賄罪亦有污點證人之適用（證人保護法第 2 條參照）。

其他，如：製造、輸入、販賣偽藥、從事非法吸金、使公司產生重大損害之犯罪（不合營業常規、侵占、操縱股價等）、走私、持有槍枝、參與、資助犯罪組織等犯罪，亦有適用（證人保護法第 2 條參照）。因此，可不可以當污點證人，先要看是不是觸犯 3 年以上有期徒刑之犯罪；如果不是，再看涉嫌犯罪之罪名是不是證人保護法所規定之罪名。

污點證人一定要檢察官偵結前同意？

依據證人保護法第 14 條第 1 項規定：「第 2 條所列刑事案件之被告或犯罪嫌疑人，於偵查中供述與該案案情有重要關係之待證事項或其他正犯或共犯之犯罪事證，因而使檢察官得以追訴該案之其他正犯或共犯者，以經檢察官事先同意者為限，就其因供述所涉之犯罪，減輕或免除其刑。」因此，要當污點證人一定要先經檢察官同意，而依據證人保護法施行細則第 21 條規定，檢察官同意，必須在偵查終結前為

之，並且還要記明於筆錄（最高法院 97 年台上字第 1817 號刑事判決參照），如果未經檢察官同意，自無法依污點證人規定減刑或免刑（最高法院 93 年台上字第 4858 號刑事判決參照）。

污點證人要供出共犯？

成立污點證人，除了上述罪名、檢察官同意之要件，還有第三個要件，就是污點證人「必須於偵查中供述與該案案情有重要關係之待證事項或其他共犯之犯罪事證，因而使檢察官得以追訴該案之其他共犯」（最高法院 97 年台上字第 3872 號刑事判決理由參照）。

不過污點證人供述內容，原則上，程度只要達到可以追訴其他共犯即可（最高法院 100 年台上字第 5757 號刑事判決參照）。

毒品案供出毒品來源也適用證人保護法？

毒品犯罪亦有類似污點證人之規定，毒品危害防制條例第 17 條第 1 項規定：「犯第 4 條至第 8 條、第 10 條或第 11 條之罪，供出毒品來源，因而查獲其他正犯或共犯者，減輕或免除其刑。」

不過依據實務見解，如果同時有證人保護法污點證人適用時，僅得以證人保護法減刑或免刑，不得再適用毒品危害防制條例第 17 條第 1 項之規定。

此觀最高法院 96 年台上字第 246 號刑事判決理由認：「如供述共犯或毒品來源，若同時符合上開二法律所規定之情形時，因證人保護法有減輕或免除其刑之規定，較之毒品危害防制條例第 17 條僅規定得減輕其刑，對被告較為有利，自應優先適用證人保護法」即明。

小 結

綜上所述，要構成污點證人以減免刑責，原則上必須符合前述 3 個要件，第一是罪名，第二是被告供述的內容，第三還必須檢察官於偵查中記明筆錄同意。因此，並非每一個自白或自首的被告都可以適用污點證人之規定。另外，雖然原則上污點證人

僅適用於重罪、組織犯罪，然而依據證人保護法第 2 條規定，一般刑法上詐欺、恐嚇犯罪仍有污點證人之適用。

參考法條
證人保護法第 2 條、第 14 條、
證人保護法施行細則第 21 條、
毒品危害防制條例第 17 條

污點證人，免刑？

議員亮票，誰來管？

臺灣新北地方法院檢察署偵辦新北市議長、副議長選舉亮票案，傳訊多名議員應訊，有市議員表示非故意亮票，另有議員表示係攤開選票 「讓印色自然晾乾」，避免污損。而實務上，議員於議會內部選舉時，常見「亮票」現象，「亮票」是否違法？議會內部選舉是否屬於議會自治的範疇？司法機關仍可介入嗎？

「合法」亮票，不受公職人員選舉罷免法相關規定之約束？

在一般公職人員選舉中，選舉人「將圈選內容出示他人」(即所謂的 「亮票」)，違反公職人員選舉罷免法第 63 條第 2 項之規定。依據該條規定，「選舉人圈選後，不得將圈選內容出示他人」，否則依據同法第 105 條，得處 2 年以下有期徒刑、拘役或科新臺幣 20 萬元以下罰金(參見公職人員選舉罷免法第 105 條規定：「違反第 63 條第 2 項或第 88 條第 2 項規定或有第 65 條第 1 項各款情事之一，經令其退出而不退出者，處 2 年以下有期徒刑、拘役或科新臺幣 20 萬元以下罰金。」)。

然而，公職人員選舉罷免法

第 63 條第 2 項所謂「選舉人」，應係指「公職人員選舉」之選舉人，而依同法第 2 條規定，係指：「本法所稱公職人員，指下列人員：1.中央公職人員：立法院立法委員。2.地方公職人員：直轄市議會議員、縣（市）議會議員、鄉（鎮、市）民代表會代表、直轄市長、縣（市）長、鄉（鎮、市）長、村（里）長。」

所以，所謂「公職人員選舉」，僅限於前述之選舉，並不包括議會正副議長之選舉。換言之，只有在中選會舉辦「選議員」的選舉中亮票，才會違反公職人員選舉罷免法第 63 條第 2 項，而選正、副議長因為不是選議員而是選議長，即非公職人員選舉罷免法所稱之公職人員選舉，所以在議會正副議長選舉中亮票，原則上並不會違反公職人員選舉罷免法第 63 條第 2 項。

洩漏國防以外之秘密罪

雖然不會違反公職人員選舉罷免法第 63 條第 2 項，但不代表在正副議長或代表主席選舉時可

以合法亮票。

過去實務上有認為議員選舉議長、副議長乃係議員依法令所行使之職權，而法令又通常會規定議長選舉為無記名投票，因而，議員就其行使職權所為之選票內容即負有保持秘密之義務，如予以洩漏，仍有可能觸犯刑法第 132 條第 1 項洩漏國防以外應秘密之文書罪（刑法第 132 條第 1 項規定：「公務員洩漏或交付關於中華民國國防以外應秘密之文書、圖畫、消息或物品者，處 3 年以下有期徒刑。」）。此觀諸最高法院 90 年台上字第 2167 號刑事判決明白揭示：「……縣、市議會議員選舉議長、副議長，乃係依臺灣省各縣市議會組織規程之規定，行使職權，選票所載之內容自應維護秘密，且與國家政務有深切之利害關係，是上訴人等在領得選票後，於圈選處圈選議長、副議長時，故意在選票上自己姓名處，摺一直線摺痕，利用不知情之唱票人員，於開票唱票過程，將其摺痕公然暴露，以證明彼等投票支持何人，致其他人

可看見其內容，即係故意將圈選內容出示他人，為洩漏國防以外應秘密之文書，自與刑法第132條第1項所規定之犯行相當」即明。

亮票屬「議會自治」範疇？

然而，依據司法院大法官的見解，議會規範如何進行，是屬於議會自治、自律的範圍，且依據權力分立之原則，其他國家機關包含司法機關、行政機關，應該予以尊重，縱有違反議會規範之情形，只是議員必須承擔政治責任而已，與一般機關應依法規嚴格執行，並受監督及審查不同。此參照司法院大法官釋字第342號解釋理由書記載：「依民主憲政國家之通例，國家之立法權屬於國會，國會行使立法權之程序，於不牴觸憲法範圍內，得依其自行訂定之議事規範為之，議事規範如何踐行係國會內部事項。依權力分立之原則，行政、司法或其他國家機關均應予以尊重，學理上稱之為國會自律或國會自治。又各國國會之議事規範，除成文規則外，尚包括各種不成文例規，於適用之際，且得依其決議予以變通，而由作此主張之議員或其所屬政黨自行負擔政治上之責任。故國會議事規範之適用，與一般機關應依法規嚴格執行，並受監督及審查之情形，有所不同。……」「……此係基於權力分立，各部門平等，互相尊重之意旨，司法機關就此等事項之審查權應受限制……德國聯邦憲法法院1977年裁判亦認為：議會之議事規範除牴觸憲法者外，有關議事進行及紀律等事項，均屬議會自律之範圍……」；釋字第381號解釋理由書亦認為，「民意代表機關其職權行使之程序，於不牴觸憲法及法律範圍內，得依其自行訂定之議事規範為之，學理上稱為議會自律或議會自治」即明。

而議會正、副議長選舉，既屬議會內部議事之進行，議員於選舉時違反議事規範，亦係屬議事內部紀律之事項。所以，參照上述大法官之見解，司法機關對於議員單純違反議事規則亮票之行為，可交由議會自律、自治，

以確保憲法上權力分立、議會自律等憲法上原則之實現。

實務見解大變更

最高法院 104 年度第 14 次刑事庭會議㈡決議改變過往實務見解，認直轄市、縣（市）議會議員於投票選舉議長、副議長時，其在選票上所圈選之內容，僅屬議員本身所保有之秘密，既非國家所保有之秘密，亦與國家政務或事務無關，自非屬上開公務秘密。直轄市、縣（市）議會議員於投票選舉議長、副議長時之「亮票行為」，自不構成刑法第 132 條第 1 項之公務員洩漏國防以外之秘密文書罪。在未有刑法明文規範之前，宜由議會內部紀律加以處理，司法權不應介入。

另外，立法院於 105 年間則將上開縣（市）議會之議長、副議長選舉或罷免，規定為記名投票，司法院大法官以釋字第 769 號解釋認為合憲，此觀該號解釋文認地方制度法第 44 條第 1 項前段規定：「……縣（市）議會置議長、副議長……由……縣（市）

議員……以記名投票分別互選或罷免之。」及第 46 條第 1 項第 3 款規定：「……縣（市）議會議長、副議長…之罷免，依下列之規定：……3、……由出席議員……就同意罷免或不同意罷免，以記名投票表決之。」其中有關記名投票規定之部分，符合憲法增修條文第 9 條第 1 項所定由中央「以法律定之」之規範意旨。縣（市）議會議長及副議長之選舉及罷免，非憲法第 129 條所規範，前開地方制度法有關記名投票規定之部分，自不生違背憲法第 129 條之問題。解釋理由書並認縣議會議長及副議長之選舉及罷免，究應採記名或無記名投票方式，因各有其利弊，尚屬立法政策之選擇。查中央立法者考量地方議會議長及副議長之選舉實務，為彰顯責任政治，並防止投票賄賂行為（立法院第 9 屆第 1 會期第 2 次會議議案關係文書院總第 1544 號委員提案第 18257 號及第 18525 號參照），乃修正為系爭規定，將地方議會議長及副議長之選舉及罷免，由無

記名投票改為記名投票方式，有
其上述正當目的，且其手段與目
的之達成間亦有合理關聯，並非
恣意之決定，尚未逾越中央立法
權之合理範圍。

小　結

　　綜上所述，雖然過去實務上
對於議會選舉亮票，仍認為構成
犯罪，然而一般來說，議會內部
選舉，應屬議會自治的範疇，僅
存政治責任之問題。因此，議員
縱使違反議事選舉規範，司法機
關基於尊重議會自治、自律的前
提下，應毋須介入，惟我國議會
的內部自治以及議員自律，是否
已達先進法治國家的程度，而得
自我規範毋須他律，實值得我們
嚴肅思考，畢竟這是司法機關不
介入而予以尊重的前提。

參考法條
公職人員選舉罷免法第 63 條、
第 65 條、第 88 條、第 105 條、
刑法第 132 條

侵占彩金 7 億元，二審確定；
貪污 1 元，卻可上訴第三審？

某涂姓臺商控告張姓夫婦受其委託代買彩券，卻獨吞稅後近新臺幣 7 億 3,000 多萬元之威力彩頭獎彩金，法官認為涉嫌侵占的張姓夫婦毫無悔意，敗壞社會誠信，分別依侵占罪判處張男 3 年 6 月、張妻 3 年徒刑，全案定讞，不得上訴最高法院。然而，犯罪金額如此龐大，為何會在二審高等法院就定讞，不得上訴三審最高法院呢？而某些犯罪金額很少，卻可以上訴最高法院，標準何在呢？以下簡述不得上訴第三審之案件類型及相關法律規範。

什麼罪不得上訴第三審？

我國刑事法院的架構，第一審是地方法院，第二審是高等法院，第三審是最高法院。所以一般刑事案件，其流程通常為檢察官起訴至地方法院，當事人不服判決再上訴第二審高等法院，再不服則上訴至第三審最高法院。不過，有些案件第一審、第二審都是在地方法院，例如：簡易判決之第二審法院就是地方法院合議庭（刑事訴訟法第 455 條之 1 參照）。

然而，立法者基於如果每件案件都能上訴第三審最高法院，法官恐不堪負荷，以及參考外國嚴格限制上訴第三審之立法例等考量（《立法院公報》第 84 卷第 50 期院會紀錄第 78 頁參照），而修正刑事訴訟法第 376 條，規定

「左列各罪之案件，經第二審判決者，不得上訴於第三審法院。 1.最重本刑為 3 年以下有期徒刑、拘役或專科罰金之罪。 2.刑法第 320 條、第 321 條之竊盜罪。 3.刑法第 335 條、第 336 條第 2 項之侵占罪。 4.刑法第 339 條、第 341 條之詐欺罪。 5.刑法第 342 條之背信罪。 6.刑法第 346 條之恐嚇罪。 7.刑法第 349 條第 2 項之贓物罪。」

因此，不得上訴第三審最高法院之案件類型，大致可為二種，一種是以法定刑度來認定，一種則是以罪名來認定。換言之，一種是看所涉犯罪最重本刑，是否為 3 年以下有期徒刑、拘役或專科罰金之罪，另一則看是否屬前述不得上訴第三審之竊盜、侵占、詐欺、背信、恐嚇、贓物等罪。

而常見不得上訴第三審最重本刑為 3 年以下之輕罪案件，例如：毀損罪（刑法第 354 條，最重本刑 2 年有期徒刑）、恐嚇危安罪（刑法第 305 條，最重本刑 2 年有期徒刑）、誹謗罪（刑法第 310 條第 1 項，最重本刑 1 年有期徒刑）等罪。

另外，縱使其最重本刑超過 3 年之竊盜、侵占、詐欺、背信、恐嚇、贓物等罪（例如：第 320 條竊盜罪、第 335 條、第 336 條第 2 項侵占罪、第 339 條、第 341 條詐欺罪、第 342 條背信罪等，最重本刑為 5 年），依據刑事訴訟法第 376 條第 2 至 7 款之規定，還是不能上訴第三審。

由上述可知，除了前述特定條文之罪名以外（即前述竊盜、侵占等），主要認定可否上訴第三審，依然是以法定刑中最重本刑有無超過 3 年有期徒刑來認定。因此，諸如貪污治罪條例所規範之各種犯罪，其最重法定刑，大部分都超過 3 年，依據前述說明，是可以上訴第三審最高法院。例如：貪污治罪條例第 4 條第 1 項第 1 款侵占公有財物罪（最重本刑無期徒刑）、貪污治罪條例第 5 條第 2 款利用職務上之機會詐取財物罪（最輕本刑 7 年以上有期徒刑）、貪污治罪條例第 6 條第 1 項第 4 款、第 5 款公務員圖利罪（最輕本刑 5 年以上有期徒刑）。

罪名如何認定？

不得上訴第三審之犯罪，法條雖已明確規範法定刑或罪名，不過，有時候還是會遇到認定上的困難，例如，李慶安雙重國籍案，經臺灣高等法院判決詐欺等無罪之二審判決可否上訴第三審之爭議。

又如一個高等法院判決為過失傷害罪的案子，檢察官可否認為判決不當，認為應構成殺人未遂罪而上訴第三審最高法院？

依據實務之見解，端視檢察官在法院審理過程有無爭執、論告構成殺人未遂罪而定。此有司法院大法官解釋第 60 號解釋文揭示：「案件是否屬於刑法第 61 條所列各罪之範圍，尚有爭執者，應視當事人在第二審言詞辯論終結前是否業已提出，如當事人本已主張非刑法第 61 條所列各罪，第二審仍為認係該條各罪之判決者，始得上訴於第三審法院」、最高法院 30 年上字第 2227 號判例要旨揭示：「是否係刑事訴訟法第 368 條（按：現行刑訴第 376 條）所謂刑法第 61 條所列各罪之案件，並不以第二審判決時所適用

之法條為唯一標準，如起訴時非刑法第 61 條所列之罪，當事人對於第二審認為係該罪之判決復有爭執者，即非所謂刑法第 61 條所列各罪之案件，不受不得上訴於第三審法院之限制」等實務見解足資參照。

小　結

綜上所述，刑事案件可否上訴第三審，須視所犯之罪，其最重本刑或者罪名而定，認定上有時還會牽涉審理過程所爭執之罪名，不可一概而論。而又例如上述刑法第 335 條、第 336 條第 2 項之侵占罪，無論其侵占金額多高，依據刑事訴訟法第 376 條，不能上訴第三審最高法院，在第二審高等法院就會確定，這也就是為什麼侵占彩金 7 億元的案件會在高等法院判決後就確定之原因。

參考法條

刑事訴訟法第 376 條、第 455 條之 1、刑法第 320 條、第 321 條、第 335 條、第 336 條、第 339 條、第 341 條、第 342 條、第 346 條、第 349 條

侵占彩金 7 億元，二審確定；貪污 1 元，卻可上訴第三審？

不得易科罰金，但得易服社會勞動？

前總統的兒子及女婿都因為偽證案遭判刑 3 個月定讞。臺灣臺南地方法院檢察署證實兩人都申請易服社會勞動，檢方也同意，將安排為弱勢學童上課。然而，依據法律規定，6 個月以下有期徒刑多可以易科罰金。但為什麼偽證罪不得易科罰金，卻能易服社會勞動呢？

偽證罪不得易科罰金？

依據刑法第 41 條第 1 項規定：「犯最重本刑為 5 年以下有期徒刑以下之刑之罪，而受 6 月以下有期徒刑或拘役之宣告者，得以新臺幣 1,000 元、2,000 元或 3,000 元折算 1 日，易科罰金。但易科罰金，難收矯正之效或難以維持法秩序者，不在此限。」

雖然一般會認為只要被判 6 個月以下有期徒刑，被告就可以聲請易科罰金，然而，要易科罰金，依據刑法第 41 條規定，除了需要被法院宣告 6 個月以下有期徒刑或拘役之外，被告所犯之罪，其最重本刑還必須要為 5 年以下有期徒刑才可以。也就是說，法定最重本刑超過 5 年以上的重罪，縱使法院輕判 6 個月以下，仍然是無法易科罰金的。

而偽證罪，依據刑法第 168 條規定，其法定刑是「7 年以下有期徒刑」，最重本刑已逾 5 年，因此不得依刑法第 41 條第 1 項規定易科罰金，縱使犯偽證罪而遭法院僅判決 6 個月以下有期徒刑，依前述規定，仍然是無法易科罰金的。

不得易科罰金，改聲請易服社會勞動？

再者，依據刑法第 41 條第 3 項、第 2 項規定：「受 6 月以下有期徒刑或拘役之宣告，不符第 1 項易科罰金之規定者，得依前項折算規定，易服社會勞動。」「依前項規定得易科罰金而未聲請易科罰金者，得以提供社會勞動 6 小時折算 1 日，易服社會勞動。」

換言之，重罪輕判，雖無法易科罰金，但是執行短期自由刑而將犯人短暫關在獄中，對於個人及社會來說，影響通常是負面的。因此，立法者參考外國「社區服務」制度，而修正刑法第 41 條（98 年 1 月 21 日總統令修正公布；並自 98 年 9 月 1 日施行），

增加「易服社會勞動」（以提供社會勞動 6 小時折算 1 日）的選項，以提供在無法易科罰金或未聲請易科罰金執行刑罰的另一選擇，使犯人提供勞動或服務，作為「刑罰的替代措施」。

因此，依現行刑法第 41 條，縱使犯的是超過 5 年以上的重罪，但只要受 6 月以下有期徒刑或拘役之宣告，還是能聲請易服社會勞動的。

聲請易服社會勞動，檢察官不一定准許？

檢察官對於被告易服社會勞動的聲請，可以實質審查。依據刑法第 41 條第 4 項規定：「前 2 項之規定，因身心健康之關係，執行顯有困難者，或易服社會勞動，難收矯正之效或難以維持法秩序者，不適用之。」

換言之，檢察官審查的重點在於被告有無因「身心健康之關係，執行顯有困難」，或者「易服社會勞動，難收矯正之效或難以維持法秩序」之情形，也就是說法條縱使規定重罪輕判可以聲請

易服社會勞動,然而,檢察官不必然會准許,當檢察官認為被告有上述之情形下,就可以不准被告聲請易服社會勞動。

至於被告對於檢察官不准易服社會勞動之聲請,仍可向法院聲明異議自不待言(刑事訴訟法第484條規定:「受刑人或其法定代理人或配偶以檢察官執行之指揮為不當者,得向諭知該裁判之法院聲明異議。」)。

社會勞動之內容及對象,依據刑事訴訟法第479條規定:「依刑法第41條、第42條及第42條之1易服社會勞動或易服勞役者,由指揮執行之檢察官命令之。易服社會勞動,由指揮執行之檢察官命令向該管檢察署指定之政府機關、政府機構、行政法人、社區或其他符合公益目的之機構或團體提供勞動,並定履行期間。」亦即,社會勞動之對象及內容須由各地方法院檢察署指定之。

小　結

易服社會勞動在實務上運作已有一段期間,犯人提供勞動或服務的對象相當多元,包括「學校、公益團體、社區、政府機關、機構、行政法人」等,勞務內容亦包山包海,包括「清潔整理、居家照護、弱勢關懷、淨山淨灘、環境保護、生態巡守、社區巡守、農林漁牧業勞動、社會服務、文書處理、交通安全以及其他各種無酬且符合公共利益之勞動或服務」(社會勞動執行機關(構)之遴選與執行作業規定第4條、檢察機關辦理易服社會勞動作業要點第3點、第4點參照)。易服社會勞動在一定程度上應能有效減少短期自由刑的流弊,並使犯人對社會有所貢獻。

參考法條

刑法第41條、第42條、第42條之1、第168條、刑事訴訟法第479條、第484條、社會勞動執行機關(構)之遴選與執行作業規定第4條、檢察機關辦理易服社會勞動作業要點第3點、第4點

偽證罪判刑，遭解除市議員職務！

　　風光當選並任職高雄市議員的陳小中，任職市議員期間不到1年，就因為國務機要費偽證案遭判刑3個月定讞，依法解除市議員職務。然而，某邱姓立委先前因案入獄服刑，出獄後還可繼續當立委，引起民眾質疑是否執法不公？還是法令不同？而所謂偽證罪，其構成要件為何？只要說謊，就會構成偽證罪嗎？

判刑就解職？市議員與立法委員命運大不同！

　　依據地方制度法第79條規定：「直轄市議員、直轄市長、縣（市）議員、縣（市）長、鄉（鎮、市）民代表、鄉（鎮、市）長及村（里）長有下列情事之一，直轄市議員、直轄市長由行政院分別解除其職權或職務；……4.犯前2款以外之罪，受有期徒刑以上刑之判決確定，而未受緩刑之宣告、未執行易科罰金或不得易服社會勞動者。」由上開條文可知，只要是地方公職人員受到有期徒刑之判刑確定，而未宣告緩刑、得易科罰金或不得易服社會勞動者，即須解除職務。因此，陳小中遭判刑3個月，既未宣告緩刑，也未易科罰金，依法只有解職乙途。

至於該邱姓立法委員，因屬中央公職人員，並無地方制度法之適用，其他相關法律也無規定立法委員判刑確定即須解除職務，因此，出獄後仍得繼續擔任立法委員。

只要在法院說謊，就構成偽證罪嗎？

依據刑法第 168 條規定：「於執行審判職務之公署審判時或於檢察官偵查時，證人、鑑定人、通譯於案情有重要關係之事項，供前或供後具結，而為虛偽陳述者，處 7 年以下有期徒刑。」換言之，必須同時具有「於案情有重要關係之事項」、「供前或供後具結」、「虛偽陳述」等要件，才會構成。

而所謂「虛偽陳述」，「必須行為人以明知不實之事項，故為虛偽之陳述，始為相當；質言之，必須行為人，主觀上明知反於其所見所聞之事項，故意為不實之陳述而言。上訴人就其聽聞而為證述，與故與虛偽陳述之犯罪構成要件有間。」（最高法院 81 年

台上字第 1330 號判決參照）、「所謂偽證，係指證人對於所知實情故作虛偽之陳述而言，不包括證人根據自己之意見所作之判斷在內。」（最高法院 69 年台上字第 1506 號判例參照）。

換言之，虛偽與否端視證人是否明知而故意為不實陳述而定，因此，如證人稱是聽聞而來，即便該聽聞與事實不符，只要證人如實陳述聽聞內容，並不會構成犯罪；或者，證人陳述自己的意見、判斷（例如：我相信被告是好人，不會去犯罪等等），縱與事實不符，也不會構成犯罪。

另如，證人因為誤會或記憶錯誤而作之陳述，縱與事實不符，因無主觀犯意，也不會構成本罪。最高法院即認為：「刑法第 168 條之偽證罪，以與案情有重要關係事項故意為虛偽之陳述為構成要件。若僅因誤會或記憶不清而有所錯誤，因欠缺犯罪故意，不能遽以本罪相繩。」（最高法院 57 年台上字第 2821 號判決參照）。

至於實例上常發生者乃某案件審理中，證人之證詞不被法官

採信，則證人是否就構成偽證罪？最高法院認為：「證人在民事訴訟中所為之證言，縱因未能得有可信之心證不予採取，而在刑事上仍須有確切證據足以證明其故為虛偽之陳述者，始得論處偽證罪刑。」（最高法院 48 年台上字第 352 號判決參照）。亦即，仍應視具體情況而論，證人之證詞即便不為法院所採信，然也不能就單憑此原因而論定證人觸犯偽證罪。

何謂「於案情有重要關係」之事項？

實務見解認為，所謂「於案情有重要關係」之事項，係指該事項之有無、真偽，足以影響於裁判之結果者而言，蓋證人就此事項為虛偽之陳述，有使裁判陷於錯誤之危險，故論以偽證罪而科以刑罰；如該事項不足以影響裁判之結果，即非於案情有重要關係，縱係故意為虛偽之陳述，亦與偽證罪之構成要件不符（最高法院 90 年台上字第 6189 號判決參照）。

所謂「於案情有重要關係」，例如在買賣糾紛案件中，證人偽證說當場有幫忙數錢（但事實上並無交付價金），因「價金有無交付」在買賣糾紛中為重要事項，如虛偽陳述，則構成偽證罪（最高法院 56 年台上字第 1701 號判決參照）。

而實務上認為於案情並無重要關係者，例如：「本件於案情有重要關係之事項，應係指證人即上訴人夏○發所陳述之內容是否對於陳○忠與蔡○焰有無通姦、相姦之行為，而足以影響於裁判之結果為斷，然夏○發之上開陳述，既不足據以認定陳○忠與蔡○焰有通姦、相姦之嫌疑，且係傳述案外人蔡○昌之言詞，亦不足據以認定陳○忠與蔡○焰有無結婚之事實，則上訴人夏○發之上開陳述，縱屬虛偽，與張○玉之告訴內容，是否於該案情有重要關係，尚非無研求之餘地。」（最高法院 87 年台上字第 873 號判決參照）。

沒有具結而為證言或依法不得命具結卻誤命具結，會構成偽證罪嗎？

偽證罪之構成，尚須證人在「具結」而作證之情形下，才會構成，若證人並未具結或依法不得命具結卻誤命具結者，都不能算是已合法具結，而縱證人為虛偽陳述，也不會構成本罪。

最高法院 30 年非字第 24 號判例認為：「㈠所謂具結，係指依法有具結義務之人，履行其具結之義務而言，若在法律上不得令其具結之人，而誤命其具結者，即不發生具結之效力。㈡偽證罪之成立，以虛偽陳述之證人已於供前或供後具結為其成立要件之一，刑法第 168 條規定極明，所謂具結，係指依法有具結義務之人，履行其具結義務而言，若在法律上不得令其具結之人，而誤命其具結者，即不發生具結之效力。」

作偽證卻沒有害到人或沒有幫忙到他人，是否仍構成偽證罪？

作偽證的人可能基於很多動機與原因，有些是因為朋友要求幫忙作證，以求脫罪；有些是因為企圖加害他人。假如，證人為幫忙朋友而作偽證，但朋友還是遭判刑，無法脫罪，此時證人構成偽證罪嗎？或者，證人為害人而作偽證，但法官明察秋毫，判決無罪，證人有構成偽證罪嗎？

實務見解認為：「按刑法上之偽證罪，不以結果之發生為要件，一有偽證行為，無論當事人是否因而受有利或不利之判決，均不影響其犯罪之成立。而該罪所謂於案情有重要關係之事項，則指該事項之有無，足以影響於裁判之結果者而言。」（最高法院 71 年台上字第 8127 號判例參照）。

小 結

刑法偽證罪並非只要說謊就構成，必須同時具有「於案情有重要關係之事項」、「供前或供後具結」、「虛偽陳述」等要件，才會構成。所謂「虛偽陳述」，必須證人以明知不實之事項，故為虛偽之陳述，始為相當。因此，如聽聞他人所述而轉述內容，即便該內容並非事實，也不會有偽證

罪；再如根據自己的意見所作判斷，即便判斷錯誤，也非偽證；證人因為誤會或記憶錯誤而作之陳述，縱與事實不符，因無主觀犯意，也不會構成本罪。至於「於案情有重要關係」之事項，係指該事項之有無、真偽，足以影響於裁判之結果者而言，例如：在買賣糾紛的案件中證人謊稱當場有幫忙數錢，因「價金有無交付」在買賣糾紛中為重要事項，如虛偽陳述，則構成偽證罪。除上述兩要件之外，偽證罪之構成，尚須證人在「具結」而作證之情形下，才會構成，若證人並未具結或依法不得命具結卻誤命具結者，都不能算是已合法具結，而縱證人為虛偽陳述，也不會構成本罪。

參考法條

地方制度法第 79 條、刑法第 168 條

罵公務員「沒讀書」，判刑50天！

范姓男子至新竹監理站辦理換發駕駛執照，因有罰單未繳清，監理站人員告知須繳清才能辦理，范姓男子不滿，竟拍桌大罵公務員「沒讀書」，遭臺灣新竹地方法院以「侮辱公務員罪」判刑50日。到底在何種狀況下會構成侮辱公務員罪呢？

侮辱公務員，該當何罪？

依據刑法第140條規定：「於公務員依法執行職務時，當場侮辱，或對於其依法執行之職務公然侮辱者，處6月以下有期徒刑、拘役或100元以下罰金。對於公署公然侮辱者亦同。」

所謂「當場」，係指「……於公務員依法執行職務之場所或現場，但不限於以當面為限，凡在依法執行職務公務員之耳目所可及之處所或範圍內，皆包括之，縱如被告所言其係於步出法庭後，始口出菜鳥法官之詞，然既仍在承審法官耳目所能及之範圍內，並經承審法官聽聞而命法警將其逮捕，自屬『當場』侮辱無疑。」（臺灣高等法院臺中分院91年上易字第2225號判決參照）。因此，對於執行職務之公務

員當面侮辱者，固然構成犯罪，縱使並非當面為之，但仍在公務員耳目所能及之範圍內為之，亦屬當場。

對於公務員執行職務有「違法」疑義，而出言侮辱，可以免責嗎？

題示案例，范姓男子因認為更換駕照與繳清罰單無關，而認為監理站公務員拒不辦理更換手續乃「違法」，於是出言侮辱，可以嗎？

實例上，許多執行公務的場合會發生民眾與執法單位意見不一的情形，如認為此時民眾就可以出言侮辱公務員，將導致公務執行難以貫徹的窘境。

因此，實務認為，「任何人均有不受他人任意侮辱之人格權，且為貫徹公權力之執行，自應保障公務員執行職務之行為，縱令對於公務員於執行公務程序有所異議，自應循合法程序尋求救濟，亦不得任意以言詞或行動對於施以侮辱，被告竟以菜鳥法官辱稱，衡之常情，當然含有輕蔑侮辱之

意……」(臺灣高等法院臺中分院91年上易字第2225號判決參照及臺灣高等法院臺南分院85年上易字第470號判決亦同此旨)。

對於多數公務員同時侮辱者，構成多個侮辱公務員罪嗎？

實例上常見在執法現場有數個公務員，如同時辱罵多數公務員，會構成多個侮辱公務員罪嗎？

實務認為「刑法第140條侮辱公務員罪，屬妨害國家公務之執行，為侵害國家法益，並非侵害個人法益之犯罪，如對於公務員2人以上依法執行職務時，當場侮辱，仍屬單純一罪，並無刑法第55條所謂『想像競合犯』之法例適用。本件被告同時辱罵3警員並對該3警員吐口水，其所侵害為國家法益，原判決以刑法第140條第1項之侮辱公務員一罪論擬，於法並無違誤。」(最高法院85年台非字第238號判決參照)。

亦即，縱使出言同時辱罵數公務員，也只會構成一個侮辱公

務員罪，而不會構成多個罪。

舉白布條抗議鎮公所 「工程弊端重重」，構成犯罪嗎？

　　民眾為了抗議政府單位之施政作為而舉白布條之行為，時有所聞。然而，寫白布條的時候，可要仔細審酌內容，不要出現有辱公署的字眼，否則，可能觸犯刑法第 140 條第 2 項之侮辱公署罪。

　　實例上曾認為「被告等人，身為地方民意代表，倘發現行政機關人員有不當違法情事，自應循議事程序予以監督或依法向司法機關提出舉發，渠等不此之圖，竟懸掛前述布條抗議，謾指苑裡鎮公所工程黑幕重重弊端百出等情，顯對於由全體行政人員所組成之公署本身公然侮辱。」(臺灣高等法院臺中分院 85 年上易字第 1846 號判決參照)。

小　結

　　由上可知，雖民主國家對於民眾表達施政意見應予尊重，但仍應強調法治精神，對於政府的批評也不能毫無憑據而流於謾罵。

參考法條
刑法第 140 條

10

假扣押篇

臺鐵太魯閣號車禍，砂石車公司脫產？

臺鐵一列太魯閣號列車於行經桃園埔心站幸福水泥平交道時，因砂石車違法闖入平交道導致列車直接撞上砂石車，造成臺鐵列車嚴重毀損，列車長當場死亡，旅客 20 多人受傷。臺鐵表示將向肇事砂石車駕駛及車輛所屬的兩家業者求償，包括殉職駕駛的撫卹金、毀損的車廂等，求償金額約 2.2 億元。而針對此龐大之賠償責任，據傳相關人員已經脫產，臺鐵也向法院聲請假扣押。如相關人員確實脫產，除民事責任外，是否有刑事責任呢？

何謂「脫產」？

「脫產」並非法律名詞，係泛指債務人為了脫免債務清償或債權人之追討、強制執行等，而將其名下財產挪移至他人名下，或者將財產設定抵押、開具本票或作成其他虛偽債權給他人，以稀釋其財產價值。

債務人有脫產行為者，在民事程序上，債權人得依據民法第 244 條向法院聲請撤銷債務人所為害及債權之行為。

毀損債權罪？

依據刑法第 356 條規定：「債務人於將受強制執行之際，意圖損害債權人之債權，而毀壞、處分或隱匿其財產者，處 2 年以下有期徒刑、拘役或 500 元以下罰金。」

而本罪對於脫產之時間點規定為「將受強制執行之際」，「若已執行完畢之後，發生糾葛，自與該條規定未符。」（最高法院33年上字第3339號判例參照）。換言之，若在強制執行程序終結完畢後才脫產者，就不構成本罪。

而所謂 「將受強制執行之際」，「以債權人業已取得執行名義為其前提要件」（最高法院55年台非字第118號判決參照），「係指所負債務業經受有確定之終局判決，或受有假執行宣示之判決，以及已經開始執行尚未終結以前而言。」（最高法院58年台上字第1812號判決參照）。

實例上曾發生債權人（自訴人）與某甲之債務糾紛在民國43年才判決確定，但某甲在40年間就將商店營業權讓與他人，債權人因此對於某甲提告。法院認為：「所謂將受執行，指已有債務名義得以公力執行尚未執行者而言。原判決既認定自訴人與某甲債務涉訟案43年3月16日始經本院判決確定，而上訴人向某甲讓與三塊厝之營業權，則遠在40

年12月間，其時自訴人與某甲之債務尚未判決確定，如非另有其他得為執行原因，如何可解為將受執行之際，不無疑問。」（最高法院45年台上字第110號判決參照）。

債務人將名下房屋出租，是否犯毀損債權罪？

實例上曾發生債務人於將受強制執行之際，將名下房屋出租他人，此舉是否構成「毀壞、處分或隱匿財產」之行為？

最高法院認為並無犯罪，理由是：「法律上所謂出租，係以合於所約定使用收益之物交付承租人，取得租金對待給付，而任其使用收益之契約。是承租人對於物之實質上或權利上未能享有變更、消滅、拋棄、移轉及其他一切處分行為甚為明顯。從而刑法第356條所規定損害債權之處分行為，應不包括出租在內，亦無疑義。」（最高法院44年台非字第74號判決參照）。

但也有實務見解認為構成犯罪。因債務人於將受強制執行之

際，意圖損害債權人之債權，而於其所有之不動產，設定租賃權與他人，係所有權之行使受限制，亦應解為係隱匿其財產，而成立刑法第 356 條之損害債權罪（臺灣高等法院 88 年度座談會意見參照）。

公司負債，負責人將公司財產脫產，負責人是否犯罪？

如題示案例，砂石車司機執行職務中肇事，砂石車公司依法應負連帶賠償責任。如公司負責人於將受強制執行之際幫公司脫產，公司負責人是否構成本罪？

實例上常發生此種案例，但目前實務見解認為公司負責人如將公司之財產脫產，並無本罪之構成。

此觀臺灣高等法院暨所屬法院 68 年度法律座談會刑事類第 25 號研討意見認為：「按刑法第 356 條之毀損債權罪，其犯罪主體應以債務人為限，而債務人為法人時，又別無處罰其代表人之規定，是公司負責人，雖於該公司財產將受強制執行之際，意圖

損害債權人之債權，而出售該公司之財產，亦不得以本罪相繩（參照最高法院 61 年台非字第 213 號判決）。」

臺灣高等法院 82 年上易字第 5144 號判決也認為，刑法第 356 條所定之毀損債權罪，其犯罪主體所指之「債務人」應以自然人為限，必該債務人係自然人，於將受強制執行之際，意圖損害債權人之債權，而毀壞、處分或隱匿其財產者，始克當之。

債務人不知有假扣押裁定而處分財產，是否犯罪？

實例上較有疑義者乃債務人不知債權人已聲請假扣押而仍處分其財產，是否構成刑法第 356 條之罪？

肯定說認為，債務人既知負有債務，並已受清償之催告，仍予處分供債權人擔保之財產，自不阻卻犯罪之故意而應負刑責。

而否定說認為，債務人既未受假扣押裁定之送達，則其在不知情之情形下處分其財產，顯欠缺損害債權之故意，應不負刑責

（法務部 (84) 法檢㈡字第 2232
號函參照）。

小　結

　　債務人脫產可能會構成刑法
第 356 條毀損債權罪，但並非債
務人一有脫產行為就構成，脫產
之時間點須在「將受強制執行之
際」。所謂「將受強制執行之際」，
以債權人業已取得執行名義為其
前提要件。換言之，係指所負債
務業經受有確定之終局判決，或
受有假執行宣示之判決，以及已
經開始執行尚未終結以前而言。
另如公司負債，而負責人將公司
財產脫產，公司負責人是否構成
本罪？目前實務見解認為公司負
責人如將公司之財產脫產，並無
本罪之構成，因為刑法第 356 條
所定之毀損債權罪，其犯罪主體
所指之「債務人」應以自然人為
限。因此，題示案例砂石車公司
負責人於將受強制執行之際幫公
司脫產，公司負責人不會構成毀
損債權罪。

員工詐領款項，聲請假扣押？

10.
假扣押篇

廣答科技公司驚傳發生員工詐領案，該員工藉職務之便，透過報銷費用的過程浮報金額，詐領案總金額高達 8,000 多萬元，法院核准廣答律師提出的假扣押聲請。什麼是假扣押？聲請假扣押的要件有哪些?相關實務見解、法律規範有哪些？

假扣押→真查封？

民事糾紛中，債權人在取得勝訴判決確定之前，原則上尚不能強制執行債務人的財產。然而，債權人如果發現債務人為了逃避責任，已在進行脫產的行為，假如還要等到判決確定才能執行債務人的財產，那麼債權人到時即可能因債務人已無財產可供執行而難以受償。所以，民事訴訟法第 522 條第 1 項即特別規定:「債權人就金錢請求或得易為金錢請求之請求，欲保全強制執行者，得聲請假扣押。」因此，債權人即得依此規定向法院聲請假扣押，法院審核要件符合後，即會核發假扣押裁定。

一般假扣押裁定主文的記載是「債權人以新臺幣○○元，為債務人供擔保後，得對於債務人

之財產，在新臺幣〇〇〇元之範圍內，予以假扣押。債務人以新臺幣〇〇〇元為債權人供擔保或將請求之金額提存後，得免為或撤銷前項假扣押。」因此，債權人取得假扣押裁定，即得向法院提供擔保（例如：向法院提存所提存）以向法院民事執行處聲請就債務人財產為假扣押之強制執行。然而，債權人既尚未取得勝訴確定判決，故僅能進行至查封階段而不能拍賣。

假扣押門檻之一，先釋明原因事實？

雖然債權人就金錢請求（例如：借款債權、買賣價金等）或得易為金錢之請求，欲保全強制執行時，得聲請假扣押。然而，聲請假扣押還是須具備一定的門檻、條件，並不是任何情形都可以聲請假扣押。近來，因法律對於假扣押之要件有所修改，致使法院審核准否假扣押有日趨嚴格之傾向。

首先，債權人須向法院釋明假扣押的原因事實。依據民事訴訟法第 525 條第 1 項第 2 款規定：「假扣押之聲請，應表明下列各款事項：……2.請求及其原因事實。」所謂「原因事實」指的是債權人金錢請求產生之原因事實，例如：因債權人債務人間存有借款關係，債務人屆清償期仍未還款；或者，債權人債務人間存有買賣關係，買方遲未支付價金等，其他可能產生金錢請求之原因事實眾多，例如：不當得利、契約、無因管理、侵權行為等等。

假扣押門檻之二，釋明假扣押原因？

依據民事訴訟法第 523 條規定，「假扣押的原因」，係指：「有日後不能強制執行或甚難執行之虞者」、「應在外國為強制執行者，視為有日後甚難執行之虞」。

所謂日後不能強制執行或甚難執行之虞，依實務之見解指的是「債務人浪費財產」、「增加負擔」、債務人「就其財產為不利益之處分，將成為無資力」（脫產）、「債務人將移住遠方或逃匿」等

情形。此有最高法院 19 年抗字第 232 號判例要旨記載:「假扣押非日後不能強制執行或恐難執行者不得為之,所謂不能強制執行,如債務人浪費財產,增加負擔,或就其財產為不利益之處分,將成為無資力之情形等是,所謂恐難執行,如債務人將移住遠方或逃匿是也」足資參照。

須提出相關證據釋明?

民事訴訟法第 526 條第 1 項規定,債權人就「請求及假扣押之原因,應釋明之。」而所謂「釋明」,指的是「當事人提出之證據,固無須讓法院達到確信之程度,祇在使法院得薄弱之心證,信其事實上之主張大概如此為已足(與證明云者,乃當事人提出之證據方法,足使法院產生堅強之心證,可完全確信其主張為真實,在構成法院之心證程度未盡相同,二者非性質上之區別,而係分量上之差異),惟必以可使法院信其『大致為正當』之心證為真實者,始得稱之。否則,亦難謂其就事實上之主張已為相當之

釋明」(最高法院 99 年台抗字第 175 號民事裁定參照)。

因此,民國 92 年 2 月 7 日(92 年 9 月 1 日施行)修正公布民事訴訟法第 526 條規定,將原本條文中「請求及假扣押之原因,應釋明之。『債權人雖未為前項釋明』,如就債務人所應受之損害已供法院所定之擔保者,得命為假扣押。」修正為「請求及假扣押之原因,應釋明之。『前項釋明如有不足』,而債權人陳明願供擔保或法院認為適當者,法院得定相當之擔保,命供擔保後為假扣押。請求及假扣押之原因雖經釋明,法院亦得命債權人供擔保後為假扣押。債權人之請求係基於家庭生活費用、扶養費、贍養費、夫妻剩餘財產差額分配者,前項法院所命供擔保之金額不得高於請求金額之 10 分之 1。」如此之修正,使得債權人無論如何都必須釋明假扣押請求及原因,提高假扣押聲請之門檻,否則「債權人就其請求及假扣押之原因,有任何一項未予釋明,法院即不得為命供擔保後假扣押之裁定。」(最

高法院 97 年台抗字第 227 號民事裁定參照)。

小　結

　　綜上所述,債權人並非在任何情形下都可為假扣押聲請,其仍須符合相關的要件,尤其必須提出證據釋明除了「原因事實」以外的「假扣押原因」,例如:具有「債務人浪費財產」或者「增加負擔」、債務人「就其財產為不利益之處分,將成為無資力」(脫產)、「債務人將移住遠方或逃匿」等情形始得為之。如此的修法,表現出立法者平衡債權人及債務人利益之用意。

參考法條

民事訴訟法第 522 條、第 523 條、第 525 條、第 526 條

提存容易，取回難：取回擔保金之程序

大明向法院聲請對小強假扣押，大明並提供一筆擔保金提存至法院，假扣押小強之財產。然而，當事情告一段落之後，大明要如何早日領回假扣押的擔保金呢?法律上有那些程序或要件呢?

假扣押擔保金

為避免債務人於訴訟未確定前脫產，債權人可先聲請假扣押，法院則會命債權人提供通常是假扣押金額 3 分之 1 的擔保金，例如：債權人如果想要假扣押債務人財產 300 萬元，則法院通常會命債權人提供擔保金 100 萬元。因此，對於高額提存於法院之擔保金，債權人需要經過那些程序始能領回呢？

要等判決確定之後，才可領回擔保金嗎？

債權人假扣押債務人財產之後，接下來，債權人會向法院提起本案訴訟（例如：返還借款、貨款、損害賠償等訴訟）。然而，除法院判決外，訴訟中兩造經法院調解成立或者兩造私下和解而

債權人便撤回訴訟，隨著案件的處理方式不同，返還擔保金的要件也會有所不同。實務上常見債權人可以直接取回擔保金時機，則有 1.本案訴訟判決全部勝訴確定；2.雙方中途達成和解、調解，債務人同意取回擔保金等情形。

債權人可以直接取回假扣押擔保金之情形，依據提存法第 18 條第 1 項規定：「擔保提存之提存人於提存後，有下列情形之一者，得聲請該管法院提存所返還提存物：⋯⋯ 3.假扣押、假處分、假執行經裁判後未聲請執行，或於執行程序實施前撤回執行之聲請。⋯⋯ 5.假扣押、假處分所保全之請求，其本案訴訟已獲全部勝訴判決確定；其請求取得與確定判決有同一效力者，亦同。6.假執行、假扣押或假處分所保全之請求，其本案訴訟經和解或調解成立，受擔保利益人負部分給付義務而對提存物之權利聲明不予保留。⋯⋯ 8.受擔保利益人於法官或提存所主任前表明同意返還，經記明筆錄。」

另參民事訴訟法第 104 條第

1 項第 1、2 款規定：「有下列各款情形之一者，法院應依供擔保人之聲請，以裁定命返還其提存物或保證書：1.應供擔保之原因消滅者。2.供擔保人證明受擔保利益人同意返還者。」

沒有勝訴，債務人亦不同意取回擔保金，怎麼辦？

實務上最常見的情形是，本案訴訟債權人沒有全部勝訴，事後債務人也不同意債權人取回擔保金。此時，債權人如要取回擔保金，須先將假扣押強制執行程序撤回，進行「催告通知債務人行使權利」之程序，並向法院依民事訴訟法第 104 條規定聲請裁定領回擔保金，最後才能向提存所聲請領回擔保金。以下敘述在此種情形下，主要程序應為：

第一步，須先撤回假扣押強制執行程序：

此觀民事訴訟法規定第 104 條第 1 項第 3 款規定：「有下列各款情形之一者，法院應依供擔保人之聲請，以裁定命返還其提存物或保證書：⋯⋯ 3.訴訟終結後，

提存容易，取回難：取回擔保金之程序

供擔保人證明已定 20 日以上之期間，催告……」（民事訴訟法第 106 條準用，下同）即明。

而上述條文中所謂訴訟終結指的就是撤回假扣押等程序，如此是要確定債務人因假扣押程序所生之損害不再發生。

第二步，催告（例如寄存證信函）或聲請法院通知債務人於一定期間行使權利：

債權人於撤回假扣押執行程序，依民事訴訟法第 104 條第 1 項第 3 款，須催告或聲請法院通知債務人行使權利，民事訴訟法第 104 條第 1 項第 3 款規定：「有下列各款情形之一者，法院應依供擔保人之聲請，以裁定命返還其提存物或保證書：…… 3.訴訟終結後，供擔保人證明已定 20 日以上之期間，催告受擔保利益人行使權利而未行使，或法院依供擔保人之聲請，通知受擔保利益人於一定期間內行使權利並向法院為行使權利之證明而未證明者。」

第三步，聲請法院裁定返還擔保金：

當債務人於催告通知之期間都未行使權利，債權人即可向法院依上述民事訴訟法第 104 條之規定聲請法院裁定返還擔保金。

第四步，聲請法院提存所返還擔保金：

當返還擔保金之裁定確定後，債權人就可以向提存所聲請領回擔保金（提存法第 18 條第 1 項參照）。

小　結

綜上，假扣押等擔保金之取回程序，有許多細節必須注意及遵守，須一步步為之，以避免法院因程序不合法駁回擔保金取回之請求，延宕取回擔保金時間。

參考法條

提存法第 18 條、民事訴訟法第 104 條

11

家庭法律篇

父母禁女兒約會，妨害自由？

已成年的黃女在深夜想出門與泰籍男友約會，其父母竟聯手阻擋並將黃女強行拉入屋內，令其在神桌前下跪懺悔，黃女心有不甘，大聲喊叫並敲打神桌，父母親於是報警請警察前來勸說，黃女卻反控父母親「妨害自由」。臺灣彰化地方法院檢察署考量黃姓父母並無前科且是出於管教女兒的初衷，予以緩起訴。而所謂「妨害自由」之定義為何？父母管教子女，不准子女出門，比比皆是，難道都犯罪嗎？

何謂「妨害自由」？

依據刑法第 304 條第 1 項規定：「以強暴、脅迫使人行無義務之事或妨害人行使權利者，處 3 年以下有期徒刑、拘役或 300 元以下罰金。」

所謂「無義務之事」乃指依據法令或契約，並無該行為義務者；而「妨害人行使權利」乃指依據法令或契約，有某權利可以行使，卻阻礙其行使者。例如，題示案例，女兒已經成年了，依法並無遵從父母保護、教養之義務，因此，黃姓父母要求不准出門，並強行拉入屋內，令跪在神桌前懺悔，即屬「無義務之事」；況行動自由乃每個成年人均有之權利，黃姓父母竟令女兒不准出門，亦屬「妨害人行使權利」。

至於「強暴」，乃「以實力不

法加諸他人之謂，惟不以直接施諸於他人為必要，即間接施之於物體而影響於他人者，亦屬之。」（最高法院 86 年台非字第 122 號判決參照）。上開案例所舉者乃「告訴人吳○忠等五戶人家，就系爭之社區巷道有通行權，被告等不顧告訴人之勸阻，以吊車吊運貨櫃，強行設置大型路障之強暴方法，妨害他人通行權等情，自係認定被告等以強暴方法加諸告訴人。」

而「脅迫」，乃以將來之惡害通知，使被害人心生畏懼，而妨害被害人之意思自由（臺灣高等法院 86 年上訴字第 2484 號判決參照）。例如，對於被害人以言詞恐嚇而使其行無義務之事，即屬「脅迫」。

至於強暴或脅迫，是否須達到使被害人不能抗拒之程度？實務上認為，「刑法第 304 條之強暴、脅迫，祇以所用之強脅手段足以妨害他人行使權利，或足使他人行無義務之事為已足，並非以被害人之自由完全受其壓制為必要。」（最高法院 28 年上字第

3650 號判例參照）。換言之，縱使被害人尚有抗拒之可能性，也會構成本罪。

父母親將頑童鎖在屋內並暫以鐵鍊鍊住，構成妨害自由嗎？

曾有案例乃某孩童因個性外向，不喜讀書，喜愛玩耍，常自住處二樓之窗戶爬出，踩一樓之屋簷，再跳到公寓之階梯逃跑出去玩，再循公寓之階梯一樓之屋簷陽臺爬回家，某日母親（監護人）要求孩童寫功課、讀書，遂以鐵鍊將孩童鎖在其住處，唯其鐵鍊長達 10 公尺，因此孩童仍可自由走動，俟母親下班回來後再將鐵鍊解開。此種情況是否構成妨害自由？

法務部見解認為，「父母得於必要範圍內懲戒其子女，民法第 1085 條定有明文。題示母親之行為，如未逾越必要之範圍，即係依法令之行為，自無成立犯罪之可言。至於其行為是否逾越必要之範圍，乃事實認定之問題，應就具體個案審認之。」（法務部

243

父母禁女兒約會，妨害自由？

(76) 法檢㈡字第 1488 號函參照)。

換言之，父母親管教權的行使並非漫無限制，應在合理必要之範圍內，若逾越此必要範圍，仍屬構成犯罪。

廠商倒閉，趕快去搬貨，構成妨害自由罪嗎？

實例上經常發生者乃廠商倒閉，但尚有積欠貨款，債主為了減少損失，在廠商尚未同意之情況下，就去搬貨抵債，是否構成「妨害自由罪」？

法院見解認為此種狀況會構成「妨害自由」。例如：被告等因上訴人購布尚未給付布款，聞其行將倒閉，情急強搬貨物，意在抵債，並非意圖為自己不法之所有，其行為僅應成立妨害人行使權利罪，尚難以搶奪或強盜罪相繩（最高法院 53 年台上字第 475 號判例參照）。

類似狀況，如債主到債務人家中討債，債務人沒錢，是否可將債務人家中物品強行取走抵債？實務見解即認為：「上訴人欠債，被告等如屬受託代為討取，意圖促債務之履行，以強暴脅迫方法，將債務人所有物搶去，仍應成立刑法第 304 條第 1 項之罪。」（最高法院 57 年台上字第 523 號判決參照）。

租借房屋到期，強拆房屋迫使搬遷，有無構成「妨害自由」？

實例上曾發生屋主於租期中，不願意將房屋續租給房客，竟然將房屋拆除迫使房客搬遷。法院見解認為：「甲將其所有房屋出租於乙，在租賃關係存續中，甲將該屋拆毀，僅負違反契約之責任，不成立毀壞罪，但如施用強暴脅迫，以妨害乙之使用權利，應依刑法第 304 條第 1 項處斷。」（司法院院字第 2355 號解釋參照）。換言之，房客依據租約尚有居住之權利，房東如拆屋則屬妨害房客居住權利之行為，自屬妨害自由。

但如租約到期後，房客不搬走，房東遂將房屋拆除，迫使搬遷，是否仍構成本罪？實務見解

認為此種狀況應無妨害自由可言，此觀最高法院23年上字第4245號判例謂：「該被告向乙某催促遷讓，契約已告終了，乙某之使用供貸關係亦即消滅，被告以屢次催告無效，將屋拆毀，自無妨害他人行使權利之可言，即不成立刑法第318條第1項之罪（註：妨害自由罪）。」

小　結

　　以強暴、脅迫使人行無義務之事或妨害人行使權利，將構成刑法妨害自由罪。所謂「無義務之事」乃指依據法令或契約，並無該行為義務者；而「妨害人行使權利」乃指依據法令或契約，有某權利可以行使，卻阻礙其行使者。題示案例，黃女已經成年了，有完全之行動自由，其父母竟令黃女不准出門，已構成妨害自由罪。但如小孩尚未成年，父母親不准其出門，甚至用鐵鍊鎖住，此舉應已構成妨害自由；可知父母親管教權的行使並非漫無限制，應在合理必要之範圍內，若逾越此必要範圍，仍屬構成犯

罪。另常見廠商倒閉，但尚有積欠貨款，債主為了減少損失，在廠商尚未同意之情況下，就趕緊去搬貨抵債，法院見解認為此種狀況會構成「妨害自由」之罪。類似狀況，如債主到債務人家中討債，債務人沒錢，如債主將債務人家中物品強行取走抵債，也屬妨害自由。

參考法條
刑法第 302 條、第 304 條

飯局妹娜塔莎，假交往、真詐財，得款超過 5,000 萬！

11.
家庭法律篇

飯局妹「娜塔莎」以「假交往、真詐財」方式，詐騙港臺二富商超過 5,000 萬元。娜塔莎幾年前於飯局上認識香港某已婚金融主管，並主動示好，兩人逐漸熟識，娜塔莎後哭訴要養家，積欠千萬債務、父母生病開刀、哥哥車禍癱瘓、母親往生沒錢下葬，希望該金融主管伸出援手，並暗示將以身相許，該金融主管信以為真，只要娜塔莎開口，每次匯款均在 2、300 萬，該金融主管後來在某次聚會，意外發現娜塔莎周旋在多名富商之間，驚覺受騙而因此提告。無獨有偶，已婚富二代也指控，娜塔莎同樣是在一場飯局後主動示好，兩人熟識後娜塔莎也開始以各種理由哭窮，讓這位富二代匯出鉅額款項。然

而，類似這種感情上受到「詐欺」、「詐騙」之狀況，甚至因「感情」因素而付出鉅額款項，是否會構成刑法上之「詐欺罪」？

詐欺罪之構成以「物」之取得或「財產利益」之取得為要件

依據刑法第 339 條規定：「意圖為自己或第三人不法之所有，以詐術使人將本人或第三人之物交付者，處 5 年以下有期徒刑、拘役或科或併科 1,000 元以下罰金。以前項方法得財產上不法之利益或使第三人得之者，亦同。前 2 項之未遂犯罰之。」

由上開條文可知，詐欺罪之構成，除了施行「詐術」而致使

他人陷於「錯誤」之外，還必須以「物」之交付或「財產上不法利益」之取得為要件，如果實施「詐術」後，並無物之交付或財產利益之取得，則不會構成詐欺罪。

單純欺騙感情，不構成詐欺罪

最典型的情況為「愛情騙子」。如果單純僅感情遭受欺騙，甚者，被騙上床（失身），但無財物交付或財產利益取得，均不構成刑法上之詐欺罪。

感情被騙而給予錢財，構成詐欺嗎？

感情詐騙的案例中，也有許多會涉及金錢往來者。例如，女方以結婚為餌，取得男方巨額款項，是否構成詐欺罪？此須視具體狀況而定。

實例上曾有案例，男方（告訴人）指訴女方（被告）以結婚為餌騙其金錢 300 多萬元。女方矢口否認有詐欺犯行，聲稱並未答應要與男方結婚。男方給錢要

她不去上班，她拿了 160 萬元，後來知道男方在板橋、金門企圖非禮其妹，才不想與男方結婚。法院則認為：「……然情愛遊戲，規則難尋，男癡女癡，或海誓山盟，或虛情假意，原不能當真，一場戀愛若能成眷，固屬佳話，一旦勞燕，亦當理智，若因感情已逝，徒留金錢糾葛，不免傷神。此外，復查無其他積極證據足以證明被告有任何詐欺之犯行，原審為無罪之諭知，並無不合。」（臺灣高等法院 85 年上易字第 3260 號判決參照）。

男方佯稱將要結婚而要女方支付生活費，構成詐欺嗎？

另有案例事實乃男方自民國 91 年 8 月間起，在女方所經營之泡沫紅茶店，佯稱將與女方結婚，要求女方先支付生活費用，嗣後再將其父親所有之土地變賣，所得款項償還女方所支付之生活開銷，女方不疑有他，乃陸續變賣其所持有之股票，並以信用卡預借現金，前後交予男方約新臺幣（下同）20–30 萬供其花用，迨

飯局妹娜塔莎，假交往、真詐財，得款超過 5,000 萬！

至 92 年 2 月 10 日，男方向女方謊稱其父親所有之土地已賣出，欲回屏東取車，並匯款還予女方後，即杳無音訊，幾經聯絡未果，女方才知已受騙，而男方遭以刑法第 339 條第 1 項之詐欺取財罪嫌提起公訴。

法院審理結果認為不構成詐欺罪，理由乃：「……告訴人（女方）自警詢時起即不否認其預借現金及買賣股票所得款項係用於支付其 2 人同居期間生活所需費用及同遊之花費等情……，而告訴人與被告曾多次共同至觀光景點旅遊……，則對此用以支付渠等間共同生活及出遊所需費用，而預借現金及變賣股票取得之款項，已難認被告有何施用詐術致告訴人陷於錯誤之處；況參以告訴人與被告當時為男女朋友，並共同居住生活，且曾多次偕同出外旅遊等親密互動關係，其 2 人於同居生活及共同旅遊中各自應支出之費用數額，實難明確區分，而分歸由渠等各自負擔；尤以同居中之男女朋友，其生活上之親密及依賴程度往往不亞於一般夫妻，因此在金錢之處理上每每具有『同財共居關係』，毋寧乃屬常態，故對於雙方因共同生活或偕同出外旅遊所支出之費用，自當依照彼等當時各自財力狀況予以合力支應……第按交往中之男女對於未來雙方終身大事有所規劃與期待，乃極為正常之事，此對已同居共同生活之男女朋友而言，更為顯然，然而結婚畢竟為人生中至關重要之事，其對將來雙方之生活及事業影響甚鉅，因此男女朋友是否進一步締結婚姻，其所需考慮者除雙方是否確具有真摯之情愛基礎維繫外，舉凡雙方是否已具有穩定之經濟基礎、彼此間個性與生活習慣是否相契合，乃至各自家庭成員（特別是家長）之意見等等莫不為決定終身大事之重要考量因素，是交往中男女縱曾互許終身，亦非必能如願共結連理。因之，對於男女於交往期間，其一方如曾對他方允諾於將來結婚，縱其嗣後未履行結婚之承諾，仍應審慎查究其未履行結婚承諾之原因所在，實難僅因他方對結婚之期待

落空，即據以反推其自始即有不欲與他方結婚之意思……」（臺灣臺南地方法院 93 年易字第 31 號判決參照）。

以感情、交往為餌，編理由讓對方支付款項，是否構成詐欺？

題示飯局妹藉由飯局認識富商，並主動示好，或以身相許，或博取同情，進而以不實之理由讓富商匯出鉅額款項，但這些理由純屬虛構，屬於「詐術」行使。而「詐財罪之成立，要以加害者有不法而取得財物之意思，實施詐欺行為，被害者因此行為，致表意有所錯誤，而其結果為財產上之處分，受其損害。」「刑法第 339 條第 1 項所謂之詐術，並不以欺罔為限，即利用人之錯誤而使其為財物之交付，亦不得謂非詐欺。」最高法院刑事判例 19 年上字第 1699 號判例、24 年上字第 4515 號判例亦著有明文。而飯局妹以各式不實理由，讓富商信以為真而陷於錯誤，並進而匯出款項，已構成詐欺罪。

小　結

刑法詐欺罪之構成，須有「財物之交付」或「財產利益之取得」為要件。因此，單純感情上受害、受傷或感情上遭占便宜，並無法主張對方構成詐欺罪。另外，如因男女感情為基礎而產生金錢往來，在法律上要主張對方以情愛關係為餌（為詐術）而取得金錢利益，而究以詐欺罪，舉證上會有很大的困難，而不見得會成功；但若無法解釋收受金錢之合理性，或根本以不實理由（事後無法證明是真實的），讓對方信以為真而付錢，將很可能構成詐欺罪。

參考法條
刑法第 339 條

現代奴隸，劉老「使人為奴」犯啥罪？

臺灣女孩伊莎貝爾在年約 8 歲時遭父親賣給劉老太太，並帶往美國。抵美後，伊莎貝爾隨即被迫嫁給一名她不認識的美國男子，以取得合法居留美國的身分。之後，伊莎貝爾不僅須在劉老太太家作各式各樣的家事，也要在劉家的珠寶店幫忙，常常遭受劉老太太肢體及語言上的虐待。相關涉案人員在美國已受到法律制裁及民事賠償。如果在臺灣有類似強迫他人充當奴隸之行為，會構成犯罪嗎？而何種行為會構成「使人為奴隸」行為？

「使人為奴」罪？

依據刑法第 296 條規定：「使人為奴隸或使人居於類似奴隸之不自由地位者，處 1 年以上 7 年以下有期徒刑。前項之未遂犯罰之。」

類似案例並非絕無僅有。實例上，也常發生以收養養女為名，而實際上卻將養女當成奴婢使喚。此種情形是否構成本罪？最高法院 24 年度總會決議 (53) 認為：「名義上為養女實際上為婢女，使其喪失法律上之自由權者，認為『類似奴隸』。」

由上可知，是否構成使人為奴罪，仍須依據實際狀況而論，並非名為養女，就一定不構成本罪；或是，名為婢女，就一定構成本罪。

何謂「使人為奴隸」或「使人居於類似奴隸之不自由地位」？

最高法院 32 年上字第 1542 號判例認為：「刑法第 296 條第 1 項使人為奴隸或使人居於類似奴隸之不自由地位罪，必須使人居於不法實力支配之下，而失去其普通人格者應有之自由，始足當之。如僅令使女為傭僕之事，並未剝奪其普通人格者應有之自由，即與上開犯罪構成要件不符，不能律以該條之罪。」

由上可知，本罪之構成較為嚴格，必須使被害人「失去普通人格者應有之自由」或「以不人道方式對待，使之不能自由」等情況產生，才會構成。

每日毆打、不給飲食，會構成「使人為奴」罪嗎？

如本案伊莎貝爾遭收養家庭經常施暴、不給東西吃，在我國法律下會構成刑法第 296 條「使人為奴」罪嗎？實例上曾認為：「對於年甫 7 歲之養女，每日痛打，不給飲食，祇能認為凌虐行

為，與使人居於類似奴隸之不自由地位有別。」（最高法院 25 年上字第 2740 號判例參照）。

另「刑法第 296 條第 1 項使人為奴隸或使人居於類似奴隸之不自由地位罪，必須使人居於不法實力支配之下，而失去其普通人格者應有之自由，始克當之，如僅令為傭僕之事及時常毆打不給飲食之凌虐行為，並未剝奪其普通人格者應有之自由，即與上開犯罪構成要件不符，不能律以該條之罪。」（最高法院 43 年台上字第 156 號判決參照）。

即法院認為單純經常施暴或不給東西吃，只是「凌虐」行為，並非「使人為奴隸」之行為。

讓大陸偷渡客來臺擔任餐廳工作每日 12 小時，是否構成使人為奴罪？

實例上曾發生不法集團使大陸偷渡客在臺灣餐廳每日打工 12 小時，且無居住遷移自由，行動受掌控，又無職業選擇自由，檢察官認為此舉已使大陸偷渡客失去其普通人格者應有之自由，

應已觸犯刑法第 296 條第 1 項使人為奴隸罪，而提起公訴。

然而法院審理結果認為：「……被告等雖命大陸偷渡客在餐館工作，而在餐館工作不外乎從事打雜、洗碗等餐飲工作，尚難認有使人喪失普通人格者應有之自由，且大陸偷渡客於餐館工作時間雖自早上 11 時至晚上 11 時，然中間未營業時即可休息，參以衡諸一般經驗法則，餐館店之工作時間有一定之時限，是其等工作之時間自未有過長之情事，揆諸前揭判例所示，縱令被告有使大陸偷渡客為傭僕之事，亦未剝奪其普通人格者應有之自由，自與刑法第 296 條第 1 項使人為奴隸或使人居於類似奴隸之不自由地位罪之犯罪構成要件有間，核被告所為，應僅成立我國刑法上之妨害自由罪。」(臺灣高等法院 88 年上訴字第 22 號判決參照)。

小 結

強迫他人充當奴隸之行為，可能會構成刑法第 296 條「使人為奴」罪。其構成要件必須使人居於不法實力支配之下，而失去其普通人格者應有之自由，始足當之。如僅令其為傭僕之事，並未剝奪其普通人格者應有之自由，即不能律以該條之罪。而題示案例伊莎貝爾遭收養家庭經常性施暴、不給東西吃，只屬凌虐行為，尚不會構成刑法第 296 條「使人為奴」罪。實例上曾發生不法集團使大陸偷渡客在臺灣餐廳每日打工 12 小時，且無居住遷移自由，行動受掌控，又無職業選擇自由，但法院認為僅構成妨害自由罪，並不構成使人為奴罪。

參考法條
刑法第 296 條

母贈子屋，子得手後棄養，法院判還！

80 歲楊姓老婦人將房屋贈與過戶給兒子，言明兒子必須每月給 6,000 元扶養費。但兒子在房屋得手後，卻食言不給扶養費，即便後來老婦人中風，兒子也不聞不問。老婦人氣得向法院訴請撤銷贈與，請求歸還房屋。法院判決老婦人勝訴。贈與給別人的東西，可以反悔而將贈與物要回來嗎？有無條件限制呢？

贈與契約可毀約嗎？

依據民法第 406 條規定：「稱贈與者，謂當事人約定，一方以自己之財產無償給與他方，他方允受之契約。」即贈與行為乃無償行為而不求對價。

如果已經說好要將東西送人，還未真正送出去之前，可以反悔嗎？

依據民法第 408 條第 1 項規定：「贈與物之權利未移轉前，贈與人得撤銷其贈與。其一部已移轉者，得就其未移轉之部分撤銷之。」換言之，原則上只要東西還沒有真正送出去之前，是可以無條件「撤銷贈與」的。

但若經公證之贈與，或為履行道德上義務而為贈與者，則不能隨便撤銷贈與（同條第 2 項參照）。

贈與人允諾贈與後，尚未將贈與物權利移轉受贈人就死亡，贈與人之繼承人可以撤銷贈與嗎？

如依據前述民法第 408 條規定，除有同條第 2 項情形外，在贈與物權利尚未移轉給受贈人之前，贈與人可以反悔而撤銷贈與。實例上曾發生贈與人說好要贈與他人，但還未將贈與物權利移轉給該他人之前，就因故死亡，繼承人即主張「撤銷贈與」，可以嗎？

最高法院認為：「……本件贈與雖為生前行為，但如被繼承人至死亡時，仍無撤銷或拒絕履行之表示，依同一理由，繼承人不得拒絕履行，原判認被上訴人得任意拒絕履行，於法自屬不合。」（最高法院 51 年台上字第 1416 號判例參照）。換言之，如果被繼承人在世的時候，都沒有提及要撤銷贈與或拒絕履行，則繼承人也不得主張撤銷贈與。

但如被繼承人（贈與人）之死亡乃受贈人之行為所致者，依據民法第 417 條規定：「受贈人因故意不法之行為，致贈與人死亡或妨礙其為贈與之撤銷者，贈與人之繼承人，得撤銷其贈與。但其撤銷權自知有撤銷原因之時起，6 個月間不行使而消滅。」換言之，如符合上開法條情形，繼承人得撤銷贈與，請求返還。

東西送出去後，還可以追回嗎？

東西送出去之後，如有特別之情事，贈與人仍得向受贈人追回贈與物。例如，贈與的同時，有約定受贈人必須履行一定義務的情形下，受贈人如不履行義務，贈與人可以撤銷贈與，此觀民法第 412 條第 1 項規定：「贈與附有負擔者，如贈與人已為給付而受贈人不履行其負擔時，贈與人得請求受贈人履行其負擔，或撤銷贈與。」而「附有負擔之贈與，須受贈人對於負擔之履行陷於給付遲延時，贈與人始得撤銷贈與。」（最高法院 88 年台上字第 538 號判決參照）。

而實例上較常出現的案例乃婚約之聘金經女方收受後，女方

卻不願履行婚約，此時男方可訴
請撤銷聘金贈與契約而請求返還
嗎？

　　實務見解認為：「婚約之聘金
係負有負擔之贈與，兩造間婚約
既經解除，依民法第 412 條第 1
項、第 419 條第 2 項之規定，贈
與人自得撤銷贈與，請求返還贈
與物。縱解除婚約之過失責任在
贈與人，亦僅生賠償之問題，而
不能為拒絕返還之論據。」（最高
法院 52 年台上字第 1569 號判決
參照）、「婚約之聘金，係附有負
擔之贈與，被上訴人既不願履行
婚約，則依民法第 412 條第 1 項、
第 419 條第 2 項，上訴人自得撤
銷贈與而請求返還原贈與物，縱
解除婚約之過失責任，係在上訴
人，亦僅生賠償之問題，不能為
拒絕返還之論據。」（最高法院
52 年台上字第 2154 號判決參
照）。

受贈人對於贈與人或其最近
親屬有侵害行為或不履行扶
養義務，贈與人可以撤銷贈
與嗎？

　　依據民法第 416 條第 1 項規
定：「受贈人對於贈與人，有左列
情事之一者，贈與人得撤銷其贈
與： 1.對於贈與人、其配偶、直
系血親、三親等內旁系血親或二
親等內姻親，有故意侵害之行為，
依刑法有處罰之明文者。 2.對於
贈與人有扶養義務而不履行者。」
考其立法理由無非：「贈與因受贈
人之利益而為之，其行為本為加
惠行為，受贈人若有加害或忘惠
之行為，應使贈與人有撤銷贈與
之權。」

　　而所謂「故意侵害之行為」，
實務見解認為：「……有故意侵害
之行為，依刑法有處罰之明文者
為限，並不包括受贈人單純對於
贈與人之財產，有故意之侵害行
為在內。」（最高法院 73 年台上
字第 3737 號判決）。換言之，此
項侵害行為必須刑法有處罰之明
文，且須侵害「人」，而非侵害
「物」或「財產」。

至於「對於贈與人有扶養義務而不履行者」，除指有「法定扶養義務」而不履行者外，也包含有「約定扶養義務」而不履行者。此觀臺灣臺中地方法院 85 年訴字第 1360 號判決謂：「……徵諸學界通說認該款規定所謂『扶養義務』，並不限法定扶養義務，即約定扶養義務亦包括之……」。

贈與人在約定贈與後經濟生計陷於困難或有礙扶養義務之履行者，亦得拒絕履行

依據民法第 418 條規定：「贈與人於贈與約定後，其經濟狀況顯有變更，如因贈與致其生計有重大之影響，或妨礙其扶養義務之履行者，得拒絕贈與之履行。」而「贈與人於贈與約定後，其經濟狀況之變更，除具有惡意之特別情形外，並不問其原因如何，即與其變更之為自致或他致無關，觀諸民法第 418 條之立法意旨自明。」（最高法院 41 年台上字第 4 號判例參照）。

小　結

題示老婦人贈屋給兒子，同時約定兒子應負擔每月 6,000 元之扶養費，沒想到兒子在房屋到手後，卻不負擔扶養費。此種情形構成前述民法第 412 條「不履行負擔」及第 416 條「不履行法定扶養義務」，老婦人依法均得撤銷贈與。

參考法條

民法第 406 條、第 412 條、第 416 條、第 417 條、第 418 條、第 419 條

窩藏人犯？犯啥罪！

涉嫌在夜店迷姦女模、女藝人之富少李小瑞在逃亡 24 日後主動投案。這段期間窩藏李小瑞之陳女也在同一時間自首，坦承這段期間確實收留李小瑞，且李小瑞在案發不久後就窩藏在她彰化的住處。而藏匿人犯有犯法嗎？何謂藏匿人犯呢？如果是爸、媽藏匿兒子也犯法嗎？

何謂「藏匿人犯罪」？

依據刑法第 164 條第 1 項規定：「藏匿犯人或依法逮捕拘禁之脫逃人或使之隱避者，處 2 年以下有期徒刑、拘役或 500 元以下罰金。」。何謂「犯人」？「刑法上之藏匿犯人罪，係指對於已經犯罪之人而為藏匿或使之隱避者而言」（最高法院 22 年上字第 4614 號判例、33 年上字第 1679 號判例參照）。

這裡所稱之「犯人」雖指「已經犯罪之人」，但是否限於犯罪後已經列為「被告」者？實務見解認為，「……此之所謂『犯人』不以起訴後之人為限，為本院所持之見解；故凡觸犯刑罰法規所規定之罪名者，不問其觸犯者係普通法或特別法、實質刑法或形式刑法，只須其為實施犯罪行為之

人，且所犯之罪不問已否發覺或起訴或判處罪刑，均屬此之所謂『犯人』。」（最高法院 87 年台上字第 757 號判決參照）。

至於單純違反行政規定（如社會秩序維護法、交通法規，例如：闖紅燈、違規停車等），而非觸犯刑法者，則非此處所稱之「犯人」，縱予以藏匿，並不構成本罪。

不知為犯人而好心收留，有犯罪嗎？

常見好心人收留無家可歸者，後來才發現是通緝犯，此時，好心收留者是否構成本罪？

實務見解認為，收留者必須明知此人為犯人而窩藏，才會構成本罪，若不知為犯人而予以收留，因缺乏主觀犯意，不構成藏匿人犯罪。此觀最高法院 89 年台上字第 1181 號判決謂：「藏匿人犯罪，以行為人明知其為犯人而予以藏匿，為成立要件。」可資參照。

另如收留者對於是否為犯人，僅有所懷疑，但不確定者，

也不構成本罪，此觀最高法院 24 年上字第 3518 號判例謂：「……若對其是否確為犯人尚在疑似之間，因不注意其行動，致被乘機隱避者，尚不能繩以使犯人隱避之罪。」即明。

藏匿？使之隱避？同居人未交代犯人下落或詭稱犯人不在，是否犯罪？

所謂「藏匿」乃指以積極之行為將犯人收容於隱密處所而使人無法發現；「使之隱避」，則指以藏匿以外之方法，使犯人得以隱匿或逃避而不為人所發現（林山田，刑法特論（下），第 995 頁參照）。

實例上曾發生案例為，某甲與某乙同住一屋，某甲明知某乙為犯人且在屋內休息，於警察前來拘捕時，某乙趕緊自行躲在衣櫥內，此時某甲是否有「藏匿人犯」？法院認為不構成「藏匿」人犯，理由乃：「甲〇〇〇確實知悉乙〇〇仍在家中，所辯不知其下落……但乙〇〇返家休息，難謂為甲〇〇〇將之藏匿，嗣警察前

來拘捕時，乙○○自行躲入衣櫥，亦非甲○○○以積極之行為藏匿或包庇，且甲○○○並無主動舉發之義務，難以其未主動告知，即認該不作為合於懲治盜匪條例『藏匿』或『包庇』盜匪罪之構成要件……」（最高法院 88 年台上字第 6086 號判決參照）。

但某甲在警察詢問是否有看見某乙時，謊稱：「去找工作，好幾天沒回來」，此項謊稱之積極行為，可能構成「使之隱避」。法院認為，「甲○○○既明知乙○○於犯罪後躲藏在家中，卻於警察前來拘捕時，謊稱：『他去找工作，好幾天沒回來』，為乙○○排除阻力。則其以虛妄之詞，誆騙警察之積極行為，是否合於懲治盜匪條例第 5 條第 1 項第 3 款之『包庇』盜匪？或刑法第 164 條第 1 項之『使之隱避』？原審未予調查審認，亦有未合。」（最高法院 88 年台上字第 6086 號判決參照）。換言之，某甲雖無「藏匿人犯」，但誆騙警察之行為，可能構成「使之隱避」之行為，也同樣犯罪。

藏匿犯人者為近親，情有可原？

如果藏匿者與犯人有近親關係，法律基於人倫考量，特設有減刑規定，此觀刑法第 167 條規定：「配偶、五親等內之血親或三親等內之姻親圖利犯人或依法逮捕拘禁之脫逃人，而犯第 164 條或第 165 條之罪者，減輕或免除其刑。」

小　結

因此，題示案例中，陳女與李父相識，引人聯想是否為李父安排藏匿於陳女處，如果證實李父與陳女就藏匿李小瑞有犯意聯絡的話，李父也可能構成本罪。但因李父為李小瑞之血親，依據刑法第 167 條規定，可減輕或免除其刑。

參考法條

刑法第 164 條、第 167 條

監護宣告人財產，誰來處分、誰來管？

美玲因為其胞妹租屋關係而認識年邁獨居的房東老王，美玲因而涉嫌趁機盜領老王存款新臺幣 46 萬元，並謊稱父親開刀急需醫療費用，向老王借錢，老王信以為真提領 52 萬元給美玲，後來老王察覺有異報警處理，法院認為，老王因心神喪失、不能自理，因此聲請監護宣告。而民眾如果遭監護宣告後，其財產由誰來管理？受監護期間，如有醫療費用支出的需求，監護人可以處分受監護人的財產嗎（例如：提領存款、出售房屋、設定抵押、股票、動產等）?處分受監護人的財產要不要先向法院聲請許可？另外，監護人可以拿受監護人的錢投資嗎？

誰來管理監護宣告人之財產？

依據民法第 1113 條準用第 1103 條、第 1101 條規定，監護宣告人之財產是由受監護人的監護人來管理使用，管理費用則是由受監護人的財產負擔（民法第 1103 條規定：「受監護人之財產，由監護人管理。執行監護職務之必要費用，由受監護人之財產負擔。」）

誰有權利處分監護宣告人的財產？

因受監護人並無行為能力，依民法第 76 條規定，須由監護人（即法定代理人）代為或代受意思表示。因此，監護人可以代替受監護人為意思表示而處分其財產。不過，為了保障受監護人的權益，監護人就特定財產在處分

前須先向法院聲請許可，才可以處分（詳下述）。

監護人須先向法院聲請許可？

依據民法第 1101 條規定，監護人為下列特定行為，須先經法院許可。如果未經法院許可而擅自處分監護宣告人所有之不動產，依據民法第 1101 條第 2 項規定，處分行為係一不合法行為，將不生效力（另參最高法院 100 年台上字第 1572 號民事判決理由參照）。

第一，監護人如果要為受監護人買賣房屋、土地等不動產時，須經法院許可。

第二，監護人如果要將受監護人現行居住的房屋出租、終止租賃，或者提供他人使用，也須先向法院聲請許可。

此觀民法第 1101 條第 2 項規定：「監護人為下列行為，非經法院許可，不生效力： 1.代理受監護人購置或處分不動產。 2.代理受監護人，就供其居住之建築物或其基地出租、供他人使用或

終止租賃。」即明。

為了醫療費用而出售不動產可以嗎？

雖然法律規定，監護人可以管理、處分受監護人的財產，然而依據民法第 1103 條、第 1101 條規定，監護人管理、處分時，都須符合「受監護人之利益」。

何謂「受監護人之利益」呢？實務常見案例，通常是為了受監護人的醫療、看護、生活費用，而需要處分受監護人之不動產，如此即符合所謂受監護人之利益。此觀臺灣臺北地方法院 99 年家聲字第 121 號民事裁定理由所述：「本院審酌乙○○經本院宣告為受監護宣告之人後，需長期照護，且每月所需醫療及看護費達 3、4 萬元，聲請人為籌措受監護宣告之人乙○○醫療費用，聲請代理處分系爭不動產，符合受監護宣告之人之利益」足資參照。

然而，如果不是為了受監護人的醫療費用，或客觀上並非為了其利益而處分財產，原則上就不允許。例如：以地換屋、合建

等。此可參照臺灣高等法院 100 年非抗字第 17 號民事裁定理由記載:「原法院 99 年家抗字第 32 號裁定記載『本件抗告人處分系爭不動產之目的在於以地換屋,既無法賣得價金以支應○○○之生活、醫療、養護等所需費用,且○○○亦未居住於該處,合建完成後○○○雖能取得相對比例之建物及基地,惟○○○是否需要該新建之建物供其居住,已有疑問……與民法第 1101 條所考量者僅係受監護之人之利益不符,是抗告人此項主張尚屬無據。』」即明。

可以把監護宣告人的錢拿去投資嗎?

既然為了醫療支出,可以出售、出租受監護人動產、不動產,那可不可以為「投資」獲利而處分呢?

依據民法第 1101 條規定,因為投資存有風險,為了受監護人的利益,監護人不可以將受監護人的錢或財產拿去投資。

不過,雖然原則上不能投資,

但如果把受監護人的錢拿去購買公債、定期存單等有價證券(不包含股票),依據民法第 1101 條第 3 項但書規定,則例外允許。

此觀民法第 1101 條第 3 項規定:「監護人不得以受監護人之財產為投資。但購買公債、國庫券、中央銀行儲蓄券、金融債券、可轉讓定期存單、金融機構承兌匯票或保證商業本票,不在此限。」即明。

小 結

綜上所述,如果民眾因為年紀、身體、健康等因素無法言語、自理,已不能處理事物時,須經過監護宣告程序,將財產管理、處分之權限交由監護人行使之。然而,監護人管理、處分財產並不能任意為之,除了特定行為或不動產之處分須先向法院聲請許可外,監護人還必須是為了「受監護人之利益」始得為之,不可不察。

參考法條

民法第 76 條、第 1101 條、第 1103 條、第 1113 條

12

商務貿易篇

「懲罰性」違約金怎麼約定？

臺中市政府終止與香林建設公司 BOT 一案後，起訴主張依契約規定對香林公司按日罰新臺幣 30 萬元的「懲罰性」違約金，總計 4,000 多萬元。臺灣臺中地方法院審理後，判決香林公司扣除已開發之比例，只需賠償懲罰性違約金 2,500 多萬。

無獨有偶，臺北市知名鹽酥雞洪姓老闆與地主公司，訂定契約協議約定洪姓老闆得無償繼續使用店面土地，但不得擴建、不得讓第三人使用土地，違約需賠償 500 萬元。後來經臺灣臺北地方法院認定鹽酥雞老闆違約轉租店面，判賠 500 萬元「懲罰性」違約金，並應返還店面土地。

而所謂「懲罰性」違約金 (exemplary (punitive) damages (penalty)) 到底是什麼？與損害賠償總額預定違約金，又有何差別？契約當事人如果還有其他的損失，除了請求給付違約金以外，還可以請求賠償其他損失嗎？契約中違約金條款要怎麼約定？

違約金分二種，一種是「懲罰性違約金」，一種是「損害賠償總額預定違約金」

依據民法第 250 條第 1 項規定，契約當事人可以在契約中約定當事人一方違約時（債務不履行時），應賠償違約金。而除了前述工程契約外，一般無論是買賣、租賃、勞動僱用等契約、協議，都可以看到違約金條款的訂定。因此，違約金之條款的約定內容

就相當重要。

依據我國法律規定，違約金主要可區分為兩種。一種為「懲罰性違約金」，一種為「損害賠償總額預定違約金」。兩者之差別在於，前者「懲罰性違約金」，不論是否因他方違約受有損害均得請求，且除了約定懲罰性違約金之金額以外，尚得請求其他損害之賠償（例如：回復原狀之費用），也就是說懲罰性違約金是一種「處罰」（最高法院 83 年台上字第 2879 號民事判決參照）。

沒有特別約定，只是一般違約金，就不是「懲罰性違約金」

相較「懲罰性」違約金而言，一般違約金，如果沒有特別約定，依我國民法第 250 條規定，性質上屬於就將來違約損害之預定（事先約定）的賠償總額。

換言之，假設契約約定當事人一方違約，應賠償他方 500 萬元，只能算是「損害賠償總額預定違約金」，也就是契約雙方事先約定違約損害總額為 500 萬元。

因此，契約當事人最多僅能請求給付 500 萬元違約金，而不能再請求違約之一方賠償其他損失，例如：給付遲延之遲延利息、遲延損害、回復原狀費用等，且亦不能主張其損害超過 500 萬元。

然而，假如雙方約定為「懲罰性」違約金，則可另外請求賠償因違約所造成的損害（例如，回復原狀費用、遲延利息、損害、所失利益等）。

此觀民法第 250 條規定：「當事人得約定債務人於債務不履行時，應支付違約金。違約金，除當事人另有訂定外，視為因不履行而生損害之賠償總額。」即明。

「懲罰性」違約金怎麼約定？

違約金條款除了一般常見只約定一總額（例如：違約應賠償 500 萬元）之外，還有一種類型則是約定遲延 1 日應賠償多少之違約金。

有實務認為依違約日數計算處罰之條款，即屬於懲罰性違約金，最高法院 96 年台上字第 576 號民事判決認為：「系爭租賃契約

既約定『每逾 3 日罰欠繳租金金額 1% 滯納金』，顯係依違約之日數而與日俱增，並非預定一定之賠償總額，應屬懲罰性違約金性質」。

然而，懲罰性違約金必須要特別約定以避免爭議，不能只寫「違約金」，而要具體寫明是「懲罰性違約金」。最高法院 70 年台上字第 4782 號民事判決即認為，「所謂懲罰性（制裁性）之違約金，依民法第 250 條第 2 項規定，必須於契約中明定……否則……仍應視為賠償總額之預定。」

「罰則」(penalty) 條款就是懲罰性違約金條款？

我國法院有判決認為契約中如果約定「罰則」(penalty)，就認為是懲罰性違約金。此觀臺灣臺北地方法院 93 年建字第 314 號民事判決，「經查，系爭工程契約第 7 條係以 "CONTRACT PRICE & PENALTY" 為標題……，而 "PENALTY" 即為懲罰之意，由此可見本件違約金之性質應屬懲罰性違約金，原告主張本件違約金之性質應為損害賠償額預定性之違約金，要無足採。」(相同見解參照臺灣高等法院 96 年上更㈠字第 136 號民事判決)。

以合約總價計算之賠償，仍屬損害賠償總額預定 (a compensation for liquidated damage)？

有實務認為，合約條款縱約定以合約總價比例計算之賠償金，仍係屬一般違約金條款（賠償總額預定），並非懲罰性違約金之約定。此觀臺灣高等法院 90 年上字第 392 號民事判決認為「系爭英文合約書第 5 條之 10 規定，上訴人於可歸責於己之事由致延誤工程時，應依合約總價千分之 3 賠償被上訴人，作為被上訴人所受損害之賠償金，足徵兩造係以『承攬總價之千分之 3』作為損害賠償總額之預定」即明。

小　結

綜上所述，要約定懲罰性違約金而非一般預定賠償總額性質

之違約金，必須特別約定。當然事後要探尋、解釋違約金條款是否為懲罰性違約金之約定，須視其用語而定。因此，契約違約金條款內之用語攸關違約金之性質，不可不慎。但無論如何，懲罰性違約金仍屬違約金，契約當事人如認懲罰性違約金過高，仍得請求法院酌減，自不待言。

參考法條

民法第 250 條、第 252 條

「懲罰性」違約金怎麼約定？

違約金太高，可以要求減少嗎？

生活中常見民眾或公司因為與人簽約，事後違約而遭他方即債權人索賠上百萬元甚至上千萬元之高額違約金（另參見本書，「『懲罰性』違約金怎麼約定？」）。然而，違約一方，就只能照原先契約上約定的違約金數額，乖乖繳納、沒有異議的空間嗎?債務人假使認為違約金太高、不合理怎麼辦?債務人雖然違約，但對方並沒有損害、損失，不能改變違約金嗎？如果可以要求減少違約金，要如何要求？要另外提起訴訟嗎？法院在酌減、降低違約金時，會考量什麼呢？會不會考量對方將來可以獲得利潤、損害呢？

違約金那麼高，可以請求法院降低違約金嗎？

當事人原先於契約約定之違約金太高時，依民法第 252 條、第 251 條等規定，法院可以減少違約金金額。依據民法第 252 條規定：「約定之違約金額過高者，法院得減至相當之數額。」 第 251 條規定：「債務已為一部履行者，法院得比照債權人因一部履行所受之利益，減少違約金。」

對方沒有損害，違約金還是那麼高嗎？

違約金數額是否過高，在認定上有幾個標準。實務見解有認為違約金可否降低，其中一個考量的標準，是以契約相對人因一方違約，其「實際遭受的損害」來認定（所受損害或積極損害）。

實際損害，原則上指的是財產減少的損害，例如：債權人已經支付的成本（營業成本、仲介費、佣金等）、跌價損失等。

最高法院 19 年上字第 1554 號判例要旨即認：「違約金本應推定為損害賠償之預約……如果與實際損害顯相懸殊者，法院自得以當事人實際上所受損失為標準，酌予核減。」即以實際損害數額與違約金約定的數額來比較認定。

最高法院 96 年台上字第 107 號民事判決亦認為：「當事人約定之違約金是否過高，須依一般客觀事實，社會經濟狀況，當事人所受損害情形及債務人如能依約履行時，債權人可享受之一切利益為衡量標準……」。

工程已經作一半或即將完成者，違約金還是那麼高嗎？可以降低嗎？

降低違約金的另外一個考量標準，則是須視違約一方（即債務人）已經履行契約之程度。而實務常見債務人雖然違約，法院考量違約之一方已經部分履行（例如：完工 90%、主要部分完工、完成一半、已經給付部分價款等情形）的比例，來減少違約金。

民法第 251 條即規定：「債務已為一部履行者，法院得比照債權人因一部履行所受之利益，減少違約金。」最高法院 49 年台上字第 807 號判例要旨亦謂：「當事人約定契約不履行之違約金過高者……債務已為一部履行者，亦得比照債權人所受利益減少其數額。」參照。

以債權人預期可以得到的利益，來認定違約金是否過高？

最後，違約金可否降低的參考因素，還包括以債權人將來可以獲得的利益來認定（所失利益、預期利益、消極損害）。實務見解認為，違約金是否過高，其中一個考量的因素，是以假使債務人沒有違約，債權人本來可以獲得的利益，如：轉售利潤、訂單利潤、漲價增值利益、預期收入（租金等）、使用利益等來認定。假設

在買賣契約約定違約金 1,000 萬元，債務人如果依約交屋，債權人（買家）本來可以轉賣，而有轉售差價的利潤（例如：價金 1,000 萬元，轉賣 1,500 萬元，有 500 萬元利潤）。此時，在認定上就應以原先債權人可獲得 500 萬元利益，來認定原先兩造約定之 1,000 萬元違約金是否過高。

此觀最高法院 51 年台上字第 19 號判例要旨略謂：「約定之違約金是否過高，應就債務人若能如期履行債務時，債權人可得享受之一切利益為衡量之標準」即明（相同見解參見最高法院 90 年台上字第 236 號民事判決）。至於得否以財政部國稅局備查之「同業利潤標準」來認定債權人本來可以獲得之利益，實務則有爭議（最高法院 96 年台上字第 828 號民事判決參照）。

被迫給付違約金，事後可否請求返還？

實務見解認為假使債務人是非自願（不得已）而已經給付違約金（例如：遭強制執行）給債權人，債務人事後還是可以請求法院，考量前述因素要求酌減降低違約金。如果法院因而降低違約金，債務人即可向債權人主張不當得利，要求返還經法院酌減之違約金（訂金、價金）。

此有最高法院 79 年台上字第 1915 號判例要旨略謂：「約定之違約金過高者，除出於債務人之自由意思，已任意給付，可認為債務人自願依約履行，不容其請求返還外，法院仍得依前開規定，核減至相當之數額」足資參照（同此意旨，最高法院 97 年台上字第 1078 號民事判決參照）。

請求法院減少違約金，是要另外提起訴訟，還是抗辯主張就好？

法院得以考量眾多因素來減少違約金，然而，遭處以高額違約金之一方，是要另外提起訴訟向法院請求，還是在對方請求給付時，在法院抗辯即可？就此最高法院 79 年台上字第 1612 號判例即認：「約定之違約金苟有過高情事，法院……得……核減至相

當之數額，並無應待至債權人請求或債務人清償後始得核減之限制。此項核減，法院得以職權為之，亦得由債務人訴請法院核減」。

換句話說，債務人可以直接向法院提起訴訟，不用等到對方提告時再要求法院酌減（訴請核減違約金，為形成之訴，最高法院 86 年台上字第 3202 號民事判決參照）。當然，要等債權人提告，再請求法院酌減違約金也是可以。

小　結

綜上所述，得以請求法院降低違約金，主要有幾個因素，一是違約所造成損害，二是債權人本來可以獲得利益，三是履約的程度等因素。換句話說，違約金雖然已經預先約定，但事後仍可就違約金的數額要求法院降低。另一方面，違約的一方雖然可以請求法院考量前述因素，而要求降低違約金，但是債權人也可以主張依據前述因素，違約金並沒有過高，而要求法院維持違約金

之金額。最後，當事人固可以請求法院降低違約金數額，不過，仍應就有酌減違約金之事由（即違約金過高、顯失公平等），負起舉證責任（最高法院 93 年台上字第 909 號民事判決參照）。

參考法條
民法第 251 條、第 252 條

備忘錄 (MOU) 有法律效力嗎？

政府單位常與外國政府或公司簽署備忘錄 (MOU)，而公司、企業與其他公司（本國或外國）合作時，亦常簽訂備忘錄。然而，備忘錄到底對簽署之當事人有沒有拘束力？是不是只是合作意向而已?如果備忘錄中的一個條文，約定沒有拘束力，是不是整個備忘錄都沒有拘束力了呢？公司可以依據備忘錄要求他方履行或給付報酬或費用嗎？

何謂「備忘錄」？

備忘錄 （memorandum of understanding，簡稱 MOU）適用的範圍相當廣泛，除了公司間合作可以簽署備忘錄外，貨物、技術、權利、專利等買賣、技術引進、授權、經銷、公司經營權、股份移轉等情形，亦常見備忘錄之簽訂。然而，有許多人認為，備忘錄只是一種合作的意向，對於簽署之當事人間並不具拘束力，這樣的觀點是否正確？

在法律上並非如此，雖然契約名為「備忘錄」、"MOU"，然依據民法第 98 條規定，「解釋意思表示，應探求當事人之真意，不得拘泥於所用之辭句」，最高法院 19 年上字第 28 號判例亦認為:「不能拘泥字面或截取書據中一二語」。因此，事實上不能僅看

名稱為「備忘錄」、"MOU"，就可以不管裡面約定之內容，要看備忘錄裡面約定的內容是什麼，才能判定有沒有拘束當事人之效力。如果，當事人在 "MOU"、備忘錄內對具體的權利義務關係、雙方應履行之內容均有約定時，一方還是有可能有「權利」要求他方履行。

備忘錄明確約定權利義務關係，形同契約？

實務見解即有以備忘錄內容業已明確約定當事人權利義務關係，例如：一方應履行之義務及他方應付報酬及費用，而認當事人一方得基於備忘錄之法律關係，請求他方給付應付之報酬及費用。

此觀臺灣臺北地方法院 91 年國貿字第 15 號民事判決：「石偉公司因繼續履行原合約所產生之服務報酬，被告公司仍有給付之義務，顯然備忘錄前言第 C、G 項第 6 點所約定之被告給付義務已排除在第 G 項第 4 點所指之範圍內……綜上所述，原告主張以資產承購人之地位，請求被告依備忘錄前言第 C 項、第 G 項第 6 點之規定，給付服務費用美金 1,258,386 元及新臺幣 3,419,185 元……之範圍內，為有理由，應予准許」即明。

備忘錄如載明本備忘錄「無拘束力」，真的就沒有拘束力嗎？

承上，雖然實務常見備忘錄條款載有一條「沒有拘束力」條款，不過實務見解有認為，當備忘錄其他條款有特別約定時，即可不受「沒有拘束力」條款之限制。這時備忘錄就不能說只是一種合作意向而已，而是對雙方具有拘束力的契約，當事人之一方可以要求他方依據備忘錄條款履行。

此觀臺灣臺北地方法院 99 年訴字第 427 號民事判決謂：「……雖系爭備忘錄第 7 條後段約定：『雙方並認知且同意，本 MOU 並非一具有約束力之文件……』，惟系爭備忘錄第 3 條財務條件約定：『……雙方業已同意

附件 A 中所列之主要財務條件。雙方之意向係使該等同意之條款有約束，以便甲○○（註被告）進行研發與測試之工作。』，附件 A 首段乃兩造就系爭費用在兩造未簽訂軟體授權合約且系爭備忘錄失效之情況下如何處理之特別約定，已排除系爭備忘錄第 4 條期限、第 7 條無拘束力條款之適用……被告自應受系爭備忘錄中關於給付系爭費用約定之拘束。……原告本於系爭備忘錄之法律關係請求被告給付美金 12 萬元……為有理由」即明。

備忘錄如果是預約，可不可以要求支付原先預期之利益？

契約有本約與預約之別，實務上則有認為備忘錄如果是預約，當事人不可以要求依據預定的本約內容來請求賠償或支付預期之利益。

此可參照最高法院 74 年台上字第 1117 號判決認：「查預約與本約之性質及效力均有不同，一方不依預約訂立本約時，他方僅得請求對方履行訂立本約之義務，尚不得逕依預定之本約內容請求賠償其支付或可預期之利益」，可資參照。

小 結

綜上所述，備忘錄雖然很多只是雙方表示合作之意向、意願書，但並不代表備忘錄就沒有拘束力，還是要看備忘錄內之實際約定為何決定。備忘錄有可能是預約，但也有可能是備忘錄本身的條款約定，對雙方就有拘束力，此時備忘錄就跟契約一樣，一方可以要求他方履行備忘錄條款中的約定，包括應付之報酬、費用，不能說備忘錄內訂有沒有拘束力條款，就一定會使全部備忘錄條款變成沒有拘束力，還是要探求當事人真意以及備忘錄全部內容、前後文及文義而定。

參考法條
民法第 98 條

臺灣商業契約，以大陸法、外國法當準據法？

法國法商匯回拉法葉艦佣金仲裁案中，法方賠償我國海軍新臺幣 200 億賠償款時，扣留其中 200 多萬歐元（近新臺幣 1 億），原因係新加坡公司以其與我國軍備局之合約糾紛，經新加坡法院判決新加坡公司勝訴為由，向法國法院聲請假扣押獲准。然軍備局指出星國法院未顧及系爭合約中有關「仲裁地」、「準據法」之規定，已委請律師在法國打官司。然而，商業契約可否在契約中約定要適用那一國的法律呢？契約中準據法條款 (governing law、applicable law) 有沒有限制？我國法院有無依據契約中準據法條款，而適用外國法律判決的例子呢？另外，臺灣與大陸的商業契約，可否約定準據法條款，約定適用臺灣或大陸之法律呢？

何謂「準據法條款」(governing law、applicable law)？

所謂準據法條款，指的是在契約條款中約定應適用哪一個國家甚至國際公約的法律，也就是說，約定由哪一個國家的法律來解釋認定契約的內容、效力、權利義務關係、違約等。

與外國公司簽約要約定準據法條款？

商業契約要約定準據法條款，通常是有「涉外因素」，例如：訂立契約之當事人一方是外國人、外國公司或企業，才有約定準據法條款的實益。而依據我國「涉外民事法律適用法」第 20 條第 1 項規定，亦承認當事人可自行決定兩造合約應適用何國家

法律（該條第 1 項規定：「法律行為發生債之關係者，其成立及效力，依當事人意思定其應適用之法律。」）。

因此，有約定準據法條款之契約，一般常見於我國企業與國外公司簽署的專利授權契約、經銷外國公司產品合約 (distribution contract (agreement))、委託製造合約 (ODM、OEM) 等合約。另外，貨物運送以及保險契約，亦常見準據法條款。

準據法條款案例

有關準據法條款案例，可參照臺灣高雄地方法院 98 年審海商字第 21 號民事判決理由即謂：「本件涉外系爭載貨證券之法律關係，○○CORPORATION 及被告間即有明示以日本法律為合意選定之準據法」、臺灣高等法院 93 年保險上字第 9 號民事判決亦認為：「本件航空運送契約……之準據法部分：……提單背面契約條款第 2.1 條規定：『本運送契約適用華沙公約有關運送人責任之規定，惟前開運送若非公約所定義之「國際運送」者，則不適用之』……是兩造對於本件航空運送契約之準據法顯有合意，自應依當事人意思定其應適用之法律」，而承認以外國法律或國際公約作為準據法之契約條款之效力即明。

我國法院可否依準據法條款適用「外國法律」來判決？

實務上，我國法院即有依據契約中約定之準據法條款，適用外國法律，而對契約所生之糾紛予以判決之例子。

此觀最高法院 96 年台上字第 2447 號民事判決理由認為：「系爭合約約定以美國加州法為準據法，為兩造所是認，而兩造就系爭合約權利義務悉依合約約定。依被上訴人提出之美國統一商法典之第 1 之 304 條規範及加州商法典第 1203 條規定（本法典所規範之合約或義務之履行及執行，應依誠實及信用方法），是兩造就系爭契約之履行應有上開規定之適用。……」即明。

契約得否約定以中國大陸法律為契約之準據法？

一般而言，實務承認臺灣公司與大陸企業在簽訂合約（合同）時，可以約定以臺灣或大陸之法律作為準據法，而且縱使訂約地在臺灣，仍可約定以大陸法律作為準據法。

此觀臺灣高等法院 91 年上更㈠字第 311 號民事判決理由認：「按臺灣地區與大陸地區人民關係條例第 48 條第 1 項規定：『債之契約依訂約地之規定。但當事人另有約定者，從其約定。』查系爭買賣契約之訂約地雖在臺灣地區，但『認購合同』第 9 條載明：『本契約之訂立條款有所爭議，均受中華人民共和國法律之管轄，因履行而發生之糾紛，雙方應協商解決。倘若協商不能解決者，雙方均可在北京市人民法院提起訴訟』，故被上訴人與出賣人間之法律關係（例如：認定買賣契約之效力及雙方之權利義務）應以中華人民共和國之法律為準據法」即明，顯然我國法院明白承認臺灣與大陸人民可以選擇約定以大陸法律或臺灣法律作為準據法。

兩造都是臺灣公司或人民，可否約定以「大陸法律」為準據法？

實務見解有認為，假使契約當事人雙方都是臺灣人民或公司時，縱使契約的標的涉及到大陸（例如：買賣、租賃、勞務等契約標的在大陸或者需在大陸履約、訂約、付款等），原則上並不適用兩岸人民關係條例，而且如果要約定以大陸法律為準據法，必須在契約內明文約定，如果沒有，仍會以臺灣法律為準據法。

此觀臺灣臺南地方法院 91 年訴字第 1077 號民事判決認為：「本件租賃標的所在地、租賃契約簽約地均在中國大陸，本件固可認為具涉外法律關係之涉外案件，雖原告主張：依臺灣地區與大陸地區人民關係條例（下稱兩岸人民關係條例）第 48 條規定：『債之契約依訂約地之規定』……應適用大陸地區民法，即中華人民共和國合同法等語。惟查：……

臺灣商業契約，以大陸法、外國法當準據法？

兩造既均為臺灣地區人民，有戶籍謄本可稽，與兩岸人民關係條例所規範之要件不合，自無該條例之適用，則原告主張依該條例第48條定本件準據法為中華人民共和國合同法，顯有誤會。……依我國涉外民事法律適用法第6條規定：『法律行為發生債之關係者，其成立要件及效力，依當事人意思定其應適用之法律。當事人意思不明時，同國籍者依其本國法……』。經觀諸兩造所訂定之承租保齡球館設備協議書，並未就關於本件租賃之涉外法律關係約定適用中華人民共和國之法律，則依上開條文意旨，兩造當事人既未定其適用之法律，自應以同國籍之兩造的本國法即中華民國法律（我國民法）為本件準據法。……大陸地區之法律應非一般人所得知悉，如欲採為其準據法，應於契約中特別明示方是」即明。

準據法約定絕對有效？

雖然契約當事人可以約定以大陸法律或外國法律作為準據法，來解釋適用契約條款及其效力，然而契約中之準據法約定並非絕對有效，仍須檢驗作為準據法之外國法律或大陸法律之規定，有無違反臺灣之公共秩序、善良風俗。此觀涉外民事法律適用法第8條即規定：「依本法適用外國法時，如其適用之結果有背於中華民國公共秩序或善良風俗者，不適用之。」另臺灣地區與大陸地區人民關係條例第44條亦規定：「依本條例規定應適用大陸地區之規定時，如其規定有背於臺灣地區之公共秩序或善良風俗者，適用臺灣地區之法律。」即明。

小　結

綜上所述，契約之中如果有準據法條款，當事人應思考到底要以臺灣法律或外國法律、大陸法律甚至國際公約作為準據法。契約當事人在訂立準據法條款後，法院原則上受到契約中準據法條款之限制，而須以準據法條款中所約定之國內或國外法律來解釋(construe)、適用契約當事人

之權利義務關係。

參考法條

涉外民事法律適用法第 6 條、
第 8 條、第 20 條、臺灣地區與
大陸地區人民關係條例第 44
條、第 48 條

臺灣商業契約，以大陸法、外國法當準據法？

契約爭議，仲裁解決？

行政院公共工程委員會（下稱工程會）主委表示，法令雖規定政府採購爭議得提付仲裁，但實務上機關多不願意與廠商合意仲裁。工程會業已修正「工程採購契約範本」，約定仲裁配套機制，包括仲裁機構擇定、仲裁人選定、仲裁地選擇等，以鼓勵各機關以仲裁方式處理履約爭議。而除了工程契約，許多契約也常見有仲裁條款之約定，但仲裁條款應該如何約定呢？契約如果訂有仲裁條款，而當契約產生爭議，爭議解決途徑是否就只剩仲裁？契約有關仲裁的約定，有分強制仲裁或任意仲裁之約定嗎？契約當事人如果不想仲裁，可以直接向法院提起訴訟嗎？

仲裁條款 (arbitration) 是什麼？

許多企業為了避免糾紛解決曠日費時，而在契約中約定仲裁條款。例如，在上述工程契約 (engineering contract、construction contract)，或其他採購合約、國際貿易契約、涉外契約（例如：涉及美國、歐洲、澳洲等外國公司）、承攬合作契約、運送合約、經銷、代理合約 (agency contract (agreement)) 甚至聘僱合約等契約中約定。

所謂「仲裁條款」，依據仲裁法第 1 條規定，稱為「仲裁協議」，指的是當事人就有關現在或將來之爭議，約定由仲裁人一人或單數之數人成立仲裁庭仲裁之協議（仲裁法第 1 條參照）。

就契約而言，當事人可以約

定將來如果契約發生糾紛，將交由仲裁人仲裁來解決紛爭，而非由法院訴訟來解決紛爭。仲裁人除由當事人自行選定外，亦可約定由仲裁機構選定（仲裁機構，例如：中華民國仲裁協會、臺灣營建仲裁協會 Taiwan Construction Arbitration Association 等）。

強制仲裁：契約有糾紛，只能「仲裁」解決，不能向法院起訴

契約如果約定「強制仲裁」，亦即，約定有關契約所生之爭議，「應」以仲裁解決時，如果契約事後真的發生糾紛，契約當事人只能以提交仲裁解決紛爭，當事人之一方不能擅自向法院起訴，縱使已經起訴，他方當事人亦可主張兩造有強制仲裁的約定，而向法院聲請「停止訴訟程序」。而且，之後就契約爭議，如有仲裁人所為之「仲裁判斷」時（類似判決等終局決定），當事人擅自所提起之訴訟更是視為撤回（向法院聲請停止訴訟通稱「妨訴抗辯」，仲裁法第 4 條參照），「訴訟」已不得繼續進行。

強制仲裁之約定 ，「應」、"shall" (must)？

有關強制仲裁之契約約定，另可參照臺灣高等法院 97 年抗字第 826 號民事裁定理由認為：「本件抗告人請求相對人給付上開數額佣金報酬所據之法律關係……代理契約第 11 條載明：與本約相關之爭議，應提交日本商業仲裁協會 (Japan Commercial Arbitration Association) 仲裁……則抗告人起訴請求相對人給付系爭佣金數額之爭議，乃源自該代理權契約 (AGENCY AGREEMENT) 所衍生債之關係，對於此契約所生之一切爭議或民事糾紛，本諸前揭代理權契約之約定，相對人自得聲請法院裁定停止本件訴訟程序，並命抗告人於一定期間內提付仲裁。」

任意仲裁：事後可不同意仲裁

不過，實務上有認為，契約條款中縱使已有約定契約糾紛發

生時，「得」協議以仲裁解決紛爭，這個約定充其量只是屬於「任意仲裁」之約定。當事人一方對於契約產生的糾紛，如果想要以「仲裁」來解決紛爭，還是要得到他方當事人同意才能進行，如果他方事後不同意仲裁，還是不能進行仲裁程序。

最高法院 85 年台上字第 1170 號民事判決認為：「依系爭……訂單背面所附之契約條件第 11 條後段約定：『○○公司（即上訴人）與出賣人（即被上訴人）間如就本契約發生爭執時，應先試行協議將爭執交付單一仲裁人仲裁，雙方當事人對仲裁人之選任未達一致時，由瑞士商會選任之。如他方當事人亦同意將爭執交付仲裁，主張請求之一方即得進行其法律程序』之意旨，顯示兩造間之紛爭如擬以仲裁方式解決，須經雙方協議或一方得他方當事人之同意，方得為之。是該約定係任意仲裁，非屬強制仲裁，上訴人依商務仲裁條例第 3 條規定主張妨訴抗辯，不足採取。」

任意仲裁、強制仲裁分不清，"shall" (must) vs. "may"？

另外，實務認為是否為強制仲裁或任意仲裁之約定，可以從契約條款的用語、契約前後文的比較判斷得出，例如，用語是用「應」（shall、must 等），還是「得」(may) 等文字。

此觀臺灣高等法院 89 年抗字第 2372 號民事裁定理由謂：「經查，本件兩造爭執之要點在於兩造所訂契約第 17.1 條之意涵，是否足認雙方已有仲裁協議，抗告人雖主張系爭契約於第 17.1 條約定中之 "may"，其意義依合約全文及斟酌立約當時之情形，認應解為『應』……云云，惟查，仲裁……應以當事人間確有仲裁之合意為仲裁之前提要件……，經核上開系爭契約條款中先後使用 "shall" 及 "may" 二字，足認在該契約條款中 "may" 不作 "shall" 之解釋，亦即應解為『得』而非『應』……，系爭契約條款既使用 "may"，復加以 "mutually agreed by both parties" 之文字，應認其契約條款已明白

約定經雙方同意得提付仲裁……」即明。

先仲裁先贏？

不過，契約中仲裁條款約定雖然可分為強制仲裁、任意仲裁，但目前有實務見解認為契約中仲裁條款係約定爭議可以提起訴訟或仲裁解決時，如果事後一方先提起仲裁，另外一方在仲裁之後才另行起訴，先提起仲裁之一方，是可以向法院主張「妨訴抗辯」，要求法院停止訴訟程序。

最高法院 95 年台抗字第 390 號民事裁定理由載明：「……操作管理契約第 9 章第 9.01 節約定：『甲方與乙方間對本契約之執行有爭議無法解決時，可申請調處、提出仲裁或訴訟。』……按當事人於契約中約定以仲裁或訴訟解決爭議，即係賦予當事人程序選擇權，於一方行使程序選擇權而繫屬後，他方即應受其拘束。倘當事人雙方各採取仲裁程序及訴訟程序時，則應以其繫屬先後為準。若仲裁程序繫屬在先，當有仲裁法第 4 條之適用（註：

即應停止訴訟程序等妨訴抗辯）。」

小　結

綜上所述，當事人對於契約將來糾紛的解決，第一個要想的問題是，到底要不要以「仲裁」來解決契約爭議。如果兩造選擇將來要以仲裁解決紛爭時，可在契約中約定仲裁條款。契約中如果要約定仲裁條款，可以選擇約定強制仲裁條款，或者約定需他方同意等任意仲裁條款。當契約中有約定強制仲裁條款時，一方如果擅自起訴，他方原則上是可以要求法院停止訴訟程序。因此，在契約要約定仲裁條款時，契約當事人應考量相關因素以及約定之內容及用語。

參考法條
仲裁法第 1 條、第 4 條

臺灣商業糾紛，大陸、外國法院管轄？

中國大陸福建省廈門市海滄區人民法院「涉臺法庭」掛牌成立，將集中管轄廈門市一審「涉臺民商事案件」管轄爭執雙方當事人都在廈門且爭議標的金額在人民幣 3,000 萬元以下之案件，如有一方當事人不在廈門，則爭議標的金額限於在人民幣 1,500 萬元以下。雖然在民事糾紛發生後，可以依據糾紛性質，而據以認定管轄法院。然而，可否事先就民事糾紛的管轄法院約定呢？關於臺灣與大陸公司商業往來糾紛，可否事先約定由臺灣或大陸法院管轄呢？同樣地，臺灣企業與外國公司簽訂契約（如美國、歐洲），可否亦事先約定由外國法院管轄呢？

管轄權、審判權，可由雙方自行約定？

一般而言，對於侵權行為之糾紛（例如：車禍），不大可能預先約定管轄 (jurisdiction)。然而，針對一般民事的契約，如：買賣、採購契約、經銷合約、代工契約、借貸、貸款、融資契約、委外加工、工程契約、專利授權契約、服務契約、僱傭契約等眾多合約，都是可以事先約定管轄法院，訂立管轄權、審判權條款。

可約定由哪一個國家管轄？

我國民事訴訟法第 24 條第 1 項前段，雖規定「當事人得以合意定第一審管轄法院」，不過，此處指的是約定由國內哪一個法院管轄（例如：臺灣臺北地方法院或者臺灣新北地方法院）。然

而，我國公司如果與外國公司作生意，可否在契約中，約定由臺灣或者外國法院管轄呢？

實務見解肯認，契約當事人可以在契約條款中，事先約定有關契約發生糾紛後，由哪一個國家之法院管轄。

最高法院 89 年台上字第 2555 號民事判決理由即認：「按民事訴訟所解決者為私法上權利義務事項，私法上之權利義務，當事人原則上得自由處分，是否行使其權利，如何行使，原則上應本於當事人之自由意思。當事人以關於由一定法律關係而生之訴訟，合意由外國法院管轄，以非專屬於我國法院管轄，且該外國法院亦承認當事人得以合意定管轄法院，及該外國法院之判決我國亦承認其效力者為限，應認其管轄之合意為有效。」

可否約定由中國大陸法院管轄？

針對兩岸民事糾紛，實務上亦認為當事人可以約定由中國大陸法院或者臺灣法院管轄。如果

當事人合意約定由大陸法院管轄（例如：約定由深圳市、上海、北京等地之人民法院管轄），當事人事後向臺灣法院起訴，原則上，臺灣法院會以臺灣法院無管轄權而駁回訴訟。

此有最高法院 89 年台上字第 1606 號民事裁定意旨認為：「兩造約定合意管轄及上訴人提起本件訴訟時，依斯時兩岸關係條例第 74 條第 1 項之規定，臺灣地區法院並無不承認大陸地區法院作成之民事確定裁判，且有關大陸地區法院承認臺灣地區法院作成之民事確定裁判之規定，於原審前審言詞辯論終結前業已施行，亦無因兩岸關係條例在訴訟繫屬中增訂同條第 3 項互惠原則規定，而不得向兩造合意管轄之大陸惠州人民地方法院起訴，因認臺北地院無管轄權，並依（編按：類推適用）民事訴訟法第 249 條第 1 項第 2 款之規定，將第一審所為被上訴人敗訴部分之判決廢棄，改判駁回上訴人該部分之訴」可稽。

可否約定由國外法院管轄？

就國外法院管轄部分，有實務見解即認為因為契約有外國法院管轄之約定，而駁回原告在我國法院起訴之訴訟。

此觀臺灣臺北地方法院 94 年國貿字第 8 號民事判決理由載明：「經查依二造間買賣契約 (Sale Contract) 第 13 條明確載明二造就買賣契約所生本件爭執，書面明示合意由英國之倫敦高等法院管轄……本件二造間之買賣契約規定（詳前述），本即符合『一般管轄』中之『合意管轄』，同時二造訟爭事項又非專屬我國法院管轄，從而參考前述說明，本件訟爭事項因二造業合意英國倫敦高等法院管轄，本院或中華民國其他法院，並無一般管轄權。……故本件本院就原告之訴並無保護之可能及必要（類似經言詞辯論後法院認無『審判權』之情形），爰類推適用民事訴訟法第 249 條第 2 項規定，不經言詞辯論逕以判決駁回原告之訴」即明。

合意管轄條款有兩種，排他 (exclusive)、併存 (non-exclusive)？

另須說明者，管轄條款有二種，一種是排他合意管轄 (exclusive)，一種是併存的合意管轄 (non-exclusive)，如果要約定僅由國內法院或國外法院單一法院管轄，其他法院不能管轄，即須約定為排他合意管轄，明確約定排除其他法院管轄。

此參照臺灣高等法院 90 年海商上易字第 1 號民事裁定理由載明：「被上訴人所提出而上訴人○○公司不爭執為真正之載貨證券第 23 條載明：兩造同意所有爭議適用巴拿馬法律並由巴拿馬法院管轄等語，不僅約定應以巴拿馬法律為準據法，且合意由巴拿馬法院專屬管轄，有該載貨證券在卷可稽……當事人得以合意定第一審法院，當無疑義。」

併存合意管轄 (non-exclusive)？

所謂併存合意管轄，實務上係指，當事人契約中雖有管轄法

院之約定，但是並不排除法定管轄法院。也就是說，原本依據法律規定，就當事人糾紛有管轄權之法院，並不會因併存合意管轄法院之約定而喪失管轄權。

此參照臺灣高等法院 88 年重上字第 413 號民事判決理由載明：「經查，依 NAZIONALE 銀行與上訴人間系爭保證契約第 13.01 條約定：『……保證人願以香港法院為非唯一（或排他）之管轄法院，……』可知，當事人雙方係約定以香港法院為非唯一 (non-exclusive) 之管轄法院，即就原有管轄法院外，再合意加列香港法院為管轄法院，換言之，此乃不排除法定管轄法院之『併存合意管轄』之約定。被上訴人受讓 NAZIONALE 銀行對上訴人之保證契約債權，上開約定於兩造間自亦有其適用。而上訴人之住居所既在原法院之轄區內，則我國民事訴訟法第 1 條第 1 項前段之規定，原法院就本件訴訟即有管轄權。上訴人抗辯原法院無管轄權云云，洵屬無據」即明。

小　結

綜上所述，臺灣對外貿易興盛，須與外國或大陸企業訂立契約者比比皆是。臺灣企業可以在契約中，事先約定由大陸、美國或臺灣等法院管轄。而管轄法院的條款，可分為排他的合意管轄與併存的管轄 (exclusive、non-exclusive)。當然，依據實務之見解，法院原則尊重有關契約中約定管轄法院條款之效力，不過依據最高法院 101 年台抗字第 259 號民事裁定的見解，仍須受到我國法院有無專屬管轄權限、外國是否承認合意管轄等情形之檢驗，管轄法院條款之約定並非絕對有效。

參考法條

民事訴訟法第 24 條、第 249 條

討債公司合法嗎？

景氣不佳，公司行號遭往來廠商倒債之事件時有所聞。一般而言，公司縱使已經事前針對往來廠商為徵信之作業，但仍不免發生廠商事後積欠貨款之情形。因此，當廠商積欠公司貨款時，公司應該如何處理？法律的相關程序為何？另外，實務上亦常發生債權人委託違法討債公司催收，最後因討債公司暴力討債，而遭到檢警單位偵辦之下場。問題出在那裡？

合法討債沒煩惱 vs. 違法討債麻煩多？

有些人可能會認為，依循法定的程序催討債務，有時很難要回遭積欠的款項，因此去找違法討債公司催討債務。然而，委託違法討債公司討債，其實存有很大的風險。

實務上，即有認為債權人之所以會給付高額報酬給討債公司，有可能就已經知道、預見討債公司會以暴力討債方式來催討債務，了解討債公司不大可能會依一般法律規定，以和平方式催討債務。因此，當討債公司對債務人非法討債，而債權人又在現場時，縱使債權人當場沒有使用暴力行為，還是有可能被法院認定為暴力討債之共犯，而有刑責。

此觀最高法院 100 年台上字

第 985 號刑事判決理由略謂：「……鄭〇〇（註債務人）堅決拒絕清償之態度，以上訴人（註債權人）之學、經歷，實已預見難以和平方式達到索回金錢之目的。且上訴人要〇〇〇為其介紹討債公司，進而與〇〇公司簽署……授權合約書，同意支付實際回收金額 50% 之高額佣金，倘僅係以和平方式討債，何須如此高額報酬。足見上訴人……就……〇〇公司，可能會對……鄭〇〇，施以不法討債方式，以達到受委託目的，應已有所預見乙情，認上訴人曾要渠等以和平協談方式拿到錢之辯詞，委無足採。乃認上訴人就上開〇〇公司人員……對鄭〇〇所為之私行拘禁（含剝奪行動自由）及其後持續暴力討債之犯行確有犯意聯絡並分擔犯行，為共同正犯之旨。……」即明。

因此，當有貨款債務須催討時，仍應依循法定程序催討，才不會後患無窮。

催收第一階段、第二階段：存證信函及查封（假扣押）積欠貨款廠商之財產？

當以電話、email 等方式向債務人公司催收貨款都無效時，第一階段通常是由債權人公司發存證信函、律師函，要求債務人公司給付貨款，以留下正式記錄。

第二個階段則是選擇向法院聲請查封（假扣押）債務人（公司等）財產。然而，要聲請法院扣押債務人財產，通常都要拿出相當於債權金額 3 分之 1 之高額擔保金，而且並不是每一個積欠貨款的廠商都會脫產，而有假扣押必要。因此，原則上都是在積欠貨款之債務人（公司、廠商）尚有財產（房屋、土地、存款等），而且有可能脫產時，才有聲請法院查封（假扣押）的實益。

催收第三階段：取得執行名義，聲請支付命令、向法院起訴？

因為假扣押（查封）債務人財產，畢竟只是查封債務人財產，還沒有辦法執行拍賣債務人公司

財產（動產、不動產、存款等），如果要拍賣債務人財產，還是需要另外取得執行名義。

所以催收貨款的第三階段，即是取得「執行名義」。要取得執行名義方式，包含較簡易的，依民事訴訟法第 508 條之規定，向法院聲請對債務人廠商核發「支付命令」；但如貨款糾紛較為複雜者，則須向法院提起「訴訟」要求債務人給付貨款。另外，假如先前廠商有開立本票作擔保，更可聲請核發「本票裁定」。

催收第四階段：強制執行（拍賣）債務人廠商財產？

當取得法院核發之本票裁定或者確定的支付命令、確定判決時，債權人就可以聲請拍賣債務人的財產，使遭積欠的貨款得以獲得清償。不過在取得執行名義後，債權人要向法院聲請強制執行前，第一個要做的事情，就是要拿著判決、支付命令等執行名義，去國稅局查詢債務人廠商之「所得」以及「財產」等清單資料。

一般而言，從國稅局查詢而來之債務人「財產」、「所得」清單，就可以看出債務人有沒有房屋、土地等不動產或銀行存款、股票等財產及所得。如果有，即可向法院民事執行處聲請執行拍賣債務人房屋、土地等不動產，或扣押債務人銀行存款、股票。而經過變賣、分配程序後，債權人就可以從拍賣不動產之價金、扣押之存款、拍賣的股票價金獲得清償。

債權憑證會罹於時效，要聲請法院換發？

然而有時候，拿著法院判決去執行，卻還是會遇到債務人沒有財產而核發債權憑證的情形。此時，債權人如果拿到法院核發之債權憑證，不能藏在抽屜、櫃子中，而是要向法院聲請強制執行或在時效屆滿前換發債權憑證，否則，經過一定時間，債權憑證可能會罹於時效而無法執行，不可不察（民法第 125 條、第 137 條參照）。

小　結

　　綜上所述，合法的貨款催收，其實有一定的流程，按照存證信函、假扣押、支付命令、本票裁定、向法院起訴、強制執行等程序。有些債權人捨合法途徑不為，選擇違法討債公司暴力討債，最後，債可能沒有要到，反而招來一堆麻煩，甚至有刑責，得不償失。

參考法條

民事訴訟法第 508 條、民法第 125 條、第 137 條

海海人生，假本票！

以「海海人蔘」等歌曲走紅臺語歌壇的資深藝人陳盈盈於數年前向邱姓好友借款時，涉嫌請胞姊陳嘉嘉偽簽面額 280 萬元本票，遭檢察官起訴，臺北地方法院認定她犯行明確，依教唆偽造有價證券罪重判她 3 年 2 個月。何謂有價證券？偽造有價證券判刑為何較重？如果幫他人「代簽」票據，也會構成偽造有價證券罪嗎？冒簽數百張支票，會構成一個罪或數個罪？

何謂「有價證券」？

依據刑法第 201 條第 1 項規定：「意圖供行使之用，而偽造、變造公債票、公司股票或其他有價證券者，處 3 年以上 10 年以下有期徒刑，得併科 3,000 元以下罰金。」本罪相較於一般「偽造文書罪」，乃屬重罪，一旦認定有罪，幾乎都無法緩刑，而需入監服刑。

而何謂「有價證券」？一般如公債票、公司股票、本票、支票等均屬之。有價證券之定義，依據最高法院 19 年上字第 2074 號判例，「有價證券以實行券面所表示之權利時，必須占有該券為其特質」。換言之，只要主張權利需以出示該票券為要件，均屬之。

其他實際之案例另如：政府發行之航空公路建設獎券（最高

法院 25 年上字第 1050 號判例參照)、銀行支票(最高法院刑事判例 28 年滬上字第 53 號參照)、農會支票(最高法院 46 年台上字第 888 號判例參照)、信用合作社支票(最高法院 43 年台非字第 45 號判例參照)、銀行發行之兌換券(最高法院 28 年非字第 2 號判例參照)、倉單(倉單所載之權利,依民法第 618 條規定,既得由貨物所有人背書並經倉庫營業人簽名,而移轉受讓人,仍得因占有而行使其票面所載之權利,故倉單自係有價證券之一種,最高法院 40 年台上字第 40 號判例參照)、兌獎券(最高法院 50 年台上字第 662 號判例參照)。

實務上認為並非有價證券之案例,如:當票(當票之性質,不過持以證明他人質物之關係,於其期限內有將原物贖回之權利,自係私文書之一種,不能認為有價證券,最高法院 29 年上字第 6 號判例參照)、戲票(戲票係戲園之入場券,專供人一時娛樂之需,祇屬私文書之一種,不能以有價證券論,最高法院 29 年非

字第 58 號判例參照)。

在影印的有價證券上進行偽造、變造,是否仍構成偽造有價證券?

實例上曾有行為人以剪貼、影印之方式將支票影本之金額作變更,此舉是否仍構成偽造、變造有價證券?

最高法院認為,此舉並不構成偽造「有價證券」,因支票為有價證券,支票上權利之移轉及行使,與其占有支票有不可分離之關係,一旦喪失占有,非依法定程序,不得享有支票上之權利,因而支票原本,有不可替代性。行為人既無變造本件支票,僅以剪貼影印方式,將支票影本之金額「壹萬零柒佰玖拾肆元」,改為「柒佰玖拾肆萬元」,而支票影本不能據以移轉或行使支票上之權利,顯與一般文書之影本與原本有相同之效果者不同,故難認係變造支票之行為。惟該具有支票外觀之影本,不失為表示債權之一種文書,其內容俱係虛構,自屬偽造之私文書(最高法院 84 年

台上字第 1426 號判例參照）。

換言之，因有價證券需以持有此張有價證券作為主張權利之形式，因此，影印之有價證券，不能持以主張權利，因此，僅能論以偽造私文書罪。

「代簽」，會構成偽造有價證券嗎？

一般日常生活中，例如，公司會計直接以公司大小章蓋用支票之情形，類如此種情形，雖非公司負責人親自蓋章，但為公司負責人同意代為用印，因已得到公司負責人授權，此類代蓋、代簽，均不會構成偽造有價證券，此觀最高法院 53 年台上字第 1810 號判例謂：「刑法上所謂偽造有價證券，以無權簽發之人冒用他人名義簽發為要件，如果行為人基於本人之授權，或其他原因有權簽發者，則與無權之偽造行為不同。」可供參照。

一次偽造多張有價證券，會構成一個或多個偽造有價證券罪？

因偽造有價證券罪為最低刑度 3 年以上之重罪，如一次偽造數十張或數百張，每張偽造行為都成立一個罪，累積起來的刑度將相當可觀。

目前法院在論罪上乃採取「接續犯」理論而論以一罪的方式處理。實務見解認為：「……上訴人既係同時偽造同一人之支票 3 張，係屬單純一罪，並不發生想像的競合之問題。」（最高法院 50 年上字第 1125 號判例參照）、「同時偽造同一被害人之多件同類文書或同一被害人之多張支票時，其被害法益仍僅 1 個，不能以其偽造之文書件數或支票張數，計算其法益。此與同時偽造不同被害人之文書或支票時，因有侵害數個人法益，係一行為觸犯數罪名者迥異。」（最高法院 73 年台上字第 3629 號判例參照）、「……是倘行為人主觀上係以偽造同一被害人之支票之同一犯意，持續偽造多紙支票，而該

多次偽造行為在客觀上復係利用同一機會接續實行，即得認其係對同一法益一次性之侵害，而評價為接續犯一罪。」（最高法院105年台上字第505號判決參照）。換言之，如果是偽造同一人或同一家公司的支票，即便是1次偽造開出了數10張，原則上仍以一罪論。

臺灣高等法院花蓮分院曾有一個案例，該案行為人在不到2年的時間內，共偽造了2599張支票，法院認為仍屬「接續犯」而判處一罪，法院的理由是「……分別於同時同地盜用被害人之印章偽造支票，其侵害同一法益，各行為之獨立性極為薄弱，依一般社會健全觀念，在時間差距上，難以強行分開，在刑法評價上，可視為數個舉動之接續施行，而合為包括之一行為予以評價，為接續犯之包括一罪關係，分別只論以被告偽造有價證券一罪為已足。」（臺灣高等法院花蓮分院101年上訴100號判決參照）。

小　結

所謂「有價證券」是指主張權利需以出示該票券為要件，都算是有價證券。例如：公司股票、支票、本票、銀行支票、倉單等。另外，如戲票、電影票等專供一時娛樂之需，只算是私文書，而非有價證券。實例上認為，如果是在影印的支票上塗改金額，因支票影本無法移轉或行使權利，因此，不算變造有價證券，但構成偽造私文書。再者，會計人員由公司負責人授權開具公司支票，因有授權，並非偽造有價證券。而一次偽造多張支票，屬接續犯，構成一個罪而非多個。

參考法條

刑法第201條

13

刑事重案篇

重毆司機，重傷害未遂？遺棄？

日籍藝人 Maki 與友人 Yuki，酒後與林姓計程車司機發生口角，二人不但踹車，還重毆司機。Yuki 將司機過肩摔，並重踹司機頭部及背部十餘次，Maki 後來也補上幾腳，踢踹司機胸腹部，造成司機昏迷數日，併發腦震盪、蜘蛛網膜下腔出血、左胸腔部骨膜斷裂，及胸部挫傷等傷害。而另二名藝人鴨子及湘湘雖未出手，但也沒有勸阻或搭救。案經臺灣臺北地方法院檢察署偵結起訴，認為二人手段兇殘，司機有傷殘之虞，而將 Maki 與 Yuki 以重傷害未遂分別求處 4 年及 6 年有期徒刑。上開藝人將司機打傷，屬「重傷」嗎？將司機打傷後即離去不管，有「遺棄」嗎？未出手之鴨子、湘湘，沒有搭救司機，卻在旁觀看，有犯法嗎？

過肩摔、踹頭、踢背、腹，屬「重傷害」嗎？

所謂「重傷害」，乃相較「普通傷害」而言。依據刑法第 10 條第 4 項規定，重傷害係指「1.毀敗或嚴重減損一目或二目之視能。 2.毀敗或嚴重減損一耳或二耳之聽能。 3.毀敗或嚴重減損語能、味能或嗅能。 4.毀敗或嚴重減損一肢以上之機能。 5.毀敗或嚴重減損生殖之機能。 6.其他於身體或健康，有重大不治或難治之傷害。」依刑法第 278 條可處 5 年以上 12 年以下有期徒刑（詳參本書，「越南女子將男友 『斷根』，法院輕判『免囚』？」乙文）。

而 Yuki 等人將司機過肩摔、重踹司機頭部、背部、腹部，依據常理非常有可能會傷及司機之眼睛造成失明、耳朵失聰或手腳

殘廢，甚至成為植物人，而屬於「重傷」之範圍。

而如毆打腹部，亦有可能導致內臟破裂造成嚴重傷害。如最高法院曾認為，脾臟為人身內臟之一，既經剔除，則其體內之脾臟機能不能恢復，是否於人之身體健康果無影響，而謂被害人所受之傷未達於重大不治之程度，不能謂無疑問。且被告等毆打被害人既經破裂其脾臟，則其下手襲擊時，是否有使人受重傷之故意，尤有詳加推求之餘地（最高法院 45 年台上字第 932 號判決參照）。

至於 Yuki 之律師聲稱 Yuki 與司機並無仇隙，下手毆打應僅有「普通傷害」之犯意，而非「重傷害未遂」。且實務上對於普通傷害與重傷害未遂之區別標準在於「加害時有無致人重傷之故意為斷，至於被害人受傷之部位以及加害人所用之兇器，有時雖可藉為認定有無重傷故意之心證，究不能據為絕對之標準」（最高法院 55 年台上字第 1703 號判例參照）。

因此，Yuki 及 Maki 有無重傷害司機之犯意，仍須視具體情況認定，包含發生衝突之原因、下手之輕重、有無使用兇器等情形而論。

毆傷人後拍拍屁股走人，構成遺棄罪嗎？

Yuki 等四人當晚將司機毆傷至倒地不起後竟拍拍屁股走人，有無構成遺棄罪呢？

我國刑法就遺棄罪分為「無義務者之遺棄罪」及「有義務者之遺棄罪」。

首先，無義務者之遺棄罪係指依法令或契約並無義務之任何第三者而言。依據刑法第 293 條規定：「遺棄無自救力之人者，處 6 月以下有期徒刑、拘役或 100 元以下罰金。因而致人於死者，處 5 年以下有期徒刑；致重傷者，處 3 年以下有期徒刑。」而本條所指「遺棄」，僅指「積極之移置行為」，例如，將嬰兒或重病垂危者，移置荒郊野外，使其無法獲得他人之救助。

此種積極之「棄置行為」，實

例上曾認為,「上訴人明知張〇允因車禍受傷,不能言語及行動,無維持其生存之能力,係無自救力之人,竟將之遺而棄置於草叢中之水溝內,致生死亡之結果,其遺棄與死亡間,難謂無相當因果關係,應負遺棄致人於死刑責」(最高法院 70 年台上字第 1619 號判決參照)。

另實例上曾發生甲乙丙三人共同吸毒,而丙因吸毒過多,恍惚而跌倒撞擊頭部流血,甲乙見狀,明知丙已陷於無自救能力,卻恐丙於其二人住處內死亡,將暴露其施用毒品犯行,竟基於犯意之聯絡,將尚未死亡之丙,由甲扛肩、乙扶後,共同將無自救能力之丙棄置於臺北市萬華區桂林路房子後面之防火巷內,致丙終因施打毒品過量致呼吸衰竭死亡,而論以刑法第 293 條第 2 項遺棄致死罪(臺灣臺北地方法院 85 年訴字第 2192 號判決參照)。

反之,若無義務者僅消極離去無自救力者,並不足以構成本罪(林山田,刑法特論(上),第 94–95 頁參照)。因此,當日未參與打人的鴨子與湘湘,即屬無義務者,即便離去,也不會有法律責任 (至於有打人的 Yuki 及 Maki 詳後述)。

其次,關於「有義務者之遺棄罪」,依據刑法第 294 條規定:「對於無自救力之人,依法令或契約應扶助、養育或保護而遺棄之,或不為其生存所必要之扶助、養育或保護者, 處 6 月以上、5 年以下有期徒刑。因而致人於死者,處無期徒刑或 7 年以上有期徒刑;致重傷者,處 3 年以上 10 年以下有期徒刑。」此類案件實例上最常發生者乃車禍後,肇事者離開現場並未救助受傷者。蓋依據道路交通管理處罰條例第 62 條第 3 項規定:「汽車駕駛人駕駛汽車肇事致人受傷或死亡者,應即採取救護措施及依規定處置⋯⋯」,乃指汽車駕駛人,如肇事致人受傷,即負有救護受傷人之法定義務(最高法院 90 年台上字第 4153 號判決參照)。如肇事後自行離去者,將會構成刑法第 294 條之罪。不過,1999 年刑法增訂第 185 條之 4,並於 2013

年提高刑責規定：「駕駛動力交通工具肇事，致人死傷而逃逸者，處 1 年以上 7 年以下有期徒刑。」特別將肇事逃逸之行為單獨立法。

然上開規定因不問是否有肇責，也不分傷亡輕重，最低一律判處 1 年以上之有期徒刑，於民國 108 年 5 月 31 日經大法官釋字第 777 號宣告違憲，大法官認為，其中有關「肇事」部分，可能語意所及之範圍，包括「因駕駛人之故意或過失」或「非因駕駛人之故意或過失」（因不可抗力、被害人或第三人之故意或過失）所致之事故，除因駕駛人之故意或過失所致之事故為該條所涵蓋，而無不明確外，其餘非因駕駛人之故意或過失所致事故之情形是否構成「肇事」，尚非一般受規範者所得理解或預見，於此範圍內，其文義有違法律明確性原則，此違反部分，應自本解釋公布之日起失其效力。

而將人毆傷後，是否有將傷者送醫之義務？目前我國法令並無類似規定。因此，Yuki 與Maki 在打人後揚長而去，並不會構成遺棄罪。然而，見義勇為仍是善良公民應盡之道德責任。

小 結

Yuki 等人將司機過肩摔、重踹司機頭部、背部、腹部，依據常理非常有可能會傷及司機之眼睛造成失明、耳朵失聰或手腳殘廢，甚至成為植物人，屬於「重傷」之範圍。實務上對於「普通傷害」與「重傷害未遂」之區別標準在於加害時有無致人重傷之故意，雖然被害人受傷之部位以及加害人所用之兇器，可作為認定有無重傷故意之證據參考，但這只是參考的標準而非絕對依據。再者，題示案例這些人將司機踹到不支倒地後，揚長而去，是否構成遺棄罪？由於刑法第 293 條規定之遺棄罪，所稱「遺棄」，僅指「積極之移置行為」，例如，將嬰兒或重病垂危者，移置荒郊野外，使其無法獲得他人之救助。如果只是單純離去而未救助，未參與打人的鴨子與湘湘，即便離去，也不會有法律責任。

至於打人的 Yuki 及 Maki，目前我國法令並無規定將人毆傷後要將傷者送醫，因此也不會構成遺棄罪。

參考法條
刑法第 10 條、第 278 條、第 293 條、第 294 條、道路交通管理處罰條例第 62 條

一度死刑定讞，再審卻無罪？

吳姓夫婦命案，蘇姓男子等三名被告一度於民國 84 年間遭最高法院判決死刑定讞，後經律師聲請再審獲准，之後歷經 3 次更審及最高法院發回，第四度即更三審時，被告蘇姓男子等三人，再獲高等法院判決無罪。而因刑事妥速審判法（速審法）規定被告獲二次高院無罪判決，檢察官不得上訴，全案因而無罪確定。然而，什麼是再審？再審的要件有那些？有證據沒有調查到，可不可以聲請再審？發現新的證據、事證可否要求再審？被冤枉的可否聲請再審？被告可以拿舊的證據聲請再審嗎？

何謂「再審」？

刑事被告經判決有罪確定後，對於有罪確定判決已無通常救濟途徑，而須經特別救濟程序，例如：再審、非常上訴，始有可能變更原確定判決，重新審理。

「再審」有別於「非常上訴」，再審主要是針對原確定判決，嗣後發現有「新的證據」（廣義）足以變更原確定判決犯罪事實認定時，所賦予當事人之救濟方式。因此，再審主要在救濟事實認定之錯誤（最高法院 32 年抗字第 113 號判例要旨參照）。

發現新的證據，才能聲請再審？證人偽證、證物偽造，亦可聲請再審嗎？

足以變更原確定判決的新證據，主要可分為三類，第一類，

是指發現有證據足以證明被告是遭人陷害的，例如：因為證人作偽證才使被告判有罪、認定被告有罪的證物是偽造的或被告是遭人誣告的。第二類，是審判的法官、起訴的檢察官在該案審判、偵查時，涉及貪贓枉法，經判決有罪或懲戒。第三類，也是最主要的一類，那就是發現足以變更原確定判決之新證據。

刑事訴訟法第 420 條第 1 項即規定：「有罪之判決確定後，有左列情形之一者，為受判決人之利益，得聲請再審：1.原判決所憑之證物已證明其為偽造或變造者。2.原判決所憑之證言、鑑定或通譯已證明其為虛偽者。3.受有罪判決之人，已證明其係被誣告者。4.原判決所憑之通常法院或特別法院之裁判已經確定裁判變更者。5.參與原判決或前審判決或判決前所行調查之法官，或參與偵查或起訴之檢察官，或參與調查犯罪之檢察事務官、司法警察官或司法警察，因該案件犯職務上之罪已經證明者，或因該案件違法失職已受懲戒處分，足

以影響原判決者。6.因發現新事實或新證據，單獨或與先前之證據綜合判斷，足認受有罪判決之人應受無罪、免訴、免刑或輕於原判決所認罪名之判決者。」第 421 條規定：「不得上訴於第三審法院之案件，除前條規定外，其經第二審確定之有罪判決，如就足生影響於判決之重要證據漏未審酌者，亦得為受判決人之利益，聲請再審。」即明。

發現確實的新證據是什麼？被告不在場證明？兇嫌另有其人？另案他人有罪判決？

所謂發現新證據，指的是判決確定後，嗣後才發現有足以證明被告無罪之證據。實務曾發生之案例，例如：

1. 被告不在場證明（詳下述）；

2. 監聽譯文，因為足以證明被告沒有販賣毒品（臺灣高等法院 100 年聲再字第 328 號刑事裁定參照）；

3. 報紙售屋廣告，因為足以證明房屋買受人是因為被告仲介

刊登之售屋廣告才與被告仲介接洽，被告仲介沒有與買受人事先預謀詐欺賣家之詐欺行為（臺灣高等法院高雄分院 84 年聲再字第 64 號刑事裁定參照）；

4.足以證明被告非實際行為人之他人有罪之判決（臺灣高等法院 96 年交聲再字第 14 號刑事裁定參照）；

5.醫院診斷證明書；

6.機車維修估價單，因足以證明被告開車並未從後方撞擊被害人機車之情形（依估價單顯示機車修理部分均是前方車頭部分，機車後方並無修繕項目）（臺灣高等法院 99 年交聲再字第 22 號刑事裁定參照）；

7.外國警方問話筆錄；

8.為撤銷所爭執新型專利之最高行政法院裁定所引用之專利證書、專利說明書等。

另所謂「不在場證明」，例如臺灣高等法院臺南分院 85 年聲再字第 14 號刑事裁定謂：「本件聲請再審意旨略以：……本件因發見被告於 82 年 11 月 29 日當天未離開私立臺南仁愛之家慢性精神病養護所，並未於當日下午 3 時 26 分許前往臺灣臺南地方法院檢察署前，實施毆打執行勤務之警員毛鵬南之犯罪行為之確實新證據，足認原確定之有罪判決，有應受無罪判決，符合刑事訴訟法第 420 條第 1 項第 6 款之再審事由云云。 2.本院查聲請人上述各節，尚屬實在，有聲請人提出之養護所病房日誌簿影本 2 紙、社會工作個案記錄影本 1 份、所民請假外宿退所申請單影本 8 紙附卷可稽,核與刑事訴訟法第 420 條第 1 項第 6 款之規定尚無不合，應認再審之聲請有理由，爰依同法第 435 條第 1 項裁定如主文。」（臺灣高等法院 89 年聲再字第 427 號亦因為不在場證明而准被告聲請再審之刑事裁定參照）。

新證據須能足以變更原確定判決之事實認定？

從上述實務上曾經發生之案例可知，要能聲請法院再審之新證據，一般而言，都必須要能證明案發當時之事實真象，並足以認定原本確定之刑事判決，其認

定之事實存有重大錯誤，例如前述被告案發當時根本不在現場或者根本是別人犯罪，被告確實遭到冤枉等證據。因此，前述刑事訴訟法第 420 條第 1 項第 6 款即規定，須發現足以使被告應受無罪判決或有較輕判決之新證據，才能聲請再審，聲請門檻相當高。

實務上因而認為「如該證據僅足認為原判決所認定之犯罪原因有誤，而非應受上述之判決者，仍不足為再審之原因。」（最高法院 27 年抗字第 172 號判例要旨參照）。

有證據還沒有調查到，可不可以聲請再審？

至於沒有發現新證據，只是原確定判決有應調查之證據而未調查時，實務認為尚無法聲請再審，最高法院 100 年台抗字第 507 號刑事裁定理由即謂：「……抗告人聲請意旨㈡、㈢、㈤無非在指摘原確定判決有『判決所載理由矛盾』及『判決不適用法則或適用不當』及『應調查之證據而未予調查』等判決違背法令情形，縱令屬實，亦屬原確定判決是否違背法令之問題，並非得據以再審之範疇」。

被告可不可以拿舊的證據（原審已經審酌過的證據）聲請再審？

新證據除了前述須能影響原確定判決之認定外，實務上還認為，所謂新的證據，不能是原審卷內已經存在，且經原審取捨認定過。換言之，原審如果已經認定某個證據不足採信，被告就不能再拿該證據聲請再審。

最高法院 101 年台抗字第 700 號刑事裁定即認為：「若判決前卷存之證據，經原法院捨棄不採或已予斟酌取捨者，即非該款所謂發見之新證據（即所謂『嶄新性』），且該新證據須可認為確實具有足以動搖原確定判決，而對受判決人為更有利判決之『確實性』，二者均屬不可或缺，倘若未具備上開『確實性』與『嶄新性』二種聲請再審新證據之特性，即不能據為聲請再審之原因。」即明。

小　結

　　綜上所述，當被告遭有罪判決確定時，如果認為有罪判決認定的犯罪事實明顯有誤，自己是遭到冤枉的，因為已經沒辦法上訴，被告所能選擇的救濟途徑，通常是向法院聲請再審。而要聲請再審，一般而言，必須是要發現能使法院重新認定事實之新證據，始得為之，因此有無發現到重要的新證據，例如：不在場證明、真正行為人之有罪判決、現場重要跡證等即成為再審重要關鍵。

參考法條
刑事訴訟法第 420 條

案件 8 年未結案，擄人勒贖犯釋放？

徐姓男子因擄人勒贖撕票案，遭臺灣高等法院更八審判決無期徒刑，然依刑事妥速審判法（以下簡稱「速審法」）規定，羈押期間滿 8 年，如未定讞，須將被告釋放，徐男因而在羈押 16 年後，重獲自由。然而，什麼是速審法？內容除了羈押期限以外，還有哪些特別規定？

羈押超過 8 年，就必須將被告放了？

依據速審法第 5 條規定，羈押被告不得超過 8 年，如果羈押超過 5 年，只要刑事判決尚未確定，法院就必須要將被告釋放，不得再延長羈押而將被告繼續關在看守所中。

此觀速審法第 5 條規定：「法院就被告在押之案件，應優先且密集集中審理。審判中之延長羈押，如所犯最重本刑為死刑、無期徒刑或逾有期徒刑 10 年者，第一審、第二審以 6 次為限，第三審以 1 次為限。審判中之羈押期間，累計不得逾 5 年。前項羈押期間已滿，仍未判決確定者，視為撤銷羈押，法院應將被告釋放。」

高等法院判被告 3 次無罪就確定？

速審法第 2 個重點在於避免一再更審（重新由高院審理）。實務上，有許多歷經多次更審而未確定的案件，甚至對於同一案件判決已有多次歧異判決，一下有罪、一下無罪。從發回更審之高等法院案件案號就可以看出這個案件發回之次數，例如：「○○年度重上更㈢字第○○號」或者「○○年度重上更㈩字第○○號」，其中「重上更㈢」指的即是最高法院已經將同一個案件發回第 3 次（發回至高等法院，連同第 1 次高等法院判決，同一案件已經有 4 個高等法院判決）、「重上更㈩字」則是最高法院已經是第 10 次發回更審。

就此，立法者基於「無罪推定原則」、「被告接受公正、合法、迅速審判之權」等考量（《立法院公報》第 99 卷第 29 期院會紀錄第 112 頁參照），訂定速審法第 8 條。

對於已經審理超過 6 年，最高法院亦發回 3 次以上之案件，

速審法第 8 條規定，當最後一次高等法院判決無罪，而且就這個案件先前已有 2 次高等法院無罪判決，亦即有 3 次高院無罪判決時，此時無罪即告確定，檢察官不得針對無罪判決再上訴至最高法院。

審理 6 年，地院、高院均無罪，就確定？

第 2 種情形，前述案件（指審理已逾 6 年案件）如果是地方法院曾經判決被告無罪，最後一次發回更審後，高等法院判決又再度維持地方法院無罪判決時，這次高等法院的無罪判決即告確定，檢察官亦不得針對最後一次發回更審之高等法院無罪判決再上訴至最高法院。

此觀速審法第 8 條規定：「案件自第一審繫屬日起已逾 6 年且經最高法院第 3 次以上發回後，第二審法院更審維持第一審所為無罪判決，或其所為無罪之更審判決，如於更審前曾經同審級法院為 2 次以上無罪判決者，不得上訴於最高法院。」即明。

而審理 6 年如何計算呢？最高法院判決有認為：「所謂 6 年失權期間，自案件繫屬第一審法院之日起，算至檢察官、自訴人提起第三審上訴之日止，不問有無可歸責之延滯事由」（最高法院 100 年台上字第 3791 號刑事判決參照）。

審理期間超過 8 年，被告得減刑？

依據速審法第 7 條規定，當一個案件如果審理超過 8 年，還未確定，法院得審酌與迅速審判有關之事項，如果認為已有侵害被告迅速審判之權利、情節重大等情形，即得減輕被告之刑度。然而此時減刑必須是被告聲請，法院才能予以減刑。

參照速審法第 7 條規定：「自第一審繫屬日起已逾 8 年未能判決確定之案件，除依法應諭知無罪判決者外，經被告聲請，法院審酌下列事項，認侵害被告受迅速審判之權利，情節重大，有予適當救濟之必要者，得酌量減輕其刑：1.訴訟程序之延滯，是否係因被告之事由。 2.案件在法律及事實上之複雜程度與訴訟程序延滯之衡平關係。 3.其他與迅速審判有關之事項。」即明。

遇到羈押被告之案件，須集中審理，檢察官舉證責任加重？

另外，當被告羈押在看守所時，依據速審法第 5 條第 1 項規定，案件的審理必須優先且密集集中審理。

且就檢察官之舉證責任而言，速審法更將原先最高法院關於檢察官舉證責任解釋之判例見解，明文規定於速審法第 6 條條文中，認為當檢察官所提出之證據，不足以證明被告有罪，或檢察官舉證，無法說服法院以形成被告有罪之心證時，法院此時即應貫徹無罪推定原則，諭知被告無罪之判決（速審法第 6 條暨最高法院 92 年台上字第 128 號判例要旨參照）。

速審法第 6 條規定：「檢察官對於起訴之犯罪事實，應負提出證據及說服之實質舉證責任。倘

其所提出之證據，不足為被告有罪之積極證明，或其指出證明之方法，無法說服法院以形成被告有罪之心證者，應貫徹無罪推定原則。」足資參照。

二次判無罪，檢察官上訴困難？

而依據速審法第9條規定，當第二審維持地方法院第一審無罪判決（2次無罪判決），檢察官（或自訴人）此時要對高等法院第二審無罪判決上訴第三審（最高法院），所能主張上訴理由受到嚴格限制，不得僅以原判決有違背法令或有當然違背法令之事由（如判決不載理由、理由矛盾等）上訴第三審，而必須要舉出原判決所違背之法令，有牴觸憲法、司法院解釋或判例之程度，才可以上訴第三審，也就是說，檢察官上訴第三審最高法院的困難度顯著增加，需要第二審無罪判決有重大違法之處，才可以上訴第三審。

此參照速審法第9條規定：「除前條情形外，第二審法院維持第一審所為無罪判決，提起上訴之理由，以下列事項為限：1.判決所適用之法令牴觸憲法。2.判決違背司法院解釋。3.判決違背判例。刑事訴訟法第377條至第379條、第393條第1款規定，於前項案件之審理，不適用之。」即可明瞭。

小 結

綜上所述，速審法有多項對於被告較為有利之規定（當然纏訟多年，對被告已屬不利），例如：羈押不得超過5年、高等法院對於符合一定條件下之同一案件判決3次無罪時，判決即告確定、一定情形下審理超過8年之案件，被告得要求減刑、一、二審均判決無罪，檢察官上訴理由須限原判決有重大違法之處等。

參考法條

刑事妥速審判法第5條、第6條、第7條、第8條、第9條

死刑判決確定，非常上訴來翻案？

臺中豐原 KTV 槍擊案，鄭姓嫌犯遭控槍殺警員，後經法院判決死刑確定。日前立委陪同律師召開記者會，律師表示雖然最高法院駁回再審聲請，但已提出非常上訴聲請狀，並繼續提出再審聲請，要求彈道比對、現場重建，以求還鄭姓嫌犯清白。然而，什麼是非常上訴？一般人也可以聲請非常上訴嗎？有證據沒有調查，可不可以提起非常上訴？非常上訴的效力有那些？非常上訴如果成功，對原本的刑事確定判決有什麼影響？法院會重新審理或重新調查證據，甚至重新改變罪名及刑度嗎？

非常上訴是什麼？誰可以提起非常上訴？

非常上訴是針對違背法令之刑事確定判決，要求最高法院糾正錯誤，撤銷確定判決違法之處，是一種特殊救濟途徑，並非通常救濟途徑。

而依據刑事訴訟法第 441 條規定，「判決確定後，發見該案件之審判係違背法令者，最高法院檢察署檢察總長得向最高法院提起非常上訴。」可以知道得提起非常上訴之人，全國只有一個人，那就是「最高法院檢察署檢察總長」，其他人都不可以提起非常上訴。因此，民眾雖然具狀聲請非常上訴，但實際上，對檢察總長而言並不具拘束力，最高法院檢察署檢察總長仍可依法自行決定是否要向最高法院提起非常上訴。

因此，要不要向最高法院提起非常上訴，決定權還是在最高法院檢察署檢察總長身上。

什麼是確定判決違背法令？違背法令就可以非常上訴？

確定判決違背法令的型態，原則上可以區分為兩種，一種是審判「程序上」的違背法令、一種則是「實體上」的違背法令。

審判程序違背法令，例如：強制辯護案件審理過程，從頭到尾沒有辯護人，法院也沒有指定辯護人為被告辯護；或者，被告有正當理由請假未到庭，法院卻仍予審理並判決；審理時最後沒有給被告陳述意見的機會等等。

判決實體部分違背法令，通常是判決本身援引（解釋、適用）法令有所錯誤，範圍很廣，包括論罪、科刑等眾多法條之適用解釋錯誤皆是。實際案例例如：

1.偽造文書罪須造成他人損害才會成罪，確定判決卻未交待被告偽造文書之行為有無損害於公眾或他人，即逕行判決被告有罪；

2.用錯法條，如應論以使公務員登載不實罪，卻論以偽造駕駛執照罪之間接正犯；被害人係自殺非傷害致死，判決卻判被告成立傷害致死罪（最高法院 29 年非字第 48 號判例參照）；

3.判決理由矛盾，確定判決事實理由均認定被告詐欺未遂，判決主文卻仍判決詐欺既遂（最高法院 68 年台非字第 148 號判例參照）。

非常上訴成功，案件會不會重新審理，來還被告清白或減輕被告刑度？

非常上訴如果成功，依據刑事訴訟法第 447 條規定，必須根據原確定判決違反法令之內容，來決定處理方式，並非全部的案件都可重新審理。

首先，依據該條第 1 項第 2 款規定，原確定判決如果只是「訴訟程序違背法令」的話，最高法院只要撤銷該確定判決程序違法的地方即可，不用重新審理，對於被告原本刑度並不會變更。

第二種情形，原確定判決違

背法令，最高法院即必須將違法的部分撤銷，而且當原確定判決對於被告不利時，除了最高法院自己改判外，還可以發回高等法院重新審理、重新判決，而得改變原本罪名及刑度（刑事訴訟法第447條第1項第1款、第2項：「認為非常上訴有理由者，應分別為左列之判決：1.原判決違背法令者，將其違背之部分撤銷。但原判決不利於被告者，應就該案件另行判決。……前項第1款情形，如係誤認為無審判權而不受理，或其他有維持被告審級利益之必要者，得將原判決撤銷，由原審法院依判決前之程序更為審判。但不得諭知較重於原確定判決之刑。」）。

只有訴訟程序違法，案子會不會重審？

雖然如前所述，只有訴訟程序違法，原則上，案子不會發回重審，不過，近來實務的趨勢，更加強調被告防禦權的保護，因此，縱使僅有訴訟程序違法，如果已經影響到被告的防禦權時

（例如：強制辯護案件，實際上被告卻無律師為其辯護；被告合法請假，法院卻仍予判決），法院就不是只要撤銷程序違法即可，仍應認為已經構成判決違背法令，甚至須將原確定判決整個撤銷，發回高等法院重新審理。

此觀最高法院91年台非字第152號判例認為：「刑事訴訟法第441條之審判違背法令，包括原判決違背法令及訴訟程序違背法令……判決前之訴訟程序違背法令，但非常上訴審就個案之具體情形審查，如認判決前之訴訟程序違背被告防禦權之保障規定，致有依法不應為判決而為判決之違誤，顯然於判決有影響者，該確定判決，即屬判決違背法令……」即明（另參最高法院91年度第7次刑事庭會議決議，尚包括被告不到庭逕行審判之情形）。

有證據未調查，是否也可以聲請非常上訴，要求重新審理及改判？

另外，如果法院對於應調查

之證據，沒有調查，依據大法官解釋，除了可以聲請非常上訴之外，其違法之程度，不但屬於原確定判決訴訟程序違背法令，亦屬刑事訴訟法第 447 條第 1 項第 1 款判決違背法令。最高法院可以因此撤銷原確定判決，並且發回高等法院重新審理，以重新調查應調查之證據。

司法院大法官第 181 號解釋文即認：「非常上訴，乃對於審判違背法令之確定判決所設之救濟方法。依法應於審判期日調查之證據，未予調查，致適用法令違誤，而顯然於判決有影響者，該項確定判決，即屬判決違背法令，應有刑事訴訟法第 447 條第 1 項第 1 款規定之適用。」

小 結

綜上所述，在過去，非常上訴比較著重於法令錯誤之糾正，而且嚴格區分到底原確定判決是程序上違背法令還是實體上違背法令；審判程序上雖有違法，縱使非常上訴成功，原則上，並不會重新審理及判決。只有在判決違背法令，才有可能重新審理、重新判決，而且才可以改變原本被告所犯罪名及刑度。然而，近來實務之發展，基於保障人權、程序正義以及被告防禦權等之維護，已經促使最高法院將案件審理過程之程序上違法，上升至確定判決違背法令的階段，而得將原確定判決予以撤銷，並得發回高等法院重新審理及判決。

參考法條

刑事訴訟法第 441 條、第 447 條

死刑判決確定，非常上訴來翻案？

判「死刑」，法官不能承受之重！

在近來臺灣「廢死」與否的爭論中，震驚一時的小燈泡命案，王姓兇嫌二審再度逃過死刑，引發譁然。王嫌當時以極度兇殘的手段當街砍殺年僅 3 歲的小女童，法院認定因王嫌於案發之際罹有「思覺失調症」，而依據刑法第 19 條規定減輕其刑，而未判死。然而，判死與否，標準究竟在哪裡？

免死，是判不下去，還是於法有據？

近幾年來，重大刑案兇嫌遭判死刑者，屈指可數，例如，鄭捷捷運隨機殺人案（殺死四人），兇嫌遭判死刑確定並已執行完畢。

而多數其他受矚目之重大命案，多未判死刑。例如，八里媽媽嘴雙屍命案，謝嫌殺死二人，一審、二審及更一審，三度判死刑，最高法院發回後，更二審僅判無期徒刑而確定；臺南湯姆龍割喉殺人案，遇害者為 10 歲男童，曾嫌遭判無期徒刑確定；北投文化國小殺人案，龔嫌遭判處無期徒刑確定；小燈泡命案，王嫌在一、二審均遭判無期徒刑；汐止逆子開車衝撞父親致死案，遭判有期徒刑 20 年確定；花蓮弒

母案蔡嫌也僅判無期徒刑確定。

判死與否，標準何在？

　　雖然有關「死刑」制度是否侵害憲法第 15 條保障之生存權，司法院大法官曾有釋字第 194、263、476 等三號解釋，總體而言，僅認定法律不可以規定「唯一死刑」之刑責，但也認為死刑制度本身並無違憲。

　　而有關殺人的罪責，我國法律也均非以「唯一死刑」為度，換言之，至少都還有「無期徒刑」的選項可判。

　　但判死與否之標準何在？最高法院認為：「㈠《公民與政治權利國際公約》（下稱《公政公約》）及《經濟社會文化權利國際公約》（下稱兩《公約》）施行法公布生效後，上開公約、立法意旨及兩《公約》人權事務委員會之解釋，均具有我國內國法之效力。於與我國其他法律發生法律衝突時，基於人權保障之法治國原則，應優先適用人權保障密度較高之兩《公約》規範。從而兩《公約》內國法化後，已生實質限縮刑法

死刑規定適用範圍效果。關於刑法死刑規定之闡釋、適用，應與兩《公約》之規定、立法理由、解釋等合併觀察。非有《公政公約》第 6 條第 2 項所指之『最嚴重罪行』，並遵守公正審判之程序保障，不得判處死刑。㈡我國刑法係對某一『犯罪行為』，施以相對應之『刑罰』。基於『行為責任』原則，《公政公約》第 6 條第 2 項所指之『最嚴重罪行』，除須係『無理剝奪他人生命』，或與之相當之其他極為嚴重罪名外，尚應考量與犯罪行為本身攸關之事項，是否亦達最嚴重程度，方足當之。例如，其犯罪行為動機是否具倫理特別可責性（如嗜血殺人魔、謀財害命、性癮催花或其他卑鄙動機等）、犯罪手段或情節具特別殘暴性、行為結果具嚴重破壞性、危害性等。」（最高法院 105 年台上字第 1062 號蔡京京案之判決及 105 年台上字第 984 號鄭捷案之判決均同此意旨）。

　　換言之，必須是「最嚴重之罪行」，才能判死刑。而所謂「最嚴重之罪行」，除需是「無理剝奪

他人生命」（或與此相當之其他行為）之外，尚需考量與犯罪行為本身攸關之事項（如犯罪動機、犯罪手段等）是否達最嚴重之程度。

判死，理由何在？

最高法院針對「與犯罪行為本身攸關之事項」又可區分為：

1. 「與行為事實相關」之裁量事由（例如：犯罪之動機、目的，犯罪時所受刺激，犯罪之手段，犯罪行為人違反義務之程度及犯罪所生之危險或損害）；

2. 「與形成犯罪時之行為人自我相關」之裁量事由（例如：犯罪行為人之生活狀況，犯罪行為人之品行，犯罪行為人之知識程度，犯罪行為人與被害人之關係，犯罪後之態度）。此又可區分係「明顯可歸因於外在（例如家庭、學校及社會）之事由」或「非明顯可歸因於外在之事由」，而有不同評價及衡量，即前者得為量處較輕刑度之事由，後者則否。

有關鄭捷案之所以判死，最高法院判決理由認為：

1. 就「與行為事實相關」之裁量事由部分，依原判決所認如前所示之犯罪動機、目的，犯罪時未受任何刺激，犯罪之手段，犯罪所生之危險及損害等情節觀察，本件殺人既遂犯行，已達最殘酷嚴重程度。就「與行為事實相關」之裁量事由中，亦無得量處較輕刑度之事由。上訴人應對其全部罪行負完全之罪責，當無疑義。

2. 就「與形成犯罪時之行為人自我相關」之裁量事由部分，原判決依卷內資料認定上訴人於行為時係屬心智正常之成年人，其生活成長過程，家庭功能健全、環境良好，父母關心，彼此能作有效溝通。求學過程中，在師長、同學眼中，表現均屬良好、正常。除課業成績、與同儕人際相處之枝節挫折外，未有生活上巨大變故。而○○大學理工學院之退學經驗，固係其壓力，然綜合上訴人所述及卷內資料顯示，自其國小起至大學中所受一切「人生奮鬥過程之挫折」而言，並未因此造成上訴人辨識其行為違法之意

識能力或依其辨識而為行為之控制能力，有所欠缺或顯著減低。則就「與形成犯罪時之行為人自我相關」裁量事由中，尚查無「明顯可歸因於外在之事由」，而得為量處較輕刑度之事由。

3.因此，依現代刑罰理論之「犯罪應報」思維，若非課以死刑之處罰，實無以滿足「罪與責相符、刑與罰相當」之刑責要求。亦無法符合上述社會上普遍認可之法價值體系及其表彰之社會正義，達到「處罰與防治最嚴重罪行」所欲達到之維護社會每一個人生命權之目的。且無法有效發揮刑法之社會規範功能。原判決就殺人既遂罪部分，均量處死刑，符合憲法第 23 條之比例原則，無違法或不當可言。

免死，又是甚麼理由？

以花蓮弒母案之蔡嫌為例，最高法院認為，所犯殺人罪名，雖係無理剝奪被害人陳○之生命，然考量其與犯罪行為本身攸關之上開犯罪行為動機、目的、犯罪手段、與蔡嫌共同分擔本件

犯罪之實行情節、行為結果之危害、損害等，及其於犯罪前之品行、智識程度、生活狀況、與被害人長期處於緊張關係狀態等「與形成犯罪時之行為人自我相關」之裁量事由，有部分與家庭及社會相關之因素。其罪與責尚未達「非判處死刑，將無法滿足罪與責相符、刑與罰相當之刑責要求，亦無法符合社會上普遍認可之法價值體系及其表彰之社會正義」之「最嚴重程度」。則原判決未認定曾嫌所犯本件罪行，屬公政公約第 6 條第 2 項所指之「最嚴重罪行」，而僅量處該罪次重之法定刑無期徒刑，尚難認有何違法或不當（最高法院 105 年台上字第 1062 號判決參照）。

換言之，最高法院認為蔡嫌及其男友，與蔡母長期處於緊張關係，加上外在之社會及家庭因素，尚非達「最嚴重罪行」之程度，而躲過死刑。

另外，八里媽媽嘴雙屍命案，法院認為謝嫌之犯行，手段殘忍，行徑冷血，犯罪惡性至為重大，惡性嚴重，本應與世隔離。惟犯

罪是一場悲劇，是被告個人及其他種種非被告所得左右家庭或社會因素和合而成。本案被告前無任何犯罪前科，依卷內之咖啡店同事乃至鑑定人訪談之相關人員，對被告均無負評，甚至對其犯罪前之表現多所肯定。考量被告之成長經驗，缺乏處理壓力及負面情緒之仿效對象，致父親死亡之傷痛久久無法痊癒，面臨與母親、姊姊分散各地家庭崩解之情緒，感覺母親不能面對失去丈夫之哀痛之壓力，因壓抑性格而未對外求援，暗中往來、接受如父親般之陳姓被害人資助，也不願對外聲張，因結婚在即，亟欲了斷與陳姓被害人間不尋常之往來關係與個人家計負擔之資金需求，出此下策謀財害命，終釀成本案，被告犯後已經逐漸消化、反省所作所為，就自己性格缺失與如何避免再發生憾事，已有檢討反省，經宗教團體與監獄教誨師輔導，已見被告朝正向改變之跡象，鑑定結果亦認其再犯可能性低，而接受矯正、再社會化之可能性高，若施以長期監禁，輔以監所內之輔導教化，加上家人、以前顧客、友人對之不離不棄的鼓勵與期待，當可促其深入反省，調整改變其性格與氣質，改過遷善重返社會。而無期徒刑依法須執行 25 年以上，有竣悔實據始得假釋出監，否則仍須繼續監禁，與社會隔絕。因認本案惡性尚未達求其生不可得之程度，尚無剝奪生命與社會永久隔離之必要（臺灣高等法院 104 年矚上重更㈡字第 3 號判決參照）。

由上可知，法院亦是以謝嫌本身成長經驗及犯罪時之各種情狀而認並非最嚴重之罪行，而未予以死刑宣告。

小　結

目前法院認為必須是「最嚴重之罪行」，才能判死刑。而所謂「最嚴重之罪行」，除需是「無理剝奪他人生命」（或與此相當之其他行為）之外，尚需考量「與犯罪行為本身攸關之事項」（如犯罪動機、犯罪手段、兇嫌成長背景等）是否達最嚴重之程度。而「與犯罪行為本身攸關之事項」，又可

分為「與行為事實相關」事項（例如：犯罪之動機、目的，犯罪時所受刺激，犯罪之手段）及「與形成犯罪時之行為人自我相關」事項（例如：犯罪行為人之生活狀況、知識程度、與被害人之關係、犯罪後之態度等）。捷運殺人案因鄭嫌無端殺害四人，且鄭嫌生活過程中並無遭遇重大變故而影響其違法性之判斷，因而判死刑；而八里媽媽嘴命案謝嫌及花蓮弒母案蔡嫌，則因渠等生活過程中曾遭逢重大變故等原因而判決免死。

參考法條

憲法第 15 條、第 23 條、刑法第 19 條、第 271 條

吸毒犯人？吸毒病人？

時事常見藝人涉嫌吸食毒品遭查獲，引起社會極大的關注，通常報導中比較會強調藝人被移送地方法院檢察署的畫面，以及藝人驗尿的結果。然而，如果驗尿結果確認有吸毒，後續的法律處理程序又如何進行？

吸毒病人，送觀察、勒戒？

毒品危害防制條例（原名稱：肅清煙毒條例）將吸毒之人認為是具有病人及犯人雙重身分之人，民國 87 年間修正之毒品危害防制條例，其修正草案總說明，即記載「……施用毒品者所具『病患性犯人』的特質……」（《立法院公報》第 84 卷第 65 期院會紀錄第 234 頁參照）。也因吸毒者被認定具有病人性質，故不側重刑罰之制裁，而係施以勒戒、強制戒治等保安處分，以戒除吸毒者之毒癮，此觀當時修正說明明確指出：「針對施用毒品者所具『病患性犯人』的特質，雖仍設有刑事制裁規定，但在執行上擬改以勒戒之方式戒除其『身癮』及以強制戒治之方式戒除其『心癮』」（《立法院公報》第 84 卷第 65 期

院會紀錄第 234 頁參照）。

　因此，毒品危害防制條例第 10 條雖規定：「施用第 1 級毒品者，處 6 月以上 5 年以下有期徒刑。施用第 2 級毒品者，處 3 年以下有期徒刑。」然而，吸毒雖有刑責，但檢察官對於初犯吸毒之人並不會直接起訴，而是會先聲請法院裁定將吸毒者送至戒治處所觀察、勒戒，吸毒者經觀察、勒戒後，如果沒有繼續施用毒品的傾向，檢察官會為不起訴處分；如果有繼續施用毒品的傾向，檢察官則應聲請法院裁定，將吸毒者送至戒治處所為強制戒治。附帶一提，吸食第 3、4 級毒品是處以罰鍰及毒品危害講習（毒品危害防制條例第 11 條之 1 第 2 項、第 3 項規定：「無正當理由持有或施用第 3 級或第 4 級毒品者，處新臺幣 1 萬元以上 5 萬元以下罰鍰，並應限期令其接受 4 小時以上 8 小時以下之毒品危害講習。少年施用第 3 級或第 4 級毒品者，應依少年事件處理法處理，不適用前項規定。」）。

　上述初犯送觀察、勒戒、強

制戒治等規定，係規定於毒品危害防制條例第 20 條， 該條文規定：「犯第 10 條之罪者，檢察官應聲請法院裁定，或少年法院（地方法院少年法庭）應先裁定，令被告或少年入勒戒處所觀察、勒戒，其期間不得逾 2 月。觀察、勒戒後，檢察官或少年法院（地方法院少年法庭）依據勒戒處所之陳報，認受觀察、勒戒人無繼續施用毒品傾向者，應即釋放，並為不起訴之處分或不付審理之裁定；認受觀察、勒戒人有繼續施用毒品傾向者，檢察官應聲請法院裁定或由少年法院（地方法院少年法庭）裁定令入戒治處所強制戒治，其期間為 6 個月以上，至無繼續強制戒治之必要為止。但最長不得逾 1 年。依前項規定為觀察、勒戒或強制戒治執行完畢釋放後，5 年後再犯第 10 條之罪者，適用本條前 2 項之規定。受觀察、勒戒或強制戒治處分之人，於觀察、勒戒或強制戒治期滿後，由公立就業輔導機構輔導就業。」

吸毒犯人，直接起訴？

　　然而在實務上，常常見到吸毒者雖經觀察、勒戒甚至強制戒治後，毒癮仍無法根除而一再吸毒。因此現行毒品危害防制條例對於觀察、勒戒釋放後 5 年內再次吸食第 1、2 級毒品之人，即不再施以觀察、勒戒、強制戒治等保安處分，而係由檢察官依毒品危害防制條例第 23 條第 2 項依法追訴（毒品危害防制條例第 23 條第 2 項規定：「觀察、勒戒或強制戒治執行完畢釋放後，5 年內再犯第 10 條之罪者，檢察官或少年法院（地方法院少年法庭）應依法追訴或裁定交付審理。」）。

　　亦即，檢察官可直接向法院起訴，請求法院對於 5 年內再次吸毒品之人科予刑罰之制裁，而不須再送觀察、勒戒。

小　結

　　綜上所述，現行毒品危害防制條例，將吸毒者僅區分初犯以及 5 年內再犯，初犯則送觀察、勒戒、強制戒治，而可毋須起訴、判刑；5 年內再犯，則可直接起訴、判刑，不再觀察、勒戒（《立法院公報》第 92 卷第 34 期院會紀錄第 204 頁、第 205 頁立法說明參照）。所以，當吸毒者經警方查獲，移送至檢察署時，檢察官即會區分該吸毒者是初犯還是 5 年內再犯，而異其處理方式。

參考法條

毒品危害防制條例第 10 條、第 11 條之 1、第 20 條、第 23 條

孫安安擁槍彈千發，「精神不濟」恐遭遣返！

孫朋及狄英的愛子孫安安因在美擁槍，甚至持有子彈 1600 多發，並有涉及恐怖攻擊之嫌疑而遭美國賓州警方查獲，並遭法院羈押。日前傳出孫安安因「精神不濟」，而屆時可能遭遣返回臺。此種「精神不濟」或精神障礙、心智缺陷之抗辯，主要是用以主張刑事責任的減輕或免除，如果在臺灣，有關精神狀況之抗辯，如何定義及可減輕或免刑之規定為何？

何謂「精神障礙」、「心智缺陷」？

依據刑法第 19 條規定：「行為時因精神障礙或其他心智缺陷，致不能辨識其行為違法或欠缺依其辨識而行為之能力者，不罰。行為時因前項之原因，致其辨識行為違法或依其辨識而行為之能力，顯著減低者，得減輕其刑。前 2 項規定，於因故意或過失自行招致者，不適用之。」換言之，目前法律將精神障礙之狀況，分為兩種情形，一種為完全不能辨識行為違法(舊法稱為「心神喪失」)，行為不罰；另一種為，雖然不是完全無法辨識，但辨識能力顯著降低者(舊法稱為「精神耗弱」)，得減輕其刑。

而兩者的區分標準在於「刑法上之心神喪失與精神耗弱，應

依行為時精神障礙程度之強弱而定，如行為時之精神，對於外界事務全然缺乏知覺理會及判斷作用，而無自由決定意思之能力者，為心神喪失，如此項能力並非完全喪失，僅較普通人之平均程度顯然減退者，則為精神耗弱。」（最高法院26年渝上字第237號判例參照）。

罹有精神疾病病史之精神病患，是否就一定可依據刑法第19條主張減輕或免刑？

很多人都以為只要是精神病患，就必然可依據刑法第19條減輕或免刑。然是否符合刑法第19條減輕或免刑之要件，仍需以犯罪行為時為準，實務見解認為：「所謂精神病人（新刑法稱為心神喪失人），不過謂其素有精神病，並非即永遠精神喪失而絕無間斷之時，本件被告平時是否確有此種疾病，當實施犯罪行為之時精神病有無間斷，自應詳細調查，由專門醫家診察加以鑑定，始能論擬。」（最高法院17年上字第305號判例參照）、「精神病

本有心神喪失及心神耗弱之不同，前者固可不罰，後者僅減輕其刑，故其處罰與否，仍須視精神病之程度如何而定，非謂凡有精神病者均可不罰，且其不處罰與減輕其刑，必以其犯罪行為確在精神病中者為限，若其精神病時有間斷，而犯罪行為適在間斷之際者，則其行為與精神病無關，即不能以夙有精神病為理由，而主張不罰或減輕其刑。」（最高法院22年上字第1771號判例參照）。

亦即，即便平日有精神病史，但為犯罪行為時，剛好並無精神疾病狀況，此時並無本條減輕或免刑之適用；而若先前沒有精神病史，但可證明犯罪時確有精神障礙狀況，當有本條之適用。

同理，如現在已經回復正常狀態，但可證明為犯罪行為時，確實精神病發作者，此種狀況可以適用減輕或免刑條款。此觀最高法院24年上字第2844號判例謂：「刑法上所謂心神喪失人，非以其心神喪失狀態毫無間斷為必要，如果行為時確在心神喪失之

中，即令其在事前事後偶回常態，仍不得謂非心神喪失人。」即明。

另須注意者，對於違法性識別能力顯著降低者，刑法第 19 條第 2 項規定乃「得」減輕其刑，並非如同條第 1 項絕對不罰。因此，是否減輕其刑，法院有裁量權，此觀最高法院 78 年台上字第 3949 號判決謂：「精神耗弱人之行為，依刑法第 19 條第 2 項之規定，僅係得減輕其刑，並非必減，即係法院依職權自由裁量之事項，原判決既未減輕其刑，事實欄與理由欄關於上訴人是否精神耗弱人之記載與敘述自屬於判決無影響。上訴意旨執以爭辯，依刑事訴訟法第 380 條之規定，亦非適法之上訴理由。」

是否有「精神障礙」狀況，法院可自由心證予以認定嗎？還是一定要有醫學上之鑑定為憑？

雖說法院認定犯罪事實乃自由心證，但針對犯罪時之精神狀態是否已達心神喪失或精神耗弱，最高法院曾有判例認為需有醫學上之嚴格證明，此觀最高法院 47 年台上字第 1253 號判例謂：「精神是否耗弱，乃屬醫學上精神病科之專門學問，非有專門精神病醫學研究之人予以診察鑑定，不足以資斷定。」

藉酒裝瘋（壯膽），可主張精神耗弱嗎？

實例上常見，行為人於犯後表示因當時喝酒，酩酊大醉，不知道作了什麼，並進而主張犯罪時有心神喪失之情形。此種抗辯是否會成立？

依據前述刑法第 19 條第 3 項規定：「前 2 項規定，於因故意或過失自行招致者，不適用之。」也就是說，如果是自己因為故意或過失而導致讓自己處於心神喪失或精神耗弱之狀況，並無法主張減輕或免刑。

實例上曾認為：「……故如被告於尚未飲酒之先，即已具有犯罪之故意，其所以飲酒至醉，實欲憑藉酒力以增加其犯罪之勇氣者，固不問其犯罪時之精神狀態如何，均應依法處罰。假使被告

於飲酒之初，並無犯罪之意圖，祇因偶然飲酒至醉，以致心神喪失，或精神耗弱而陷於犯罪，即難謂其心神喪失之行為仍應予以處罰，或雖係精神耗弱亦不得減輕其刑。」（最高法院 28 年上字第 3816 號判例參照）。

換言之，如果是故意要藉酒裝瘋或藉酒壯膽而增加犯案之勇氣，或明知自己酒品不佳，喝醉後容易鬧事，卻仍然放任自己喝酒而致犯案者，均不得主張適用該條予以減輕或免刑。

對於精神病患，不能判死刑嗎？

實務上常見非常兇殘、極端變態之犯罪，如殺童、弒父等案件，犯案者常常逃過死刑，為什麼呢？

主要原因乃我國立法院於 98 年 3 月 31 日制定「《公民與政治權利國際公約》暨《經濟社會文化權利國際公約》施行法」（以下簡稱兩《公約》施行法），並於同年 12 月 10 日施行，該法第 2 條規定：「兩《公約》所揭示保障

人權之規定，具有國內法之效力。」第 3 條規定：「適用兩《公約》規定，應參照其立法意旨及兩《公約》人權事務委員會之解釋。」而參照兩《公約》人權事務委員會對西元 1995 年美國、2008 年日本之國家人權報告之結論建議，及 R. S. 控訴千里達與托巴哥之個人申訴案決定，均做出「不得對精神障礙者科處死刑」之解釋意旨。我國 102 年依兩《公約》施行法第 6 條所自辦國家人權報告，經國際人權專家所提出之審查與結論意見第 57 點指出「具有心理或智能障礙之人不應被判處和／或執行死刑」，與前揭兩《公約》之解釋意旨相符，我國自應遵守，以充實公民與政治權利國際公約中對生命權保護之內涵。

又依我國於 103 年 12 月 3 日施行之 「《身心障礙者權利公約》施行法」第 2、3 條之規定，該公約之規定及監督機關之解釋同具國內法之效力。《身心障礙者權利公約》第 15 條第 2 項與《公民與政治權利國際公約》第 7 條

前段均明示「不得對任何人施以殘忍、不人道之酷刑」之旨，依舉輕以明重之法理，對任何人之生命權保障，亦應依照前述原則為之。是以，剝奪他人生命權之死刑亦應在《身心障礙者權利公約》第 15 條第 2 項禁止之列，意即不得對身心障礙者科處死刑。

因此，精神病患者同屬精神障礙者及身心障礙者，上開公約施行法使前開解釋意旨具國內法效力，因而形成對精神障礙及身心障礙者死刑科刑權之限制，是法院常常援引上述理由而未對被告科處死刑。

小　結

綜上所述，如要主張依據刑法第 19 條減輕或免刑，需以行為時是否有心神喪失或精神耗弱之狀況為準，且須經專業醫學單位鑑定以資認定。如果是故意要藉酒裝瘋或藉酒壯膽而增加犯案之勇氣，或明知自己酒品不佳，喝醉後容易鬧事，卻仍然放任自己喝酒而致犯案者，均不得主張適用該條予以減輕或免刑。另犯案

者如有精神疾病的話，依據兩《公約》及《身心障礙者權利公約》等規定，不得對身心障礙者科處死刑。因此，才會有許多兇殘、極端變態之犯罪，如殺童、弒父等案件，犯案者常常逃過死刑。

參考法條

刑法第 19 條、兩《公約》施行法第 2 條、第 3 條、《身心障礙者權利公約》施行法第 2 條、第 3 條、第 15 條

不在場證明？被告如何聲請調查有利證據？

監察院通過監察委員提出之調查報告，指出民國 91 年間一名女子於后豐大橋墜橋身亡，洪姓男子遭指控協助友人將被害人拋下橋，最後法院依共同殺人罪判洪姓男子 12 年半徒刑確定。監察院指出同案被告說洪姓男子開車去加油站為輪胎打氣，案發時不在現場，但歷次法院審理卻沒有詳細調查；依氣象局資料當時沒有月亮，歷審判決卻說月亮能見度清楚，證人能看清楚事發經過等，監察院認為法院審理對洪姓男子有利之證據，置之不理，有違背正當法律程序等情形。而被告可以聲請法院調查證據嗎？可以要求調查哪些證據或資料？可以要求傳喚證人、傳喚其他被告作證對質嗎？法院對於被告聲請調查證據，一定會准予調查嗎？法院對於被告要求調查證據，沒有理會，有沒有違法之處？

被告可以聲請調查證據嗎？可以要求調查不在場證明嗎？

依據刑事訴訟法第 163 條第 1 項前段規定，被告有權利向法院聲請要求調查對自己有利之證據，可要求調查之證據包山包海，包括：要求傳喚證人（例如：現場目擊證人、不在場證人、甚至專家證人等）、調查證物（例如：命第三人提出文書、監視器畫面等）、鑑定（例如：文書、筆跡、印章印鑑、有價證券真正與否之鑑定、精神鑑定、測謊等）、勘驗

（例如：至犯罪現場或其他處所勘查、履勘等），而被告要求調查證據之權利，法院不能隨便予以剝奪，此可參見刑事訴訟法第163條第1項規定：「當事人、代理人、辯護人或輔佐人得聲請調查證據，並得於調查證據時，詢問證人、鑑定人或被告。審判長除認為有不當者外，不得禁止之。」即明。

聲請調查證據一定要用書狀聲請嗎？狀紙要記載什麼？

被告如果要聲請法院調查證據，法律上有一定的規定（程式）。依據刑事訴訟法第163條之1規定，原則上，必須以書狀（具狀）向法院聲請。

而「證據調查聲請狀」之內容須說明相關事項，包括：請求調查之證據與事實之關係，例如，聲請傳喚證人，須載明證人的姓名、地址及待證事實等事項，始為合法。假使被告未具狀聲請證據，法院未予調查，並無違法，被告不得以法院未調查證據作為上訴之理由，此觀最高法院94年

台上字第3154號刑事判決認為：「上訴意旨並未具體敘明在原審於何時曾依上開規定具狀聲請調閱……卷證，及證明何事，而原審未予調查說明，於法律審之本院，始為此爭執，指摘原判決不當，已難謂係……合法上訴理由。」

參照刑事訴訟法第163條之1規定：「當事人、代理人、辯護人或輔佐人聲請調查證據，應以書狀分別具體記載下列事項：1. 聲請調查之證據及其與待證事實之關係。2. 聲請傳喚之證人、鑑定人、通譯之姓名、性別、住居所及預期詰問所需之時間。3. 聲請調查之證據文書或其他文書之目錄。若僅聲請調查證據文書或其他文書之一部分者，應將該部分明確標示。」即明。

法院認為「不必要」，就可以不調查嗎？

被告雖然可以向法院具狀聲請調查證據，但法院不一定會准許，依據刑事訴訟法第163條之2規定，法院如認為被告所聲請

調查之證據沒有必要，法院就可以駁回被告之聲請（該條第 1 項規定：「當事人、代理人、辯護人或輔佐人聲請調查之證據，法院認為不必要者，得以裁定駁回之。」）。

當然法院也不能隨便就認為沒有必要，而駁回被告調查證據之聲請，所謂要求調查之證據聲請沒有必要，該條第 2 項有列舉 4 款事由：

第 1 款為「不能調查」。例如：被告聲請傳喚的證人已經死亡，自無法傳喚。

第 2 款為「與待證事實無重要關係」。例如：要證明某甲有無殺人，卻傳喚某甲小時候之鄰居某乙，認為某乙可以證明某甲從小品行優良，不可能殺人。

第 3 款為「待證事實已臻明瞭無再調查之必要」。實務曾出現的例子則是被告已經自承持有槍枝，且詳述相關情節，且依其他證據已經可以確認被告確實持有槍枝，因而認被告再聲請鑑定槍枝上之指紋並無必要（最高法院 101 年台上字第 2016 號刑事判

決參照）。

第 4 款為「同一證據再行聲請」。例如：卷內已有病歷資料，卻又向法院聲請函調相同之病歷資料。

當法院違法不調查證據，被告要如何救濟？是不是構成判決違背法令，得以作為上訴理由？

如果被告聲請之證據就案件的事實認定具有「必要性」，然法院卻不調查證據時，被告得以原審判決業已違背前述刑事訴訟法第 163 條、第 163 條之 1、第 163 條之 2 規定提起上訴。

另外，如果被告所聲請調查之證據，屬於「應於審判期日調查之證據」時，此時法院如未依被告之聲請，予以調查，被告更可以依刑事訴訟法第 379 條第 10 款規定，以未予調查構成判決當然違背法令，作為上訴第三審（最高法院）之上訴理由，此觀最高法院 97 年台上字第 6725 號刑事判決略謂：「當事人聲請調查之證據，如與本案之待證事實無

關緊要者，事實審法院固可以裁定駁回，毋庸為無益之調查。若於事實確有重要關係，而又非不易調查或不能調查者，則為明瞭案情起見，自應盡職權能事踐行調查之程序，否則即屬應於審判期日調查之證據而未予調查之違法。」即明。

小　結

綜上所述，被告有聲請調查證據之權利，法院不得任意剝奪，法院只有在認為被告證據調查之聲請，是屬於「不必要」時，才能拒絕被告調查證據之聲請。如果，法院對於必要之被告調查證據聲請置之不理，被告即得以法院未予調查證據，構成判決違背法令之上訴理由提起上訴。最後，當被告聲請調查之證據，與事實有重要關係時，法院未予調查，更是得以作為上訴第三審之上訴事由。

參考法條
刑事訴訟法第 163 條、第 163 條之 1、第 163 條之 2、第 379 條

14

其他刑案篇

外勞酒後騎「電動」腳踏車，算酒駕？

中秋烤肉蔚為臺灣民眾重要節慶活動，連外籍移工也不免俗，趁著中秋節休假與同鄉聚會，烤肉飲酒解鄉愁。活動結束後，外籍移工帶著酒意騎乘「電動」腳踏車，竟遭警察臨檢，並以「不能安全駕駛罪」（俗稱酒駕）移送法辦。除了汽車、機車等常見交通工具，駕駛何種交通工具會構成酒駕？酒後騎乘腳踏車或「電動」腳踏車會構成酒駕嗎？

不能安全駕駛罪之定義

依據刑法第 185 條之 3 規定：「駕駛動力交通工具而有下列情形之一者，處 2 年以下有期徒刑，得併科 20 萬元以下罰金：1. 吐氣所含酒精濃度達每公升 0.25 毫克或血液中酒精濃度達 0.05% 以上。2. 有前款以外之其他情事足認服用酒類或其他相類之物，致不能安全駕駛。3. 服用毒品、麻醉藥品或其他相類之物，致不能安全駕駛。因而致人於死者，處 3 年以上 10 年以下有期徒刑；致重傷者，處 1 年以上 7 年以下有期徒刑。曾犯本條或陸海空軍刑法第 54 條之罪，經有罪判決確定或經緩起訴處分確定，於 5 年內再犯第 1 項之罪因而致人於死者，處無期徒刑或 5 年以上有期徒刑；致重傷者，處 3 年以上 10

年以下有期徒刑。」

換言之，除了飲酒之外，如有服用與酒類相類似之物，例如：吃薑母鴨；或者，服用毒品或麻醉藥品，而導致無法安全駕駛，都會構成本罪。

至於駕駛人酒駕是否需要造成交通事故才構成本罪？答案是否定的，只要是有喝酒而致不能安全駕駛，卻有駕車之行為，即便並無造成交通事故或人員傷亡，也構成本罪。因為，汽車駕駛人飲用酒類後其吐氣所含酒精濃度超過每公升 0.25 毫克者，不得駕車，道路交通安全規則第 114 條第 2 款定有明文，又刑法第 185 條之 3 係「抽象危險犯」，不以發生具體危險為必要，參考德國、美國之認定標準，對於呼氣中酒精濃度已達每公升 0.55 毫克 (0.55 mg/L) 或血液濃度達 0.11% 以上，肇事率為一般正常人之 10 倍，應認已達「不能安全駕駛」之標準，此有法務部 88 年 5 月 18 日 (88) 法檢字第 001669 號函釋可資參照。

何謂「動力」交通工具？

依據法務部 100 年 5 月 31 日法檢字第 1000014063 號函認為，「動力交通工具」是指非人力（如：一般腳踏車、滑板車）或獸力（如：馬車、牛車）作為動力來源之交通工具。

換言之，如果交通工具之推動是以電力或引擎動力等作為推力，例如：蒸汽機、內燃機，或是以柴油、汽油、天然氣、核子、電動等作為推力，就屬本條所稱動力交通工具。至於交通工具除了陸路交通工具，尚包含水上、海上、空中或鐵道上之交通工具。

因此，題示外勞於酒後騎乘「電動」腳踏車，乃以電力作為推力之交通工具，並非一般腳踏車（人力作為動力），因此，屬於本條所稱動力交通工具。再者，如果是農夫阿伯耕作後小飲兩杯，並駕駛牛車，因牛車以獸力作為動力，並非動力交通工具，不算酒駕。

一般人會認為酒駕只限於喝酒後，發動汽車後之開車行為。但如果是酒酣耳熱後，車子也剛好故障，無法發動，此際，請朋友在後推車，喝酒的人自己在車內移動方向盤。此時是否算酒駕？

目前法院實務見解認為，刑法第 185 條之 3 不能安全駕駛動力交通工具而駕駛者之規定，其中所稱「駕駛」係指使交通工具行駛於道路而言，只要行為人控制動力交通工具（例如：轉動方向盤或煞車）即應屬法條所稱之「駕駛」，並不以該車引擎確已啟動為必要，例如：在下坡為省油關掉引擎滑行或車輛故障由其他車輛拖曳，雖未啟動引擎而仍能夠操縱移動，因此種情形如果行為人是處於不能安全駕駛之狀態，也可能產生交通之危險（臺灣高等法院臺中分院 98 年交上易字第 161 號判決參照），而仍構成犯罪。

酒駕後，真的出事造成交通事故，造成他人受傷，構成幾條罪？

酒駕肇事之事件頻傳，傳統上如造成人員重傷者，除酒駕罪之外，僅論以過失重傷害罪 1 年以下有期徒刑之刑度；如造成人員死亡者，也僅論以過失致死罪 2 年以下有期徒刑。為了抑止酒駕歪風，除增修刑法第 185 條之 3 第 2 項針對酒駕而致人於死或致重傷者，分別加重罰則外，108 年 6 月 19 日並增訂同條第 3 項，針對曾犯酒駕罪而再次因酒駕而致死或重傷之再犯者，再加重刑責，以達嚇阻之效果。

因此，如因酒駕而造成人員重傷或死亡者，即論以上開酒駕致重傷或酒駕致死罪之刑責。

但如酒駕而致人員輕傷，因上開條文並未就輕傷部分特別規定刑責，因此，酒駕部分，除論以刑法第 185 條之 3 第 1 項不能安全駕駛罪外；造成人員輕傷部分，則論以同法第 284 條第 1 項之過失傷害罪。而因二罪之犯罪構成要件不同，且一為故意犯，

一為過失犯，罪名互殊，應予分論併罰。

小　結

　　綜上所述，酒後駕車不僅限於駕駛汽車或機車，目前常用於短程交通往返之「電動腳踏車」，如在酒後駕駛，也會構成不能安全駕駛罪。而「駕駛」行為，也不限於通常之駕駛行為，如坐在車內發動引擎駕駛，即便是下坡為省油關掉引擎滑行或車輛故障由其他車輛拖曳，雖未啟動引擎而仍由喝酒者操縱移動，仍屬酒駕。酒駕而造成人員傷亡者，如因酒駕而致人於死者，將可處 3 年以上 10 年以下有期徒刑；致重傷者，可處 1 年以上 7 年以下有期徒刑。如造成人員輕傷，則除酒駕罪外，尚可再處 6 個月以下有期徒刑，不可不慎。

參考法條
刑法第 185 條之 3、第 284 條

外交官不堪輿論壓力竟輕生，
網路霸凌犯啥罪？

網路霸凌事件時有所聞，2018 年燕子颱風侵襲日本造成關西機場關閉數日，我國旅客也有數百人滯留機場。媒體錯誤報導中國領事館派出巴士至關西機場直接接走中國籍旅客，以及「自認」是中國人的臺灣旅客，協助脫困，而我國駐外單位卻無任何處理，雖事後證實誤傳，但我國駐大阪辦事處處長卻因輿論指摘救援不力而自殺身亡。前一陣子，也曾有新聞報導藝人因遭網路霸凌而輕生之憾事。到底這種網路霸凌事件，目前會觸犯何種法律？

網路霸凌，新興的犯罪領域？

網路霸凌是近年來較為新興的一種犯罪模式，新聞也常報導被害人因網路霸凌而得到憂鬱症、精神疾病等等，甚至因而自殺身亡的。這種犯罪模式的背景，主要是網路科技的發達、智慧型手機的普及、以及即時通訊軟體的普遍使用，例如：臉書、LINE等等，讓一般民眾可以很容易找到一個地方發表言論，但如果太over 的話，當然會有觸法的問題。

何謂「霸凌」？

何謂「霸凌」？目前在法律上並無統一的定義，教育部基於校園教育之目的，頒布許多行政規章，為目前最常見到有關於「霸凌」之定義者，但即便是教育部

頒布之各種行政命令、行政規則，就霸凌之定義，也都不盡相同。

如果以教育部頒布之「校園霸凌防治準則」的定義作為參考，「霸凌」指的是，個人或集體持續以言語、文字、圖畫、符號或其他方式，直接或間接對他人為貶抑、排擠、欺負、騷擾或戲弄等行為，使他人處於具有敵意或不友善之環境，或難以抗拒，產生精神上、生理上或財產上之損害，或影響日常正常生活之進行（校園霸凌防治準則第 2 條參照）。

由上開文字的定義描述，可知霸凌行為的特徵為「持續性」的，所以不論是一個人所為或集體所為，均含括在內，當然如果是集體的，霸凌強度必然是更強、更具攻擊性。

另以行為表現之方式而言，網路上主要就是文字，當然相關貼圖、符號、影音等，均可能為表現之形式。

再者，無論是直接或間接（明嘲或暗諷），只要是「貶抑」他人之行為，使他人處於一個敵視、不友善的環境中或難以抗拒，諸如：排擠、欺負、騷擾或戲弄、戲謔、嘲笑等等，而精神上、生理上或財產上之損害，而影響日常生活，就算是所謂「霸凌」行為。

網路霸凌會構成哪一條犯罪？

目前一般刑法或其他科有刑事責任的法律，並沒有針對「霸凌」行為特別設有處罰的規定，所以還是回歸到刑法「公然侮辱罪」、「誹謗罪」或其他罪名來處罰。

而公然侮辱或誹謗的差別在哪裡？

公然侮辱指的是未指摘事實而單純為不好的評價。例如，在網路上寫一些罵人的話，如罵人三字經、王八蛋、比狗還不如等等，不涉及事實的指摘。

而誹謗則是有指摘或傳述毀損他人名譽的事情，例如說，在網路上寫某公司老闆跟秘書有一腿。

依據刑法第 311 條規定:「以
善意發表言論，而有左列情形之
一者，不罰：……對於可受公評
之事，而為適當之評論者。」

而所謂「適當之評論」，指個
人基於其主觀價值判斷，提出其
主觀之評論意見而無情緒性或人
身攻擊性之言論而言。如係出於
情緒性謾罵，作人身攻擊，即難
認係「適當」之評論（臺灣臺北
地方法院 96 年易字第 564 號刑
事判決參照）。

由上可知，是否會受到處罰
的標準在於是否為情緒性或人身
攻擊性之言論，如果發表意見流
於情緒性的人身攻擊，就不受法
律保護而可能遭到處罰。

網路霸凌導致被害人輕生，
會構成幫助自殺罪嗎？

依據刑法第 275 條第 2 項規
定：「教唆或幫助他人使之自殺
者，處 5 年以下有期徒刑。」

前述新聞報導我國駐大阪辦
事處處長因遭網路輿論指責救援
不力，或前一陣子藝人因遭網路
霸凌而輕生之憾事，這些施以網
路霸凌的人是否構成幫助自殺
罪？

實例上曾發生男女朋友因故
分手，其中一方竟選擇輕生，則
另一方對於自殺者是否負有刑
責？最高法院 41 年台上字第 118
號判例認為：「……刑法第 275 條
第 1 項幫助他人使之自殺之罪
【註：現改為同條第 2 項】，須於
他人起意自殺之後，對於其自殺
之行為加以助力，以促成或便利
其自殺為要件。事先對於他人縱
有欺騙或侮辱情事，而於其人自
尋短見之行為並未加以助力，僅
未予以阻止者，尚不能繩以幫助
他人使之自殺之罪。本件原判決，
以朱○○雖係因受被告之欺騙、
侮辱因而自尋短見，但被告對於
朱之自殺行為並未加以若何之助
力……」，而認為此種情形不構成
刑法第 275 條第 2 項幫助他人自
殺罪。

類似之狀況，例如，父母親
因小孩表現不佳或犯錯而責難，
小孩竟想不開尋短，此時父母親

會構成幫助自殺罪嗎？最高法院認為，「刑法第 275 條第 1 項幫助他人使之自殺之罪【註：現改為同條第 2 項】，須於他人起意自殺之後，對於其自殺行為加以助力，以促成或便利其自殺為要件。若事前對於他人因其他原因有所責罵，而於其人因羞忿難堪自萌短見之行為，並未加以阻力，僅作旁觀態度，不加阻止者，尚不能繩以幫助他人使之自殺之罪。」（最高法院 32 年上字第 187 號判例參照）。

因此，網路霸凌若導致被害人因而尋短，加害人並不會有加工自殺罪的問題，然生命可貴，網路言論應適可而止，彼此尊重。

小　結

綜上所述，網路霸凌是近年來較為新興的一種犯罪模式，目前並無特別針對「網路霸凌」特設處罰規定，而仍回歸到是否構成刑法「公然侮辱罪」、「誹謗罪」或其他罪名進行論罪。而大致上，紅線會落在是否為情緒性或人身攻擊性之言論，如果發表意見流於情緒性的人身攻擊，就不受法律保護而可能遭到處罰。至於被害人因霸凌者之霸凌言論而輕生，依據目前法院實務見解認為並不會構成幫助自殺罪，從而並無刑責。然在網路上發表言論還是需要非常謹慎，否則仍有觸法的可能。

參考法條

刑法第 275 條、第 311 條、校園霸凌防治準則第 2 條

外交官不堪輿論壓力竟輕生，網路霸凌犯啥罪？

15

政府採購、
稅法及保險篇

政府採購怎麼救濟？

國防部軍備局採購中心邀請陸海空軍、中科院等採購單位代表以及國內廠商召開廠商座談會，說明採購政策及爭議之處理，以有效降低國軍採購爭議，採購中心主管並表示國軍採購是依據政府採購法等法令辦理採購作業。不過，如果不幸發生政府採購的爭議，廠商的救濟途徑為何？會不會因為政府採購爭議的內容不同而有不同的救濟途徑呢？

政府採購流程與常見之採購爭議

政府採購其流程大致可分為幾個階段，第一個是招標階段（含招標、投標、審標、決標等階段）。第二個是履約階段（得標後履約、驗收等階段）。換言之，政府採購流程，通常是政府先公告招標（「政府電子採購網」均可看到招標公告、招標文件等）、廠商領標、投標、開標日審標決標。決標之後則是由得標廠商與政府簽訂合約、進而履行合約。最後履約完成驗收請款，保固期滿則退還保固款，而前述政府採購的每一個流程都有可能產生爭議。

簽約前之招標、審標、決標，實務上常見爭議，例如：對於招標文件中規定「投標廠商投標資格」、「規格」、「標準」等內容不

服；審標的爭議，例如：是否屬合格投標，或者對決標不服（包含決標過程、何人決標等）、押標金是否發還等。

實務上更是常見在簽約後之履約過程發生爭議。例如：是否已經完工、有無遲延、遲延的天數、有無瑕疵、可否驗收、驗收是否通過、可否請求工程款，情事有無變更、有無物價調整款、有無違約金、保固期是否屆滿、保固保證金可否退還等都有可能產生爭議。

當產生政府採購爭議時，其相對應的救濟程序有哪些？有無不同？廠商有沒有選擇的權利？

對於招標、審標、決標不服，異議與申訴？

政府採購既區分招標過程與履約過程兩大部分，其救濟途徑即有不同，因為一個是還沒有簽約，還沒有契約關係存在；另一個則是已經簽約，已有契約關係，其法律關係並不相同，爭議之解決方式自有不同。

除了對於投標文件內容有疑義，廠商可以先向投標機關申請釋疑外 （政府採購法第 41 條參照），對於一般招標階段爭議，是以異議及申訴救濟之。

依據政府採購法第 74 條以下之規定，對於簽約前之招標、審標、決標之爭議有所不服，可以先向招標機關提出異議。廠商如果對於招標機關異議處理的結果不服，可以再向採購申訴審議委員會提出申訴，之後採購申訴審議委員會對於廠商之申訴會進行審議，並作出審議判斷，此時之審議判斷即視為訴願決定（政府採購法第 83 條參照）。

不服審議判斷，提起行政訴訟？

廠商如果對於前述申訴審議委員會之「審議判斷」不服，就可以向高等行政法院提起行政訴訟以資救濟，因此，實務上認為還沒有簽立契約前之政府採購招標、決標等爭議，並非私法上爭議，而是公法上之爭議。

此觀最高行政法院 97 年 5 月份第 1 次庭長法官聯席會議㈡

決議：「立法者已就政府採購法中廠商與機關間關於招標、審標、決標之爭議，規定屬於公法上爭議，其訴訟事件自應由行政法院審判。……廠商對不予發還押標金行為如有爭議，即為關於決標之爭議，屬公法上爭議。……因此，廠商不服機關不予發還押標金行為，經異議及申訴程序後，提起行政訴訟，行政法院自有審判權。」即明。

所以廠商對於招標、決標等程序有意見，必須使用行政救濟的方式，而不能提起民事訴訟。

對於履約爭議怎麼救濟，協議、調解、仲裁？

廠商得標而與政府簽約後，在履約的過程發生爭議時，廠商可以先與招標機關「協議」，如果雙方無法達成協議，則有二種救濟途徑可供選擇。一種是向採購申訴審議委員會申請「調解」，一種是向仲裁機構提付「仲裁」（政府採購法第 85 條之 1 參照）。然而，此處所稱之「仲裁」並非強制仲裁，仍須政府、廠商同意始

能交付仲裁，因此一般而言，有關政府採購之履約爭議，仍以向採購申訴審議委員會申請「調解」較為常見。

又採購申訴審議委員會，並非在每一地方政府均設有申訴委員會，如果政府機關本身並沒有設申訴審議委員會，廠商要聲請調解，通常是向「行政院公共工程委員會」所設之「採購申訴審議委員會」申請調解。

調解不成，怎麼辦，提起民事訴訟？

當履約爭議調解不成，接下來的救濟途徑，就是向法院提起民事訴訟。因為政府採購契約，一般而言被界定為私法上之契約，履約爭議之解決必須透過私法上的救濟途徑，意即廠商必須向所轄「地方法院民事庭」提起民事訴訟，以解決政府採購履約之爭議。

而對於決標後已經簽約的政府機關與廠商，履約糾紛所適用實體法規範，是適用契約及民法相關之實體法規範，來認定雙方

之權利義務關係，此可參照最高法院 98 年台上字第 1704 號民事判決所揭示：「對已依法完成公開招標程序之工程，於工程進行中遇有得標廠商無法履約時，應否重新再辦理公開招標，並未規定，則在政府採購法無特別排除的情形下，若招標機關與廠商間已經由於決標而成立契約，雙方之權利義務關係，自可依民法有關履行契約之規定處理」之判決理由。

小　結

綜上所述，當政府採購發生爭議時，廠商首先要區分是「投標過程」的爭議，還是決標簽約後的「履約爭議」，因為，這攸關救濟途徑的選擇，也與適用哪些實體法上的規定有關，公法上爭議，原則上適用公法上的規範；而履約之私法上的爭議，原則上則適用契約以及相關民法等私法規範。

參考法條

政府採購法第 41 條、第 74 條、第 83 條、第 85 條之 1

奢侈稅上路，投資客難逃？

投資客逃漏奢侈稅方法傳聞可能有信託、先租代售、贈與、假離婚以符合自用住宅規定等方式，不過存有交易成空、風險很高等缺點。然而，以上開方式真能逃掉奢侈稅嗎？

什麼是「奢侈稅」？

所謂「奢侈稅」指的是對於在我國境內銷售特種貨物、勞務以及產製、進口特種貨物，依據「特種貨物及勞務稅條例」（俗稱「奢侈稅條例」）所課徵特種貨物及勞務稅而言（奢侈稅條例第1條參照）。奢侈稅稅率則高達10%至15%不等（奢侈稅條例第7條參照）。

所謂「特種貨物」，指的是短期持有之房屋、土地或昂貴的動產，亦即，持有期間在2年以內之房屋、都市土地、300萬元以上的小客車、遊艇、飛機或直昇機等（奢侈稅條例第2條參照）。

奢侈稅的例外？

奢侈稅條例第5條、第6條等條文有明文規定不用課徵奢侈

稅的情形，第 5 條有 12 款情形，第 6 條則有 6 種，以下就重要內容說明之：

自用住宅出售、換屋出售，不用課奢侈稅？

1.屋主出售持有不到 2 年的自用住宅。自用住宅指的是屋主全家人（即配偶和未成年直系親屬（子女等））設有戶籍之僅有的一間房屋（須有自住事實），而且在持有期間內不能出租或營業（奢侈稅條例第 5 條第 1 款參照）。

2.因為換屋而持有 2 間房屋，也就是說如果於買新屋 1 年內出售舊屋，舊屋的出售不用課奢侈稅（奢侈稅條例第 5 條第 2 款參照）。

3.因調職、遭公司解僱而於 1 年內賣掉新房子（奢侈稅條例第 5 條第 2 款參照）。

賣土地給國家、新建案登記後第一次出售，不用課奢侈稅？

1.政府賣國宅或者是民眾將土地或房屋賣給政府（奢侈稅條例第 5 條第 3 款參照）。

2.新建案第一次出售（奢侈稅條例第 5 條第 7 款規定：「7.營業人興建房屋完成後第一次移轉者。」參照）。

3.出售都更所分配的房屋（奢侈稅條例第 5 條第 11 款規定：「銷售依都市更新條例以權利變換方式實施都市更新分配取得更新後之房屋及其坐落基地者。」參照）。

4.另外，如確屬非短期投機經財政部核定者，也可免徵奢侈稅，此款為概括條款，如其他各款無法適用，即由財政部依據個案性質認定。

以假離婚、找人頭之方式逃漏奢侈稅，有刑責嗎？

傳聞指出有人欲以離婚避稅，這樣會不會有問題呢？

以離婚避稅，應無離婚之真意，而屬「假離婚」，事實上已有刑事責任。實務上認為無離婚真意之夫妻，至戶政事務所辦理離婚登記，是使不知情戶籍人員（公

務員），將虛偽離婚登載於戶籍登記資料上，已足以生損害於戶政機關對於戶籍管理之正確性，業已觸犯刑法第 214 條使公務員登載不實罪（臺灣高雄地方法院 84 年易緝字第 180 號刑事判決參照）。

另外，以假離婚或找人頭等方式故意逃漏奢侈稅，不但主管機關可以依特種貨物及勞務稅條例第 22 條處以所漏稅額 3 倍以下罰鍰。甚至在遭認定已達施行詐術的情形下，更可能業已觸犯稅捐稽徵法第 41 條以詐術或不正方法逃漏稅捐罪（稅捐稽徵法第 41 條規定：「納稅義務人以詐術或其他不正當方法逃漏稅捐者，處 5 年以下有期徒刑、拘役或科或併科新臺幣 6 萬元以下罰金。」）。

「以租代售」，風險在那裡？

如果是買家與賣家同時訂立租賃契約及買賣契約，先出租 2 年以避免 2 年內出售須課徵奢侈稅的限制，這樣的方式也存有前述遭受處罰之風險，而且買家縱

已繳付頭期款，然而賣家在租賃期間內仍是所有權人（因為所有權未移轉登記），仍得處分房屋而產生前述「交易成空」之情形，買家所能獲得保障甚少，當賣家如在外積欠債務，更可能使房屋遭到法拍的命運，買家無力阻止。

小　結

綜上所述，雖然逃漏奢侈稅的傳聞方法甚多，然而分析起來，均存有相當的風險，因此，民眾仍應小心為妙，避免以身試法，產生眾多後遺症。

參考法條

特種貨物及勞務稅條例第 1 條、第 2 條、第 5 條、第 6 條、第 7 條、第 22 條、刑法第 214 條、稅捐稽徵法第 41 條

意外險理賠？是意外還是疾病？

一名林姓主管至中國大陸洽公，被發現倒臥在床送醫不治，醫院記載死亡原因為「猝死」。因林姓主管生前有投保旅行意外險，其家屬即向保險公司申請意外險理賠，不料卻遭拒。家屬向法院起訴，但第一審卻敗訴，家屬不服，上訴第二審後逆轉，高等法院以證據遙遠、舉證困難，減輕家屬舉證責任，並以無證據證明林姓主管為呼吸、消化、腦血管等疾病「病死」為由，改認屬於意外事故死亡而判決家屬勝訴，保險公司應給付保險金新臺幣 500 萬元。而為什麼病死與猝死的認定，保險理賠上會差那麼多？意外險如何界定意外？如何界定疾病？

保險種類與保險事故？

在保險事件討論死亡原因為何，是為了確定死亡原因有無符合保險所承保之保險事故。一般常見的保險種類眾多，例如：意外險、醫療險、壽險、責任險、產物保險等等，而因不同種類的保險，所承保（即理賠）的保險事故不同，得請求的保險給付自不相同。

例如：意外險，其承保之保險事故，即為意外傷害（保險法第 131 條參照）；人壽保險（壽險）之保險事故通常為死亡（保險法第 101 條參照）；健康保險（俗稱醫療險）之保險事故通常是疾病；責任險，則以被保險人對第三人應負賠償責任為承保之保險事故（保險法第 90 條參照）。

意外與病死差很多？

因此，一般俗稱的「意外險」，指的是保險法第 131 條中所稱的「傷害保險」，實務上則稱為「意外傷害保險」，其理賠的對象單單限於意外傷害，假使是因為疾病導致的死亡（病死），就不算意外傷害所導致的死亡，當然無法請求意外險的理賠。

換句話，病死不能請求意外險的理賠，只有因發生意外而死才能請求意外險的理賠。

意外難以判定？

雖然，意外而死跟病死差別很大，不可能難以分辨，但在實務操作上，被保險人死亡可能因為多種原因所綜合導致，包含：被保險人本身的原因、體質以及當時事故發生的人、事、時、地、物等綜合因素，再加上舉證因素（例如：在國外發生難以舉證），有時候到底是意外或是病死就會難以判斷。

實務上曾發生過難以判斷的例子，例如：登山時因高山症而死亡（最高法院 94 年台上字第

1816 號民事判決參照）、因喝酒嘔吐，吸入嘔吐物窒息死亡（最高法院 92 年台上字第 2710 號民事判決參照）等，這些到底算不算意外？

而牽涉到舉證的問題，實務案例例如：到底是自殺還是意外溺水而死（最高法院 95 年台上字第 1813 號判決參照）？是自焚還是意外燒傷致死（最高法院 95 年台上字第 2103 號判決參照）？另外，保險事故發生在國外、中國大陸等地，則牽涉到舉證困難度的問題（最高法院 95 年台上字第 1307 號判決參照）。

什麼是意外？老化心肺衰竭不算？

所謂的「意外」，指的是「非由疾病引起之外來突發事故」（保險法第 131 條）。然而，此項判斷標準抽象仍屬抽象，實務上因此認為，所謂的「意外」，指的是非疾病、老化衰竭、細菌感染等身體內在原因，而是外來事故所導致，並且意外必須具有偶然、不可預見等判斷因素，也必須是造

成死亡的主要原因。

此可參照最高法院 94 年台上字第 1816 號民事判決所載：「保險法第 131 條所稱之意外傷害，乃指非由疾病引起之外來突發事故所致者而言。該意外傷害之界定，在有多數原因競合造成傷殘或死亡事故之情形時，應側重於『主力近因原則』，以是否為被保險人因罹犯疾病、細菌感染、器官老化衰竭等身體內在原因以外之其他外來性、突發性（偶然性）、意外性（不可預知性）等因素，作個案客觀之認定，並考量該非因被保險人本身已存在可得預料或查知之外在因素，是否為造成意外傷殘或死亡事故之主要有效而直接之原因（即是否為其重要之最近因果關係）而定。」即明。

舉證責任怎麼分配？

依據實務之見解，意外保險之受益人對於被保險人的死亡並非因為疾病而是因為意外所引起的事實負有舉證責任，只不過，有時候會因為受益人取得證據困難或者證據遙遠等因素，而得減輕受益人等之舉證責任。

最高法院 98 年台上字第 2096 號民事判決即認為，「意外傷害保險，對被保險人或受益人而言，因涉有『證據遙遠』或『舉證困難』之問題，固得依民事訴訟法第 277 條但書規定，主張用『證明度減低』之方式，減輕其舉證責任，並以被保險人或受益人如證明該事故確已發生，且依經驗法則，其發生通常係外來、偶然而不可預見者，應認其已盡舉證之責。」、「被保險人或受益人苟就權利發生之要件，即被保險人非由疾病引起之外來突發事故所致傷殘或死亡之事實，未善盡上揭『證明度減低』之舉證責任者，保險人仍無給付保險金之義務。」

小 結

綜上所述，要請求意外險理賠時，首先要判斷死亡到底是意外還是疾病所導致的，當然死亡事故可能參雜了眾多因素，此時就要探討死亡的主要原因到底是

身體內在原因還是外在的意外事故所導致，例如：因身體內在器官老化衰竭死亡就不能請求意外險理賠。此外也必須探討死亡的主要原因是偶然發生的嗎？被保險人可不可以預見？是自殺嗎？這些都是在意外險理賠具有重要的決定性因素，而這一切死亡原因的證明，還牽涉到舉證責任的問題，不可不慎！

參考法條

保險法第 90 條、第 101 條、第 131 條、民事訴訟法第 277 條

從愛迪生到 iPod
FREDERICK MOSTERT ／著；李光燾／編譯

從《海角七號》到名牌精品；從炸雞的神秘配方到可樂的完美曲線瓶，「智慧財產」充斥在我們日常生活中，俯拾即是。然而，一般人對於「智慧財產」的概念與保護，往往不甚了解。有鑑於此，本書嘗試以輕鬆簡單的筆法、活潑有趣的敘述方式，以及精美豐富的圖片，為您詳細介紹「著作權」、「商標權」、「專利權」及「營業秘密」等概念，說明「智慧」與「財產」間的關係。想知道「創意」到底能為您帶來什麼樣的「財富」？就讓本書帶領您探訪智慧財產權的國度，一窺智慧財產權的奧妙之處！

三民網路書店　會員

獨享好康　大放送

書種最齊全
服務最迅速

超過百萬種繁、簡體書、原文書5折起

通關密碼：A4057

憑通關密碼
登入就送100元e-coupon。
(使用方式請參閱三民網路書店之公告)

生日快樂
生日當月送購書禮金200元。
(使用方式請參閱三民網路書店之公告)

好康多多
購書享3%～6%紅利積點。
消費滿350元超商取書免運費。
電子報通知優惠及新書訊息。

三民網路書店 www.sanmin.com.tw

國家圖書館出版品預行編目資料

吉吉，護法現身！律師教你生活法律85招／王泓鑫，
張明宏著.——初版一刷.——臺北市：三民，2020
面；　公分.——(思法苑)

ISBN 978-957-14-6756-6　（平裝）
1.中華民國法律

582.18　　　　　　　　　　　　　　108020057

思法苑
THINK LAW

吉吉，護法現身！律師教你生活法律 85 招

作　者	王泓鑫　張明宏
責任編輯	沈家君
美術編輯	林佳玉

發 行 人	劉振強
出 版 者	三民書局股份有限公司
地　址	臺北市復興北路 386 號 (復北門市)
	臺北市重慶南路一段 61 號 (重南門市)
電　話	(02)25006600
網　址	三民網路書店 https://www.sanmin.com.tw

出版日期	初版一刷 2020 年 1 月
書籍編號	S586380
I S B N	978-957-14-6756-6

著作權所有，侵害必究
※ 本書如有缺頁、破損或裝訂錯誤，請寄回敝局更換。

三民書局